美国陆军训练场地建设研究

左 鹏 编著

国防工业出版社

·北京·

内 容 简 介

本书全面系统汇集了美国陆军训练场地建设理论与实践方面的研究成果,内容详实、图文并茂,力求全面、系统、准确地反映其建设情况,推动我军训练场地建设创新发展。全书分上、下两篇,共十章。第一~第五章为上篇,以"建设理论"为主题,从管理体系、法规制度等方面系统总结了相关建设理论;第六~第十章为下篇,以"建设实践"为主题,梳理分析作战训练中心、训练靶场、训练系统与配套设施等建设实践。

本书适用于军队机关、科研机构、院校、训练基地、部队以及军工单位读者,能够对训练场地的规划论证、需求论证、产品研制开发以及教学与训练条件建设工作提供参考依据。

图书在版编目(CIP)数据

美国陆军训练场地建设研究/左鹏编著 . —北京:
国防工业出版社,2024.8. —ISBN 978 – 7 – 118 – 13371 – 4

Ⅰ. E712. 3

中国国家版本馆 CIP 数据核字第 2024YB0083 号

※

*国防工業出版社*出版发行

(北京市海淀区紫竹院南路 23 号 邮政编码 100048)
北京虎彩文化传播有限公司印刷
新华书店经售

*

开本 710×1000 1/16 印张 16½ 字数 335 千字
2024 年 8 月第 1 版第 1 次印刷 印数 1—1000 册 定价 120.00 元

(本书如有印装错误,我社负责调换)

国防书店:(010)88540777   书店传真:(010)88540776
发行业务:(010)88540717   发行传真:(010)88540762

前　　言

训练场地是部队练兵备战的基本条件,建设高质量训练场地对于提高实战化训练水平、增强备战打仗能力具有重要意义。陆军地面作战环境与空中、海洋环境相比更为复杂,陆军训练场地建设任务更重、难度更大。美国陆军将训练场地作为战备的基石,通过成熟完备的建设管理体制,构建形成了功能丰富、系统完备的标准化训练场地体系,并能够随着作战训练实践的变化而不断完善,其建设经验值得我们学习借鉴。

全书分为上、下两篇,共十章,全面系统地介绍了美国陆军训练场地建设的基本情况。第一至五章为上篇,以"建设理论"为主题,从管理体系、法规制度等方面系统总结了训练场地相关建设理论;第六至十章为下篇,以"建设实践"为主,梳理分析作战训练中心、训练靶场、训练系统与配套设施建设等具体建设实践。书中主要内容全部来源于美军官方权威渠道,依据充分、内容详实、图文并茂。

本书适用于机关、科研机构、院校、训练基地、部队等从事训练保障相关工作的军队人员,也适用于从事训练场地建设相关工作的地方人员,可以为训练场地建设发展规划计划制定、场地建设需求论证、技术产品研制生产、教学与训练条件建设提供参考依据。

作者
2023 年 12 月

目　录

上篇　建设理论

下篇 建设实践

上篇　建设理论

第一章　概　　述

一、体系组成

美国陆军不仅拥有世界一流水平的现代化武器装备,还拥有一流的训练场地,这些训练场数量规模庞大、标准化程度高,是形成作战能力的基本条件和重要支撑。截至 2018 年,美国陆军拥有训练场地 274 个,陆域面积约 4.8 万平方千米,已形成功能衔接、布局合理、成熟完备的训练场地体系,这种高水平的训练场地体系建设能力,彰显了其强大的军事实力。

美国陆军训练场地可以按照场地规模分为大、中、小型三类,包括作战训练中心、主要训练区和本地训练区。作战训练中心是建设水平最高的一类训练场地,用于全面检验部队作战能力;主要训练区通过集中化的保障资源供周边部队共享使用;本地训练区保障驻地部队使用。三类训练场地功能定位不同,承训内容相关衔接,分别满足不同训练需求,可依托自动化系统,实现统一高效的管理使用。机动训练区和训练靶场是构成各类训练场的基本模块,各类训练场地根据不同建设需求配置相应类型和数量的模块。机动训练区和训练靶场均区分不同类型,采用标准化设计。机动训练区分轻型部队、两栖部队、重型部队等类型;训练靶场的标准化建设,是美国陆军训练场建设中最突出特点之一,目前美国陆军拥有 39 种靶场,可依据统一的图纸进行标准化建设。美国陆军训练场地体系组成如图 1 - 1 所示。

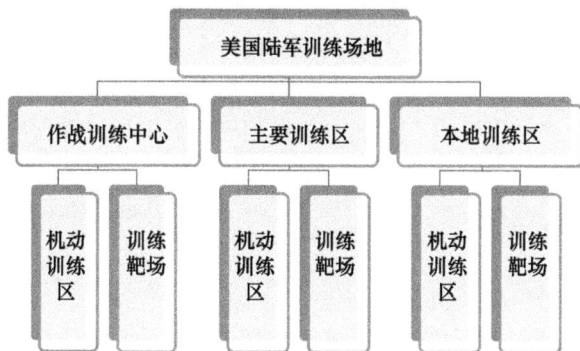

图 1 - 1　美国陆军训练场地体系组成

（一）作战训练中心

作战训练中心，属于大型训练场，场地规模庞大、设施功能完备、技术条件先进，能够保障旅战斗队进行基于使命任务的实兵对抗演习，是陆军最重要的一类训练场地。依托先进的训练系统，可以全过程、全方位监控部队演练过程，为部队提供全面的训练效果反馈，为讲评提供"证据"，便于从中得出经验教训，借此改进条令、训练、领导力发展、编制、装备、人员和设施方面存在的问题。作战训练中心主要承担大型检验性演习任务，作为连接部队驻地与部署地之间的桥梁，为部队提供了逼真的战场环境，能够使参训官兵在经历作战训练中心淬火之后最终满怀信心地部署到世界各地。美国陆军建有四个作战训练中心，包括欧文堡国家训练中心、波克堡联合战备训练中心、多国联合战备中心和任务式指挥训练中心，前三个也称为机动作战训练中心，拥有充足的空间，通过将实弹射击靶场和机动训练区相结合，可以满足旅级特遣队在不同训练场景下的射击和机动训练需求。任务式指挥训练中心，位于堪萨斯州利文沃思堡，是陆军主要的指挥训练中心，旨在为陆军各级指挥员创造训练环境、锻炼任务指挥能力，演习内容包括"勇士演习"、陆军军种组成司令部演习、任务战备演习等。陆军作战训练中心也是联合国家训练能力的一部分，通过使用 LVC 集成训练环境融入联合训练环境，支撑联合训练。

（二）主要训练区

主要训练区，属于中型训练场，通过将驻地和院校训练场地资源集中组合使用，形成区域共享的较大规模训练场地，能够达到集约化保障效果。主要训练区一般配置有多用途靶场综合体、多用途训练靶场等大型靶场，以及可供旅营级部队开展对抗训练所需的机动训练区，可以支持排到营级规模集体实弹训练及合成兵种实弹演习等较大规模训练，全面支持各类部队各型武器装备。主要训练区通常与本地训练区处于不同的地理位置，例如，亚基马火力中心位于华盛顿州路易斯堡东南约 130 英里（1 英里 ≈ 1.61 千米）处，德国格拉芬沃尔训练区、霍恩费尔斯训练区和夏威夷波哈卡洛亚训练区。主要训练区提供的训练能力，可以衔接作战训练中心，推动部队将从作战训练中心轮训中获得的经验教训进一步吸收转化，而这是本地训练区无法提供的。

（三）本地训练区

本地训练区，属于小型训练场，以驻地资源为主，包括基地训练营地、装备仓库以及后备役部队训练中心，主要开展单兵和班组规模的武器技能训练、资格鉴定训练和维持训练，通过在本地训练区开展日常训练，可使士兵和班组达到并保持必要的训练熟练程度，为在主要训练区和作战训练中心的高级集体训练做好准备。虽然本地训练区的场地资源有限，为了减少往返其他大、中训练区的时间、经费等训练资源影响,可以采取广泛利用激光交战器材和武器系统训练模拟器进行训练,以缓解缺乏实弹训练空间的困难。

二、建设内容

(一)训练靶场

训练靶场是专门设计建设用于保障部队实弹射击的训练设施,以保障官兵达到陆军强制性训练标准。美国陆军现有 39 种标准化靶场,一般均为标准化设计建设。训练与条令司令部靶场能力经理是负责陆军靶场建设需求的代理机构,确保靶场能够按规定程序和标准进行论证、开发、设计和建设。美军陆军训练靶场可以依据训练层次、功能用途、技术水平进行分类,分类组成如图 1 - 2 所示。

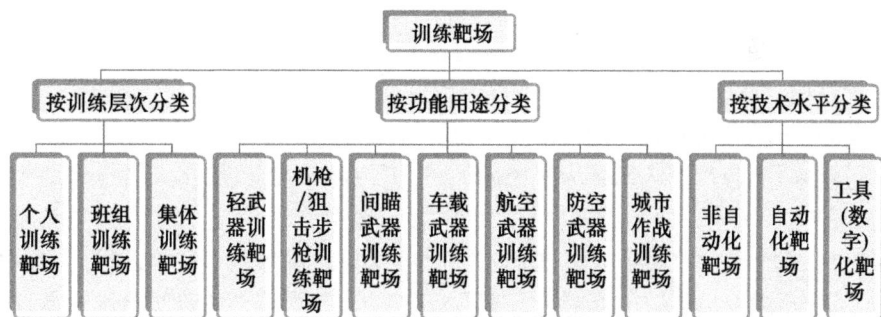

图 1 - 2　训练靶场分类组成

训练靶场按训练层次可分为个人训练靶场、班组训练靶场、集体训练靶场。个人训练靶场,支持单个士兵的武器、手榴弹、炸药方面的操作使用技能训练与考核;班组训练靶场,支持乘员直瞄和简瞄武器系统射击等,是集体任务或集体项目的典型"支线"靶场,支持乘员初级、中级、高级射击技能训练和认证考核;集体训练靶场,支持个人及分队取得实弹射击资格后,开展集成多种机动要素的合成兵种实弹训练。

训练靶场按功能用途可以分为轻武器训练靶场、机枪/狙击步枪训练靶场、车载武器训练靶场、航空武器训练靶场、防空武器训练靶场、间瞄武器训练靶场和城市作战训练靶场。轻武器训练靶场,用于保障手枪和步枪训练,保障个人射击训练与武器认证;机枪/狙击步枪训练靶场,用于保障车载或车下自动武器系统训练,也包括高级步枪射击训练需求,比如班组分工射击和狙击训练项目;城市作战训练靶场,用于在城市环境中进行个人训练、班组乘员训练、集体训练;车载武器训练靶场,用于坦克、步兵战车等车载武器直射模式训练需求;航空武器训练靶场,用于有人、无人航空平台悬停、冲击、俯冲模式下的 12.7 毫米弹、30 毫米弹、火箭炮直射训练,航空武器训练靶场是一个大型多用途实弹靶场设施的子靶场;防空武器训练靶场,用于满足防空炮兵训练需求;间瞄武器训练靶场,用于满足所有间瞄武器系统训练需求,包括迫击炮、多管火箭炮系统及高机动炮兵火箭炮系统等。另外,还有专用训练靶场,一般用于爆炸、手榴弹、榴弹发射器和除上述外的武器系统;多用途训练靶场,就是将上述两种以上功能用途嵌入到一个训练靶场。

训练靶场按技术水平,由低到高,可以区分为非自动化靶场、自动化靶场、工具化靶场。非自动化靶场,使用非自动化靶标,设置静止靶标,比如10m/25m靶场,还是用非标准化的简易器材设施,比如手榴弹实投训练所需轮胎和圆筒。自动化靶场,大多数配备标准计算机软硬件,通过操作控制可满足训练想定要求。靶标安装命中传感器,可用于实弹射击,另外还配备无线控制靶标。工具化靶场,也称为"数字化靶场",安装自动化系统,包括摄像头(红外、热像、白光)、战场音效模拟器、音视频系统、友军定位设备以及其他技术产品。工具化靶场可提供可靠的复盘评估功能,设施具备捕捉射击数据、音视频以及内部战术网络信息的能力,便于指挥员复盘所需的训练情况反馈。它也提供在有压力的环境下训练使命任务的能力。训练使部队领导者可以在训练过程中发现积极的行动和程序,利于培养官兵的自信心,推动官兵发现问题并改正不足。

近年来,随着美国陆军兵力规模的缩减,训练保障资金、编制人员也将减少,训练场地保障领域也开始相应调整,规模小、技术条件落后的场地将被逐步关闭,总数量已由2015年的508个减至2018年的274个。在缩减数量规模的同时,集中资源建设适合多兵种训练的"数字化靶场"。数字化靶场可支持新型武器装备训练,导调手段丰富、靶标体系完善、信息化程度高,比如数字化多用途靶场设施(DM-PRC)、数字化空地一体靶场(DAGIR)、战斗区域设施(BAX)等多种类型,均配备了标准化的基础设施和先进的靶场信息系统,极大地提高了训练效率以及复盘能力。表1-1所列为数字化靶场组成与功能。

表 1-1　数字化靶场组成与功能

序号	名称	简称	功能
1	数字化多用途靶场设施	DMPRC	连排战术训练
2	数字化多用途训练靶场	DMPTR	个人技能训练及单车战术训练
3	战斗区域设施	BAX	"斯特赖克"系列装甲车战术训练
4	数字化空地一体靶场	DAGIR	空地协同训练
5	合成兵种共同训练设施	CACTF	城市作战

数字化多用途靶场设施,占地面积20多平方千米,靶场内设有近100套装甲靶标,600余套步兵靶标,还包括大量的火焰发射、战场效果以及声效模拟器,还设有城市作战训练设施、直升机停机坪以及靶楼等建筑设施,可以保障M1"艾布拉姆斯"系列坦克、M2/M3"布雷德利"步兵班组乘员及连排规模的训练和考核需求,还

支持下车步兵班组战术实弹训练。靶场安装了由洛克希德·马丁公司研制数字化靶场训练系统,极大提升了靶场数字化水平。数字化多用途训练靶场,占地面积约5平方千米,可以保障装甲兵专业个人技能训练及单车战术训练,训练发现、确认、交战和击毁装甲、步兵目标的技能,还支持下车步兵班组战术实弹训练。战斗区域设施,占地面积10多平方千米,靶场主要模拟野战环境,也设有少量城市设施。可以保障斯特赖克旅战斗队和步兵旅战斗队的乘员、班组、排、连以及下车步兵班,支持车载武器射击或步兵下车行动,满足武器系统射击训练和考核需求,承训规模可达200名人员和25台车辆。数字化空地一体靶场,是美国陆军面积最大的标准化靶场,占地面积100多平方千米,可以替代原有数字化航空射击靶场,保障陆军航空兵乘员、班排、连队开展空中行动、侦察和目标交战,还支持护航火力训练、连规模合成兵种实弹射击训练以及空地协同战术训练等联合战术。数字化空地一体靶场建设耗资近5200万美元,代表着靶场建设的最高技术水平,2015年已在布利斯堡建成第一个,并于2019年开始在诺克斯堡建设第二个。合成兵种共同训练设施,占地面积约2.25平方千米,主要用于实施营级及以下层级开展城市作战训练,支持激光交战系统、空爆弹、模拟彩弹,不支持实弹射击。设施中包括20~26处建筑,最多支持800名士兵和140台车辆参训,适用于步兵、装甲兵、炮兵进行城市清缴、突破、进攻、防御等训练,提供交战对抗和打靶两种训练模式。

(二)机动训练区

战术机动是作战行动致胜的关键,不论进攻还是防御,通过机动将兵力部署到正确位置,达到塑造态势的效果,促使敌人失去平衡进而被消灭,同时保护自身力量。为此,需要为部队开展机动训练创造条件。陆军部手册415-28《不动产类别代码指南》将陆军"机动训练区"定义为"使用实弹进行实打实爆的训练区域或进行土地密集训练所需的区域",也可称为"演习训练区"。根据不同使用对象,可以分为轻型部队(轻型步兵)机动训练区、两栖部队(运输)机动训练区、重型部队(装甲和机械化步兵)机动训练区。轻型部队机动训练区是用于小型部队或轮式装备部队进行演习的区域,重型部队不得使用。重型部队机动训练区是机动不受限制的区域,可承载所有类型的车辆和设备,包括履带式车辆,也可供轻型部队使用。区域包括露营地、基地营地、落弹区及其他各类训练区。落弹区被分为"未爆弹影响区"和"无未爆弹影响区"。"未爆弹影响区"可能含有未爆弹药落弹区,不得用于机动训练;"无未爆弹影响区",不含未爆弹药落弹区,可用于机动训练,但对武器靶场使用率会有影响。

陆军依据训练与考核计划、任务训练计划以及合成兵种训练策略,确定所需机动训练区需求。传统战场是明确的线性矩形方框,机动训练区与之一样,以关键地形和假想敌为导向模板进行设计。随着作战环境日益复杂,线性矩形方框形态的机动训练区将不复存在,影响机动训练区形态的因素比较广泛,需要进行分析研究。随着装备功能性能大幅提升,对机动训练区的需求不断增加。另外,当前训练技术快速发展,LVC(实训-模拟-构造)环境可使部队达到并保持作战能力水平,旅级部队将更多地依靠模拟、构造性环境,虽然机动训练区域仍将是重要依托,但在一定程度上将减少需求压力。

(三) 训练系统

美国陆军利用强大的科学技术优势,不断探索训练领域的新技术应用,部署开发了大量先进的训练系统,引领着世界军事训练技术的发展。训练场地配套建设的训练系统,是提升训练质效的关键,主要包括训练导控系统、激光交战系统、靶标系统、训练监控系统、战场效果模拟系统、假想敌装备六大类,如图1-3所示。

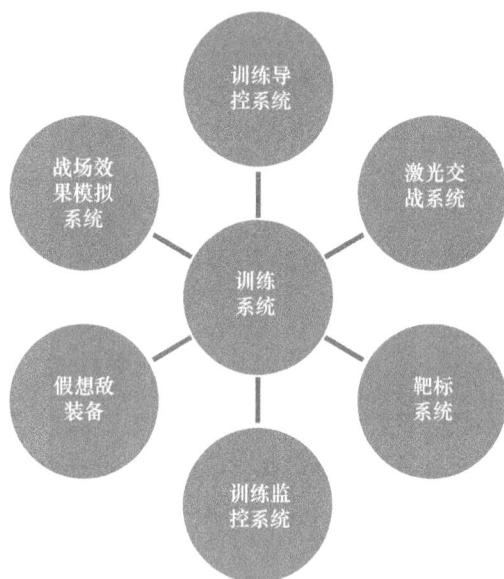

图1-3 场地配套训练系统基本组成

1. 训练导控系统

训练导控系统承载导演调理、控制管理、裁决评估、态势显示等功能,在训练场中发挥着重要作用,处于各类系统的核心地位。训练导控系统可以根据规模分为大、中、小三个类型,大型系统安装部署到机动作战训练中心,中型系统安装部署到较大规模的驻地训练场,小型系统安装部署到标准靶场。

美国陆军2017年开始在其三个机动作战训练中心部署"作战训练中心工具系统",大幅提升了作战训练中心训练能力,通过作战人员和空中、地面各类作战平台上安装部署的传感器,能够收集定位信息及交战事件数据,支持1万个训练实体以及10万个虚拟兵力训练,能够满足旅战斗队轮训要求。除了美军,该系统还被澳大利亚、加拿大、意大利等十多个国家引进使用。"驻地工具化训练系统"是"作战训练中心工具系统"的缩小版,它基本功能及使用模式与之类似,系统规模稍小,属于中型导控系统。系统主要配置到部队驻地,用于营级以下分队开展实兵实装交战训练,截至 2016 年,已在美国本土及海外基地配备约 20 套。一般靶场部署的自动化控制系统,属于小型导控系统,如"靶场靶标自动控制与记录系统",还有数字化靶场上部署的"数字化靶场训练系统"。前者是陆军标准的靶场软件系统,可以进行训练准备、展示和反馈,系统兼容陆军范围内各种靶标,提供了一套统一的靶标控制系统,它具有统一的图形化人机界面。后者应用于大型数字化靶场,通过各种信息化技术替代传统落后的训练手段,可以大幅提升训练质量效益,能够在实战化环境中满足新型武器装备训练需求,并且嵌入了计算机生成的模拟兵力,提供增强化的训练数据收集和复盘评估能力。

2. 激光交战系统

激光交战系统是利用激光技术模拟直瞄武器射击,依靠部署在人员或装备上的传感器接收激光,通过分析模型计算毁伤效果,美国陆军自 20 世纪 80 年代以来大量装备部队,目前已是第四代产品,前三代分别是 MILES、MILES 2000、MILES XXI。依据安装对象区分为单兵、作战车辆、战术车辆三种产品,遵循统一的技术协议,各产品之间可实现交互。单兵版、战术车辆版由 Cubic 公司生产,截至 2016 年已部署近 10 万套,作战车辆版由 Saab 公司生产,已部署 6 千余套。虽然当前激光交战系统大量使用,但美国陆军认为系统属于 20 世纪 80 年代的落后技术,自身存在诸多问题难以解决,比如仅能模拟直瞄武器,不能模拟迫击炮等间瞄武器及手榴弹、地雷等区域杀伤武器,旅战斗队武器中只有 40% 可以模拟,系统性能易受环境影响,比如激光难以穿透烟雾,丛林中隐蔽射击时难以穿透灌木。为此,美国陆军于 2019 年开始征集实现替代升级的关键技术及整体方案。另外,新型武器装备本身也将嵌入更多训练功能,以减少安装调试外挂式设备的保障工作量。

3. 靶标系统

靶标系统是敌情在训练场上的实体映射,是开展射击训练必备的物质条件。目前,美国陆军使用的靶标主要由洛克希德·马丁、Meggitt、萨博等公司研制,可分为静止靶标、运动靶标、战术靶标、智能靶标、城市作战靶标等。美国陆军的靶标标准历经三代发展:一是自从 19 世纪 80 年代开始使用的"增强型远程装备靶标系统"(ERETS);二是自 2001 年启动的"实兵训练转型"(LT2)项目,基于 LT2 的靶标系统广泛部署在 200 多个实弹训练靶场;三是近年来结合靶标现代化项目启动的"未来陆军集成靶标系统",为在所有实弹靶场提供一套标准化解决方案,实现靶标产品的兼容性、通用性和互操作性,便于进行靶标产品线的全寿命周期保障,项目成果还包括一套"靶场靶标自动化控制记录系统"(TRACR),通过统一的靶标控制软件实现了对陆军所有靶标的统一控制。美国陆军可免费下载 TRACR 软件,目前应用于陆军 32 个基地的 140 个靶场。

4. 训练监控系统

训练监控系统用于收集训练过程各类音视频信息,安装于训练场地之中或装备系统之上,系统组织者可以进行标记、传输、搜索、检索和回放,便于训练后复盘以及靶场安全监控。主要包括场地视频监控系统、训练音频监控系统以及装备监控系统。场地视频监控系统分布于训练场地之中,从各个角度记录训练过程信息;训练音频监控系统将对战术无线电传输、观察控制员无线通信系统和有线系统的音频信息进行记录;装备监控系统是安装在武器装备平台上,用于记录装备射击和战术交战训练过程中的音视频信息,为训练评估提供依据,诸如安装于"艾布拉姆斯"坦克和"布雷德利"战车等装备上训练监控设备,可记录装备训练过程中的射击瞄准视频。

5. 战场效果模拟系统

战场效果模拟系统通过模拟战场上各种音效、烟雾、弹药发射的火光等效果以及电磁环境,为训练创造逼真的战场环境,主要包括音效模拟器、烟雾发生器、火焰发生器,通过集中统一控制,与激光交战设备、导控系统、靶标集成交互使用能够增强训练效果。音效模拟器提供了有代表性的战场声音,可以播放预先录制的声音,能够模拟枪械、火炮射击、弹药爆炸、坦克装甲车辆行驶的声音,能够通过无线和有线方式实施控制。烟雾发生器可模拟化学袭击、烟雾遮蔽,也可配合坦克装甲车靶标使用,当靶标被击中后可模拟爆炸后效果。火焰发生器用于模拟真实炮口火焰或模拟下车步兵的枪口火焰。

6. 假想敌装备

假想敌装备能够极大地提升对抗环境的逼真度和训练的沉浸感。美国陆军开展了假想敌轮式车辆、技术车辆、战场平民车辆研制,通过对现有车辆或老旧装备进行加改装,可以模拟假想敌作战平台的性能、外观和目标特性,可与激光交战系统配合使用,此外还有对单兵武器模拟,配备给假想敌士兵使用的假想敌防空系统模拟器,可以瞄准空中平台用以训练乘员对导弹警告系统的反应。

(四) 配套设施

美国陆军训练场配套设施种类丰富、体系完备,标准化程度高,体现出了较高的训练场地建设水平。训练场地配套设施支撑训练场功能的正常运行,是发挥训练保障效能的基础条件,分为训练配套、后勤保障、装备保障等类别。训练配套设施是满足开展训练活动所需的设施,包括复盘教室、指挥控制塔以及通信网络等基础设施;后勤保障设施用于满足训练人员日常生活所需,包括餐厅、营房、厕所、集结区、观摩台等,以及训练场地道路、供水、供电等基础设施;装备保障设施用于装备保障相关活动,包括训练器材安装台、弹药装载台、车库、器材库、充电间等。

（五）城市战训练设施

城市是陆军未来的主战场，美国陆军不断创新城市作战训练方法手段，加快构建贴近实战、技术先进的训练设施，目前已成体系地建设了布局合理、数量充足的标准化城市作战训练设施，将城市作战环境从战场搬到了训练场，其经验对我陆军具有重要借鉴意义。美国陆军城市作战训练设施，是为了模拟城市环境，保障城市作战训练而专门设计，用于单兵、分队和部队进行技术、战术、程序训练，主要分布在作战训练中心及部队驻地，一般由各类建筑物、街道等基础设施以及训练装备器材组成。利用这些设施，组训人员可以根据训练需求设置想定条件，训练结束后，可利用采集的训练数据开展复盘分析评估。城市作战设施一般支持激光交战、橡皮子弹、彩弹等非实弹训练，少数设施支持实弹射击，美国陆军城市作战训练设施，形成了较为完整的设施体系，实现了科学布局和功能衔接，可以分为作战训练中心训练设施、部队驻地训练设施和其他设施。三类设施的数量规模、功能用途各不相同。

作战训练中心城市战训练设施主要部署在欧文堡国家训练中心、波克堡联合战备中心、联合多国战备训练中心，用以满足旅级和营级规模实兵训练。各大训练中心均建有多个模拟城镇，围绕自身训练任务定位和自然环境特点，有针对性地进行了设计开发，设施采取了非标准化设计，可灵活调整以满足多样化训练需求。部队驻地城市战训练设施，用于保障日常个人、班组至营规模城市作战训练，设施均为标准化设计，包括实弹突破射击训练设施、实弹射击练习房、城市进攻路线、合成兵种集体训练设施四种类型。按编配标准为每个旅战斗队配建一套，这四类设施数量规模最庞大、应用最广泛。除了上述两大类训练设施之外，还有一些非专用城市作战训练设施，主要用于装备论证、战法研究等功能，比如归属国防部的马斯卡塔图克城市作战训练中心，除军事训练之外，还用于保障警务消防、应急救灾等训练任务；位于弗吉尼亚州希尔堡的非对称作战训练中心，建有模拟城市环境，用于快速采办装备的需求论证和试验；另外，美国陆军试验与评估司令部所属的装备试验场，也建有城市作战装备试验设施，可用于训练。

三、管理特点

（一）管理机构专业高效

美国陆军在"陆军部－司令部－基地"三级行政管理体系之下，依托8个专设管理机构，形成了训练场地管理体系架构，在场地建设各类管理法规制度规范之下，遵循"归口统筹、分工负责、按级管理"的运行机制，确保了训练场地的持续发展。得益于科学高效的建设管理机构，目前，美国陆军已建成高质量、标准化的训练场地体系,数量规模充足、功能布局合理、现代化水平高,为其战备训练提供了坚实有力的保障。

训练场地建设工作涉及作战、训练、装备、后勤等军队建设各领域,必须凝聚陆军部、相关司令部和基地等多方力量形成建设合力。在统一建设管理体制之下,实现了需求统一论证、建设统一标准、系统统一采办,各类机构密切协作,在场地立项规划、设计建设、运行使用等方面发挥了重要作用。陆军部在审查批准层面设置3个机构,负责颁布出台政策制度和建设标准,审查批准规划计划并评估建设成效。相关司令部在统筹管理层面设置2个机构,负责计划执行与管理审查等具体工作。陆军训练与条令司令部牵头负责依据作战需求进行训练场地论证,陆军设施管理司令部负责设计开发并统一施工建设,采办部门负责靶标、监控、导控等训练场地配套系统的统一论证、采办和配发。陆军各基地在操作实施层面依靠各类工作小组机构,具体组织实施所属训练场地建设使用管理。

(二) 法规制度健全完善

美国陆军训练法规历经200多年发展,为训练规范化运行提供了强大的制度保证,已积累形成了一套科学完备的体系。美国陆军训练场地法规是训练法规体系中的一部分,用以规范指导训练场地的建设、管理、使用等工作,包括条例、手册、训练通告等形式,明确清晰地规定了训练场地相关职责分工和相关业务工作流程。训练场地管理法规具体包括1个手册、2个训练通告、3个条例,涉及靶标、作战训练中心、训练场地安全等内容。AR 350 – 19《靶场可持续发展计划》、AR 350 – 50《作战训练中心计划》、AR 385 – 63《靶场安全》属于陆军条例,旨在发布关于靶场可持续发展计划、作战训练中心计划和靶场安全等相关管理政策,并规定了具体工作任务,授予了各级人员和单位权力,明确了相应职责,条例作为一种具有法律效力的行政性文件,能够确保政策的统一贯彻执行。DP 385 – 63《靶场安全》属于手册形式的法规文件,是一种指导性出版物,与 AR 385 – 63《靶场安全》配套使用,其描述了执行陆军条例所需的具体信息,手册与条例一样具有法律效力,为执行靶场安全任务和履行职能提供了具体的实施方法和规范化的工作流程。TC 25 – 1《训练土地》和 TC 25 – 8《靶场》是两个训练通告,属于条令类训练法规,内容为训练用地和靶场建设相关工作提供了详细信息,是训练场地建设和评估审核等工作的规范和标准。这6个法规之间既相互独立又相互联系、相互补充,支撑着训练场地相关工作的规范化运行。伴随着训练场地建设管理的实践工作,这些训练场地法规保持着定期完善更新机制,一般以五年为周期进行修订,避免法规制度脱离实践,落后于建设实践。

(三) 训保系统强力支撑

训练场地作为一类重要的训练保障资源,被纳入美国陆军训练保障系统管理,通过训练保障系统"五个计划"为训练提供所需要的产品、服务和设施,并规定了训练场地资源分配政策、工作程序和现代化战略,支撑着训练场地建设发展。其中:"靶场可持续计划"旨在改善靶场的设计、管理、使用及长期可持续发展,是美国陆军统筹开展训练靶场和训练土地规划计划的基本遵循,该计划明确规范了训练场地设计管理、使用维护等方面的基本方法、程序和政策,为训练场地科学有序发展提供了保证;"任务式指挥训练保障计划"提供了 LVC 训练环境,保障了包括从连到军的各层级的任务式指挥训练,提供了任务式指挥训练设施资源;"士兵训练保障计划"旨在保障实兵和班组级的实训和模拟训练设施的运营;"作战训练中心现代化计划"旨在确保作战训练中心科学有序发展,是统筹作战训练中心规划计划的基本遵循,为国家训练中心、联合战备训练中心、联合多国战备中心提供了现代化和全寿命周期技术更新机制;"训练信息基础设施计划"支撑着分布式学习系统资源,并负责维护并更新这些系统,其中涉及分布式学习教室资源。

(四)能力评估切实有效

训练场地能力评估是分析发现问题、研究制定措施和支撑保障决策的有效机制和手段,贯穿于陆军各层级和场地建设管理各环节。陆军部总部、陆军主要司令部和基地等各级管理机构,在规划论证、设计建设、使用管理的各个阶段,广泛运用各种评估方法手段,形成了科学的评估机制,把评估结果作为场地项目批复、经费投资等决策的重要依据。美国陆军训练场地管理信息化程度较高,这为训练场地评估创造了较好的条件,提供了可靠、丰富的数据来源。陆军建立了靶场目录清单数据库,其中包括陆军所有训练靶场的各类数据,又通过"靶场和训练用地计划"形成了靶场和训练场评估数据库,积累了大量训练试验活动数据。

美军军事需求管理改革后,明确要求国防部各部门提出需求必须进行基于能力的评估,训练场地能力评估同样如此。目前有两种评估方法:一种是基于"基地训练能力"的评估;另一种是基于"陆军训练与试验区承载能力"的评估。前者是分析陆军实弹训练设施能力的一种方法,便于对比分析基地训练能力,确定资源的优先次序,从而支持靶场可持续发展计划;后者是在训练区综合管理计划中评估训练场承载能力的标准方法,支撑总部层级经费分配决策,为基地层级提供训练场地资源调度和分配的支持信息。除了陆军自身评估机制之外,国防部每年例行向国会提交靶场可持续发展项目年度报告,介绍一年来各军种建设和需求的变化情况,定期对所有靶场进行评估并公布结果。国防部从能力和限制两个方向,使用 25 项指标进行评估,评估结果分为红、黄、绿三个等级,用来表示能够支撑训练任务的程度。

第二章　管理体制

美国陆军训练场地功能布局合理、现代化水平高、数量规模庞大、标准化程度高,这都得益于其科学高效的建设管理体制,通过建立科学高效管理体系和配套管理法规,形成了成熟完善的发展机制,确保了训练场地能够持续规范化建设发展。本章首先对训练场地建设管理体系及管理法规进行了总结梳理,然后围绕训练场地的立项规划、设计建设、运行使用等各项管理制度进行了具体介绍。

一、管理体系

美国陆军对于训练场地管理有明确的战略目标,一是创建能够满足陆军训练需求的场地"目录清单";二是制定灵活的训练场地征用流程;三是通过"陆军靶场可持续发展计划"确保训练场地可持续发展。训练场地管理工作涉及作战、训练、装备、后勤等军队建设各领域,为支撑战略目标的实现,需要凝聚各方力量,统筹形成建设合力,美国陆军构建形成了健全完备的管理体系,制定了一系列法规文件,形成了归口统筹、分工负责、按级管理的运行机制。陆军训练与条令司令部牵头负责依据作战需求进行训练场地总体论证,陆军设施管理司令部负责设计开发并统一施工建设,采办部门负责靶标、监控、导控等训练场地配套系统的统一论证、采办和配发。通过陆军各司令部之间密切协作,实现了需求统一论证、建设统一标准、系统统一采办,形成了训练场地统一建设的管理体系。美国陆军设立了 8 个建设管理机构,按机构功能定位可以自顶向下划分 3 个层次,分别负责审查批准、统筹管理、操作实施等工作,如图 2-1 所示。

其中,陆军靶场保障综合委员会、需求审查和优先级确定委员会、设施管理助理参谋长办公室项目审查委员会属于最高层次,负责对建设需求和建设项目进行审查批准;计划执行委员会、计划管理审查会属于中间层次,发挥承上启下的作用,负责全面统筹管理工作;计划管理工作小组和配置管理委员会、靶场保障综合小组、靶场现代化技术小组属于最底层,负责操作实施层面的具体管理工作。

(一)陆军靶场保障综合委员会

陆军靶场保障综合委员会是陆军总部层级的上校级委员会,承担综合管理职能,这种陆军参谋部级别的管理结构有利于陆军主要司令部、设施管理局总部和设施管理局各分区之间加强协作管理和计划执行。训练保障系统部门负责人担任主席,设施管理助理参谋长办公室环境方案负责人担任联席主席,其他成员还包括负责后勤事务的副参谋长办公室弹药部门负责人、基地管理助理参谋长办公室计划与运行部门负责人、基地管理助理参谋长办公室设施部门负责人、陆军训练保障中心的计划整合办公室主任、美国陆军环境中心指挥官、美国陆军工程兵团军事项目代表、陆军试验与评估司令部试验与评估管理局代表、陆军安全事务负责人代表。陆军靶场保障综合委员会负责制定并执行与靶场可持续发展有关的制度、程序和资源计划,通过陆军参谋部协调行动,促进靶场运行、环境管理、设施管理、弹药管理以及靶场安全的综合管理,支持设施管理局、陆军主要司令部以及基地层级的综合管理和计划执行。

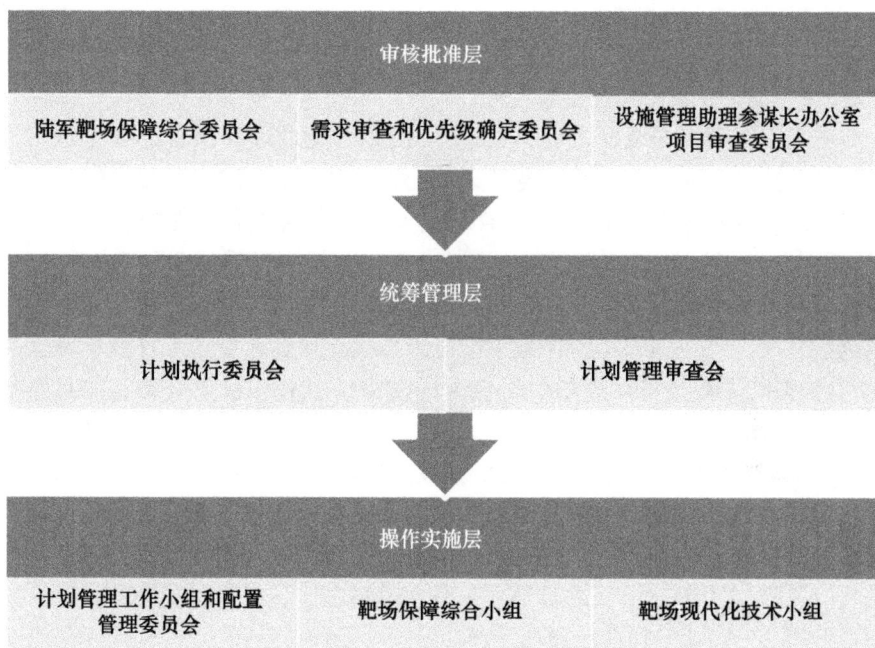

图 2-1　管理体系架构图

（二）需求审查和优先级确定委员会

需求审查和优先级确定委员会与陆军主要司令部、基地管理局总部及各分区进行协调,负责对"新建"靶场设计项目及训练用地征用项目进行验证并提供建议,其召开的年度会议结果将触发对陆军靶场总体规划的更新。需求审查和优先级确定委员会是在驻地或部署地上校委员会指导下运行,由主要成员和技术成员组成。主要成员包括靶场可持续发展计划的计划管理方(联合主席)、靶场可持续发展计划专员(联合主席)、陆军主要司令部靶场管理方,以及基地管理局总部人员。技术成员包括靶场与训练场计划专业知识中心、模拟训练仪器计划执行办公室(训练设备项目经理、工具化靶标和威胁模拟器项目经理)以及机动车辆司令部岩岛兵工厂、美国陆军环境中心、美国陆军信息系统工程司令部和陆军安全办公室。需求审查和优先级确定委员会主要职能包括:一是从技术层面审查并核证靶场现代化项目,提供靶场项目在设计方面的建议以及审批训练土地征用项目;二是向靶场现代化技术小组下达计划指令,启动陆军部总部项目开发进程;三是审查靶场现代化技术小组在最初的规划性专家研讨会上提出的建议;四是为满足训练保障系统部门负责人确定的周期外需求,审查对周期外项目的提案和工程变化;五是审查并审批按优先级排序建议;六是根据基地提供的信息,对靶场保障综合小组提报的优先次序进行审批。此外还应对研究、开发、试验与评估专员在如何界定和开发供资项目进行审批和监管。

(三)设施管理助理参谋长办公室项目审查委员会

与需求审查和优先级确定委员会一样,设施管理助理参谋长办公室项目审查委员会也是独立的陆军总部层级委员会,负责对靶场现代化项目进行审查,以确定供资优先级。两者区别在于,需求审查和优先级确定委员会负责"新建"类项目和"土地征用"类项目,设施管理助理参谋长办公室项目审查委员会负责"升级改建"类项目。基地管理助理参谋长办公室负责组织召开项目审查委员会并担任主席,职能包括五项:一是从技术上审查并核证被归为"升级改造"类的靶场现代化项目;二是根据陆军靶场总体规划中所包含的经需求审查和优先级确定委员会核证并优先排序后的项目,制定陆军军事建设计划;三是向陆军部助理部长(基地与环境)提供靶场现代化和土地征用方面的建议;四是在制定计划目标备忘录期间,向项目预算委员会提供陆军军事建设优先清单;五是项目审查委员会负责训练计划执行小组供资的靶场现代化项目审批。

(四)计划执行委员会

计划执行委员会由陆军部训练管理局的靶场可持续发展计划项目经理、代理机构代表组成,主要职能包括:一是对靶场可持续发展计划管理工作小组和配置管理委员会提出的建议进行审批;二是审批计划管理审查会中关于靶场和训练场计划以及训练区综合管理部分的议程,并根据对计划、行动和资源方面的建议采取行动,同时分配后续任务;三是与环境计划部主任办公室和美国陆军环境中心代表进行协调,审批计划管理审查的靶场可持续发展计划全体大会议程;四是与环境计划部主任办公室协调,召开靶场可持续发展计划的计划管理审查全体大会,落实计划、行动和资源方面的建议,分配后续任务;五是确定将向陆军驻地、部署地上校委员会提交的问题;六是在制订计划目标备忘录期间,向项目预算委员会提供陆军军事建设靶场现代化项目的优先清单;七是确定将向陆军靶场保障综合委员会提交的问题。

（五）计划管理审查会

计划管理审查会是由负责计划、作战与转型事务的副参谋长负责举办的业务论坛,每半年举行一次,参加单位包括陆军主要司令部、设施管理局总部和设施管理局各分区。计划管理审查会由陆军部训练管理局的靶场可持续发展计划项目经理与代理机构共同领导,通常包括单独召开的靶场和训练场地计划会议、训练区综合管理会议、靶场可持续发展计划会议。主要目的是为陆军主要司令部提供一个平台,展示靶场与训练场计划和训练区综合管理需求,包括靶场与训练场计划会议与训练区综合管理会议。对于靶场与训练场计划而言,计划管理审查会议的目的是审查靶场需求的状态并确定额外需求,在提交给需求审查和优先级确定委员会之前,讨论陆军主要司令部实弹训练投资策略和用户需求,修订陆军靶场总体规划,以满足当前任务和正常训练的需求,确保整体考虑靶场可持续发展计划核心计划和支持性计划。对于训练区综合管理而言,计划管理审查会议的目的是提交并审查用户需求的状态,并确定来自陆军主要司令部代表和训练区综合管理工作小组成员的附加需求,通过审查年度工作计划,讨论预算文件和用户需求,讨论影响全陆军的训练区综合管理措施和项目。

（六）计划管理工作小组和配置管理委员会

计划管理工作小组和配置管理委员会的职能是确定训练区综合管理、靶场运行、靶场现代化、设施、信息技术和管理等领域的问题和需求,并制定出推荐性计划方案和管理措施,小组提出的建议由执行委员会负责审查并核证。计划管理工作小组和配置管理委员会的成员名册将保存在靶场可持续发展计划网站上。

（七）靶场保障综合小组

靶场保障综合小组为环境质量技术计划提供用户关于与靶场相关的环境技术要求的确定、制定、测试和实施方面的意见与建议。靶场保障综合小组由靶场可持续发展计划专员领导,靶场和训练场计划义务性专业知识中心项目经理和美国陆军环境中心环境质量技术需求管理员参与领导。主要职能是审查并更新用户对与靶场相关的环境技术要求以及审查审批技术管理方案和进度报告。

（八）靶场现代化技术小组

靶场现代化技术小组是陆军总部层面一个支持靶场现代化项目周期的跨领域小组。靶场可持续发展计划项目经理将担任负责计划支持的小组领导,靶场可持续发展计划专员将担任负责计划和理论标准整合的小组领导,将与基地人员一起筹备规划性专家研讨会,并与模拟和训练仪器计划执行办公室和坦克及机动车辆司令部岩岛兵工厂协调,确定对每个靶场现代化项目提供支持所需的靶标、设备、装置、地面危险区和相关设备。美国陆军环境中心为集中式《国家环境政策法》文件和地理信息系统提供支持。靶场和训练场计划义务性专业知识中心启动用于陆军军事建设的国防部1391号表格的编制工作,美国陆军工程兵团弹药和爆炸物专业知识中心对未爆弹药进行初步评估,信息系统工程司令部德特里克堡工程局为靶场现代化基础设施提供信息技术审查和支持,首席信息官确保信息技术的技术解决方案与陆军全球信息技术战略保持一致,并确保网络连接资金方面的问题得到解决。靶场现代化技术小组将根据需求审查和优先级确定委员会每年下达的规划指令采取行动,在军事建设项目策划、规划和建设过程中对每个靶场项目进行一系列正式的质量保证审查和检查,在项目策划、规划和建设过程中与设施部门、陆军主要司令部、设施管理局分区和区域首席信息官一起审查、核证和检查文件和建设活动,目的是确保遵守既定的训练要求和标准、靶场安全要求、环境合规性、完善的工程实践和标准设计要求,避免在可能无法通过质量保证测试的项目上浪费资源。对国防部1391号表格进行策划和规划方面的审查,以核证项目的合理性、设施要求、土地使用和环境保护措施、靶标要求和成本概算,并确保所需的维持、恢复和现代化资金水平得到确定。对所有靶场项目设计审查,以确保项目满足训练、安全、环境和标准设计要求。设计审查应核实估算的建设成本是否在该项目的军事建设计划资金额范围内。设计审查不能取代或放弃陆军国民警卫队项目必要的附加审查责任。审查军事建设供资的靶场项目整体建设质量,确认施工执行、环境监管要求、经验教训和靶标接口,已完成的工作符合标准设计规范,靶标炮位符合强制性设计要求,靶标和控制装置接口、靶标炮位数量和靶标设施得到核证。

二、管理法规

管理法规是确保管理体系规范运行的制度保证,美国陆军制定了用于规范和指导训练场地建设、管理、使用等活动的一系列法规,包括条例、手册、训练通告等多种形式,如图2-2所示。

针对训练场地管理法规中的3本条例、2本训练通告、1本手册,下面进行分别介绍。

(一) 陆军条例350-19《陆军靶场可持续发展计划》

陆军靶场可持续发展计划(SRP)是美国陆军训练保障领域五大计划之一,是美国陆军统筹开展训练靶场和训练场地规划建设的基本遵循,该计划明确规定了训练场地设计管理、使用维护等方面的基本方法、程序和政策,为训练场地科学有序发展提供了保证。陆军靶场可持续发展计划的目的是为保障训练、动员和部署，最大限度地提高靶场和训练场的保障能力、可用性和可及性。该计划包括"靶场和训练场计划"（RTLP）和"综合训练区管理计划"（ITAM）两个核心计划，前者为陆军靶场的现代化及其日常运行提供集中管理、规划和制度，后者将任务要求、环境要求与完善的场地管理实践相结合，为陆军靶场提供管理和维护能力。

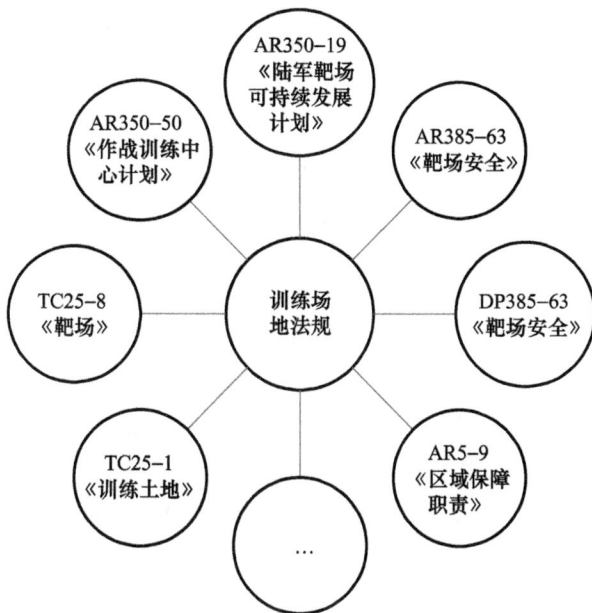

图2-2　训练场地管理法规组成

陆军条例350-19《陆军靶场可持续发展计划》是美国陆军专门针对该计划颁布制定的条例，其中明确了陆军各级机构执行陆军靶场可持续发展计划的职责分工和工作程序，从靶场现代化、靶场与训练区的运行管理与维护、地理信息系统、评估手段、计划经费资源筹备过程多个方面进行了具体明确和规范，为靶场的可持续发展计划的执行提供了法制保证。保障训练靶场和训练场地的方案可行性和长期可用性，实现靶场可持续发展。

（二）陆军条例350-50《作战训练中心计划》

作战训练中心训练具有集约化、精确化、高效化的特点和优势，是世界主要军事强国普遍采用的训练形式。美国陆军拥有4个作战训练中心，包括欧文堡国家训练中心、波克堡联合战备训练中心、多国联合战备中心和任务式指挥训练中心，这些作战训练中心设施完善、功能齐全、技术含量高，训练资源实行共享机制，主要承担大型演习任务，以检验性演习为主，建有功能完备、技术先进的训练系统，可以全过程、全方位记录训练数据，为复盘评估提供素材。作为连接部队驻地与作战部署地之间的桥梁,作战训练中心为部队和指挥官提供逼真的训练环境使其能够适应战场,经历淬火之后最终能够满怀信心地部署到世界各地。为确保作战训练中心科学有序发展,美国陆军制定了作战训练中心计划,以此作为统筹作战训练中心规划计划的基本遵循。

陆军条例 350 – 50《作战训练中心计划》是美国陆军专门针对"作战训练中心计划"制定颁布的条例,它为计划的贯彻实施提供了法制保证。该条例明确了陆军各级机构执行作战训练中心计划的职责分工和工作程序,明确了作战训练中心的使命任务、基本组成、训练内容,围绕体系架构、管理机构、制度措施等内容,搭建形成了作战训练中心的组织管理体系。

(三) 陆军条例 385 – 63《靶场安全》

训练场地安全问题是组织开展训练的基础和前提,涉及人员、财产、装备、设施等众多方面,必须制定规范化的安全管理程序,确保训练安全和质量。训练场地安全管理的首要目标是保护人员和财产安全,避免在战斗中伤及友军以及附近生活和工作的平民和军人;其次,通过对靶场的设计和管理,尽可能减少潜在的爆炸危险和对环境的有害影响;另外,依据国防部指令 3200.16 的规定,要实施有效的靶场清理计划,增强靶场使用的可持续性;最后,还需要针对安全问题进行必要培训,为负责安全工作的专业人员制定适当的靶场安全培训和认证计划。

陆军条例 385 – 63《靶场安全》是专门规定靶场安全制度的条例,适用于陆军和海军陆战队,条例对靶场安全计划和保障靶场运行提供了基本指导,对于在陆军和海军陆战队靶场实弹训练设施内发射弹药、激光、制导导弹、爆破弹、爆炸物、火箭弹以及投掷炸弹的责任做出了规定。另外,陆军部手册 385 – 63 规定了靶场安全的具体标准和程序,可以与该条例结合使用。本条例适用于美国陆军军官学校、陆军部和海军部的文职雇员和承包商、在靶场中训练的预备役军官训练团学员等任何使用陆军或海军陆战队管控的场地或作战靶场的人员或组织,范围除了用于军事训练的实弹射击区域之外,还涵盖娱乐性靶场、枪械俱乐部靶场、试验和鉴定靶场。

(四) 陆军部手册 385 – 63《靶场安全》

陆军部手册 385 – 63《靶场安全》是陆军条例 385 – 63《靶场安全》的配套手册,为便于条例的贯彻落实,提供了一系列便于操作实施的相关标准和规程,便于安全发射弹药、爆破弹、激光、制导导弹和火箭及投掷炸弹。陆军和海军陆战队将结合陆军条例 385 – 63《靶场安全》及 MCO 3570.1C 使用该手册,用于建立和保持一个综合靶场安全计划。

第 4 ~ 15 章是手册的主体,按武器系统区分不同章节,明确了各类武器系统的射击条件,详细规范了射击危险区。武器系统包括轻武器、榴弹发射器、反坦克武器、坦克/步兵战车、迫击炮、野战火炮、航空武器、防空火炮、化学制剂与烟雾、非致命武器、地雷、起爆装置、绊索照明弹和炸药。这部分内容翔实具体,特别是对各类危险区的定量分析,根据不同武器系统,区分射击训练方式单个射击点和单个靶标、单个射击点和多个靶标、多个射击点和多个靶标,有大量数据支撑。虽然我方武器系统性能与之不同,具体数据不能直接使用,但其采取的定量化、图形化分析方法值得学习借鉴。

另外,我方训练场地安全主要考虑以实弹射击安全为主,往往忽略激光和射击噪声对人员安全的影响。激光交战系统、激光测距设备等设备如果使用不当,会对人员眼睛和皮肤造成严重伤害,该手册第 16 章中明确了激光的使用规程以及激光靶场设计与认证;另外,激光交战系统配套的声效模拟器以及坦克炮射击的声响巨大,长期处于此类噪声之中也将极大危害听觉系统,该手册中规范了距离声源的安全距离和暴露限值,提出了必要的防护措施。政策上强调了对靶场安全认证工作规范,明确靶场使用主管官员及靶场安全官必须通过培训获得资质,区分不同武器系统规定了任命主管官员及靶场安全官的身份要求。该手册对进行超越射击、在落弹区机动等安全风险较大的训练活动提出了具体规范和要求,另外也提出了不少具体的安全措施,比如靶场除须使用肉眼可见的靶场外部界线标志外,还应使用具有热特征的界线标志,便于夜间施训;使用标志旗和灯光标志射击车辆是处于故障状态、射击准备状态、射击完成状态,通过各种颜色进行区分,以便于进行安全评估和训练控制;提出在训练前,对以往的经验教训进行总结回顾,也是降低风险的必要措施。

(五)训练通告 25 - 1《训练场地》

该训练通告规范了训练场地的政策和标准,介绍了训练场地的使用维护及规划策略,论证了部队训练、院校教学的基本用地需求,最重要的内容是从部队训练、院校教学角度明确了训练场地的定量需求标准。部队训练方面,区分各层级部队,依据训练与评估计划中的不同训练任务,明确了场地需求的面积、持续时间;院校教学方面,区分各类院校,依据教学计划中的不同课程,明确了场地需求的面积、持续时间。

陆军的训练环境应该能够反映作战环境,实现 LVC 要素全面整合,构建艰苦、逼真的实兵实弹训练环境,可以在其中"像战斗一样训练"完成任务必训科目。陆军靶场与训练场策略确定了机动训练区的缺口以及限制和影响实弹训练的因素,同时提供了解决问题的策略。该通告回答了以下六个问题。

(1)美国陆军部队及学校在其驻地和战斗训练中心进行的具体训练活动以及已部署部队对机动训练区的土地需求是什么?

(2)这些需求与联合、机构间、政府间及国家间环境中的需求有什么不同吗?

(3)对抗常规威胁或非对称威胁的训练中,这些需求有什么不同吗?

(4)陆军基地机动训练区的所有承租方、非承租方和学校对机动训练区的土地需求是什么?

（5）需求及可用的演习训练区会对陆军的靶场与训练场策略以及指挥官的训练计划产生何种影响？

（6）在陆军从当前部队向未来部队的转型过程中，需求将发生怎样的变化？

该通告发布于2004年3月，并非最新版，随着近十多年来美国陆军政策制度调整，部分内容与当前发展不适应，但是其中有一些场地需求论证的思路和方法并不陈旧，特别是区分了各类部队和学校，针对不同训练科目和课程的训练场地需求，进行了定量化的计算分析，形成了总体的训练场地需求，对统筹场地需求具有借鉴意义。

（六）训练通告25-8《训练靶场》

该训练通告提供各种靶场及其能力的详细信息，支持靶场开发、运行、维护、管理以及现代化工作，供部队开发靶场设施主计划时使用，为陆军部队履职尽责提供参考。该训练通告也能为基地靶场官员、组训人员、射击专业负责人、靶场规划者、工程师、协调人员以及靶场工程强制检查委员会提供指导，使用范围涵盖陆军现役、国民警卫队、预备役部队的各层级。

三、立项规划

立项规划是开展训练场地建设的第一步，是各级单位组织开展场地建设的基本依据，对于后期设计建设等工作至关重要。规划计划工作内容复杂，涉及作战任务支持、环境管理和经济可行性等众多内容，需要基地部门、陆军主要司令部、设施管理局以及陆军总部层级之间密切协调配合，开展一系列深度的评估和分析工作，是一个有次序的持续过程。立项规划每年进行一次，一般从基地层级开始进行宏观和微观规划。宏观规划首先创建靶场设施主计划，随后据此产生靶场开发计划；微观规划确认项目场地具体位置、靶场开发计划中的项目指标等具体内容。陆军主要司令部层级负责审查、评估并核证靶场现代化项目，并将其纳入实弹训练投资策略，与靶场可持续发展计划专员协调，向靶场需求审查委员会介绍情况。陆军总部层级负责审批、质量保证和质量控制、技术审查和经费规划，包括施工、未爆弹药的清理和技术系统设施等项目的工程设计和项目执行。

本节首先介绍立项规划的相关概念，然后区分基地、司令部、陆军部三个层级，具体介绍立项规划工作内容。

（一）相关概念

1. 靶场设施主计划

靶场设施主计划是基地运行覆盖图的一部分，记录了基地的当前靶场和训练场资产及未来靶场设施项目需求的选址等总体情况，描述了可能影响靶场或训练土地的情况,包括基地部门试图征用的毗连和非毗连地块,为基地的不动产总体规划和靶场开发计划提供源数据,有助于确定靶场现代化项目并推动形成靶场开发计划。靶场设施主计划必须将影响靶场和训练场的所有设施规划要求与设施的靶场综合体总体规划结合起来,需要将理论需求与影响训练场资产的其他要求和限制因素进行综合考虑,包括环境保护、安全、弹药,以及设施管理要求等内容,靶场可持续发展规划流程为设施不动产总体规划提供了有价值的信息,开发了自动化靶场设施主计划工具,可加快推动规划过程。依靠靶场设施主计划工具,可以形成部队训练和教学领域中靶场和机动训练场地的需求,并实现文档化,进而形成总体靶场需求,以确定靶场能力是存在不足还是过剩。

2. 靶场开发计划

靶场开发计划是一个清单,包括了指定工程年度内的靶场建设和土地征用项目的优先级次序,是由靶场综合体总体规划衍生而来。计划包括由负责计划、作战与转型事务的副参谋长负责的靶场和训练场年度计划指南中的项目,按财政年度、优先级、标准靶场类型、估计成本和项目编号列出新建和升级项目。靶场开发计划由基地高级别司令官批复,对于达到陆军军事建设计划供资门槛的项目,靶场开发计划将指定供资类别为"新建"或"升级",而后基地将靶场开发计划提交给相应司令部下属的设施管理司令部。靶场开发计划将包括靶标、地面危险区和相关设备的费用估算,由设施部门提交,并对支持该项目所需的地面危险区进行核证。计划中的每个靶场现代化和土地征用项目都将有研究分析的备选方案。

3. 靶场选址

论证规划人员需要与设施公共工程局及安全官员合作,就靶场选址决策进行协调。新建或改造靶场可能会对设施和附近社区产生环境影响,特别是噪声影响。规划人员应尽量减少影响,但必须在环境问题和训练要求之间保持平衡。例如,最大限度地保留自然植被,促进了训练的真实性,同时也减少了环境破坏。美国陆军建筑工程研究实验室于1999年8月出版《战术隐蔽区》,提供了关于增强掩体和隐蔽以提高训练真实感的种植计划的资料。规划人员须考虑拟建靶场位置与设施其余要素之间的关系。靶场场地不应隔离实用的机动地形、切断弹着区,或使清理作业变得十分困难。如果拟议靶场需要经常维护,那么当邻近的靶场处于训练状态时,场地应提供便捷的通道。无法使用的地形应并入弹着区。此外,靶场应具备扩展和改进的潜力,以适应新武器系统。高效运行的关键是靶场场地的条件使训练部队易于到达。规划人员在确定场地位置时,需要考虑总体训练要求以及出入靶场的流量。训练区,如轻武器靶场和刺刀训练场,应靠近驻军。履带式车辆和火炮靶场可设在离部队营房较远的地方。如果靶场位于偏远地带,规划人员应考虑夜间停车和露营设施。由于缺乏能够进行实弹射击的场地,因此靶场将建于当前靶场之上或扩展至当前的弹着区。训练员必须考虑清理场地未爆弹药所需增加的财政负担和施工时间,以确保能够安全进行施工作业。

4. 专业知识支撑

基地级规划工作需要各个领域大量专业知识支撑。对于工程专业知识技术，可以咨询师级工程参谋、当地公共工程局或美国陆军国民警卫队设施管理官、工程兵团分部或地区工程师、美国陆军工程兵团靶场与训练场计划 – 专业技术中心、美国陆军工程兵团弹药与爆炸物专业技术中心、美国陆军工程兵团实验室。各个陆军主要司令部的安全办公室、基地安全主任、训练与条令司令部安全办公室中的靶场安全技术顾问可以提供靶场安全方面的专业知识技术。另外，可根据陆军条例95 – 2《空中交通管制、空域、机场、飞行活动及导航辅助设备》的规定来处理并协调特殊用途空域相关事宜，除设施空中交通及空域官和陆军部派驻联邦航空局的地方代表可提供政策和策略指导外，还可从美国陆军航空服务办公室（位于弗吉尼亚州贝尔沃堡）获取指导意见。位于马里兰州阿伯丁试验场的美国陆军健康促进与预防医学中心、美国陆军环境中心以及亚拉巴马州美国陆军环境意识资源中心可提供健康评估、设计审查评估、环境支持服务及产品等其他方面的支持。

（二）需求分析

训练场建设需求分析过程包括理论分析、运行分析、可持续性分析三个阶段，陆军条例350 – 19中对该过程进行了具体明确。理想情况下，基地训练场地面积应足以支持在驻地开展最大规模的集体训练活动。为此，陆军设计了训练场地计划需求模型，简称为ARRM模型，作为基本分析工具，用以评估和分析实弹训练、机动训练需求和能力。通过由陆军基地管理助理参谋长管理的不动产分析系统，ARRM模型可与多个陆军管理和作战数据库相连，以确保向作战与计划机构和陆军基地管理助理参谋长提供一致的需求与功能。ARRM模型是一种基于网络的实弹训练分析模型，包括陆军训练资产目录清单（如以平方千米、英亩及平方千米 × 天数为单位的机动训练区面积）、现役和预备役部队的实弹训练需求，以及条令化训练对训练场的需求，可通过网络访问陆军ARRM模型。

陆军部手册350 – 38《武器训练标准》确定了武器系统训练要求、靶场活动频率以及为训练分配的弹药资源。通过使用吞吐量计算公式，基地靶场人员就可以使用这些信息来确定支持训练需求所需的靶场数量。例如，一个机械化步兵连要求每半年对士兵进行一次M16系列和M4步枪资格鉴定。为了达标，部队需要进行归零射击、练习射击以及昼夜射击。需要两种类型的靶场支持这种射击训练，一种是25米归零靶场，另一种是16道改进型记录射击靶场。

一个机械化步兵师包括5个机械化步兵营，每个营编制4个连。根据每连每年3.4个白天及3.1个夜晚的使用需求，可利用如下方法计算出一个营每年的使用需求。

（1）日：3.4日/连 × 4个连/营 = 13.6或14天/营。

（2）夜：3.1夜/连 × 4个连/营 = 12.4或13夜/营。

为了确定营级及营级以上的靶场吞吐量要求,将天数或小时数计为整数。按照如下方法计算机械化营每年在训练 M16 系列和 M4 步枪方面对靶场的总需求。

（1）日:14 日/营 ×5 个营/师 =70 日/师。

（2）夜:13 夜/营 ×5 个营/师 =65 夜/师。

可通过计算以下射击要求的总和来确定设施在训练 M16 系列和 M4 步枪方面对靶场的需求。

（1）作战部队。

（2）战斗单元和战斗勤务支援单元。

（3）设施支持人员。

（4）预备役分部部队。

（5）预备役军官训练队。

（6）其他需要靶场支持的部队。

将这一总数与靶场可用情况进行比较,就能确定靶场是否能够满足要求。如果不能满足要求,则靶场可用性存在缺口,说明需要增加靶场能力。

另一个例子是,一个坦克连必须每半年用射击“表八”(本书中的表是指训练科目表)对其 14 个班组进行一次资格鉴定。在进行资格鉴定射击之前,部队会先用“表七”进行练习。而数字多用途靶场综合体或数字多用途训练靶场可支持这项训练要求。

表 2 - 1 为坦克部队完成所有进攻和防御交战射击所需的近似时间。时间数据包括每次训练规定的时间、训练之间的 5 分钟,以及在下一个班组开始进入靶场之前清理靶场所需的 10 分钟。一个坦克班组在数字多用途靶场综合体或数字多用途训练靶场完成“表七”射击训练所需的时间是 74 分钟,完成“表八”的时间是 76 分钟,因此可以计算出一个连 14 个班组完成射击表训练所需的小时数。

表 2 - 1　坦克射击表训练时间要求　　　　单位:分钟

表	班组	分队	排
表五	95 +		
表六	104 +		
表七	74 +		
表八	76 +		
表十二(进攻与防御)			120 +

注:“ + ”表示以分钟为单位的近似时间。

表七:每个班组 74 分钟 × 每连 14 个班组 ÷60 分钟(换算为小时)。或以算式表示:(74 ×14) ÷60 =17.3 小时。

表八:每个班组 76 分钟 × 每连 14 个班组 ÷60 分钟(换算为小时)。或以算式

表示:(76×14)÷60＝17.7小时。

由三个坦克连和两辆指挥机构坦克组成的一个营每半年训练一次的时间要求如下:

表七:每连17.3小时×3个连＋每营2辆指挥部坦克(74×2÷60＝2.5)＝每营54.4小时。

表八:每连17.7小时×3个连＋每营2辆指挥部坦克(76×2÷60＝2.5)＝每营55.6小时。

该营每年所需时间是半年所需时间的2倍,即完成表七－A和B的训练时间为104小时,完成表八－A和B的训练时间为107小时。由此可算出编制了五个营的师总使用需求:

表七:每营104小时×每师5个营＝每师520小时。

表八:每营107小时×每师5个营＝每师535小时。

按数字多用途训练靶场和数字多用途靶场综合体每天平均有20小时可进行训练来计算,该师完成表七训练的总时间需求约为26天,完成表八约为27天。

靶场管理人员可为将在数字多用途靶场综合体或数字多用途训练靶场进行射击训练的部队计算出剩余坦克射击使用需求(表九、表十、表十一和表十二)和"布雷德利"战车射击需求。同样,必须确定预计的靶场可用训练天数,并将其与所需的靶场训练天数进行比较。如果所需天数超过可用天数,则说明靶场可用性存在缺口。

1. 训练场吞吐能力

吞吐量是指在一段时间内需要训练的士兵或部队单元(如班组、分队、班、排和连)的总数量。训练场吞吐能力是指在给定的时间内训练场所能接待的士兵或部队单元的数量。例如,一个步枪靶场在8小时内可能接待一个有200名士兵的连队。此吞吐能力每天将至少能够支持该连队完成一个日间射击循环和一个夜间射击循环。假设该靶场每年有314天可用,则该靶场支持昼夜射击的年吞吐能力为314个连或62800名士兵(314个连×每连200名士兵)。

吞吐量的计算需要基于训练类型,单兵或一个单元完成一项或一系列训练活动所需的时间以及适用的时间段(日、周、月、年)。某些类型靶场的吞吐量计算还可能包括可以同时训练的士兵或单元的数量。例如,按照如下方法来计算具有16道改进型记录射击靶场的日吞吐能力。

(1)射击道数量为16条。

(2)一名士兵完成射击所需时间为30分钟或每小时2名士兵,可用于训练的时间为每天8小时。

(3)每小时完成射击的士兵人数:16条射击道×每道每小时2名士兵＝每小时32名士兵。

(4)吞吐能力＝每小时32名士兵×每天8小时＝每天256名士兵。

（5）将日吞吐能力乘以可用于训练的天数即可得出年吞吐能力：日吞吐能力 = 每天 256 名士兵。

（6）可用于训练的天数：314（估计数）。

（7）年吞吐能力 = 每天 256 名士兵 × 每年 314 天 = 每年 80384 名士兵。

考虑训练场地吞吐能力，除了训练需求，还需要专门考虑动员时期训练场地需求。当现役和预备役部队都到达基地、同时动员起来的预备役部队到达并开始进行部署前训练时，就需要考虑动员对场地的需求。

2. 训练吞吐量需求

在计算年吞吐量的需求时，应将所需训练的重复次数包括在内。例如，每年对步兵进行的 M16 系列和 M4 步枪训练包括 2 次日间武器归零射击训练、2 次日间及 2 次夜间资格鉴定射击训练、2 次日间及 2 次夜间保持性射击训练。

按照如下方法计算机械化步兵师对步枪训练吞吐量的总需求：

（1）连队士兵人数：200。

（2）连队数量：30。

（3）重复次数：6 次日间及 4 次夜间或每年 10 次。

（4）每连每年参训士兵人次 = 每连每次 200 名士兵 × 每年 10 次 = 每连每年 2000 人次。

所需吞吐量 = 每年每连 2000 人次士兵 × 30 个连 = 每年 60000 人次。

将场地吞吐能力 80384 人次与所需吞吐量需求 60000 人次相比较，得出每年过剩能力为 20384 人次。

3. 装甲车辆射击需求

可用表 2 - 2 来计算坦克营开展表五至表十二的射击训练吞吐量需求。使用以下公式来计算一个单元进行某一科目射击训练所需的时间：

$$H = N \times (M \div 60)$$

式中：H 为完成射击表所需的小时数；N 为完成射击科目训练所需的车辆班组数量；M 为一个班组完成昼夜射击训练所需的分钟数（除以 60 可将分钟换算为小时）。

表 2 - 2 坦克射击表——时间要求 单位：分钟

表	班组	分队	排
表五	95 +		
表六	104 +		
表七	74 +		
表八	76 +		
表十二（进攻与防御）			120 +

注："+"表示以分钟为单位的近似时间。

例如,由 14 个坦克班组组成的坦克连完成坦克表八(日间和夜间)所需的时间为

$$N = 14 \text{ 个班组}$$

$$M = 76 \text{ 分钟}$$

$$H = 14 \times (76 \div 60) = 17.7 \text{ 小时}(17 \text{ 小时 } 42 \text{ 分钟})$$

通过将所需小时数除以该靶场每日可用于训练的小时数,即可确定训练所需的天数。在上面的例子中,对于表八而言,如果靶场每天有 16 小时可进行训练,则连队完成射击训练所需的天数为

$$H \div 16 = 17.7 \div 16 = 1.1 \text{ 天}(1 \text{ 天 } 1 \text{ 小时 } 36 \text{ 分钟})$$

可以用公式表示为

$$D = N \times (M \div 60) \div A$$

式中:D 为完成表格训练所需的天数;A 为该靶场每天可用的小时数。

对于一次只能安排一个训练单元(坦克)进行射击表训练的多用途靶场综合体或多用途训练靶场,其吞吐能力计算方法如下。

射击道数量为 1,一个训练单元完成表格训练所需的时间。可用于训练的时间为每天 20 小时(平均);可用于训练的天数为 277(平均)。

每天进行训练的单元数量:班组、分队或排的数量。

吞吐能力 = 射击道数量 ×(训练单元完成训练所需的时间 ÷60 × 可用于训练的时间)× 可用于训练的天数。

例如,平均需要 87 分钟才能完成一个射击表的训练。因此,吞吐能力 = 1 ×(87 ÷60 ×20)×277 = 8033 个班组、分队或排/年。

对于编有 15 个坦克连、每连 14 个班组的装甲师,坦克射击训练吞吐量需求计算如下:

(1)对于班组。

班组数量:210(15 个坦克连 × 每连 14 个班组)。

班组射击表数量:每班组 4 张表。

重复次数:每年每表 2 次。

吞吐量需求 =210 个班组 × 每班组 4 张表 × 每年每表 2 次 = 每年 1680 班组。

(2)对于分队。

分队数量:105(15 个坦克连 × 每连 7 个分队)。

分队射击表数量:每分队 2 张表。

重复次数:每年每表 2 次。

吞吐量需求 =105 个分队 × 每分队 2 张表 × 每年每表 2 次 = 每年 420 分队。

(3)对于排。

排的数量:60(15 个坦克连 × 每连 4 个排)。

排射击表数量:每排 2 张表。

重复次数:每年每表 2 次。

吞吐量需求 = 60 个排 × 每排 2 张表 × 每年每表 2 次 = 每年 240 个排。

坦克射击训练的总吞吐量需求 = 1680 个班组 + 420 个分队 + 240 个排 = 每年 2340 个训练单元。

将吞吐量需求(2340 个单元)与吞吐能力(8033 个单元)相比较,说明每年过剩吞吐能力为 5693 个单元。此过剩吞吐能力可以帮助满足该师机械化营的"布雷德利"战车射击训练需求。训练员可采用同样的方法计算此类营的吞吐量要求。

表 2-3 所列为完成"布雷德利"战车表五至表八以及班射击训练所需的平均时间。这些时间在世界靶场内并不一致。训练员应根据靶场自动化水平以及训练之间开进靶场的距离等当地条件对该时间进行调整。

表 2-3　"布雷德利"战车小组/班射击表及演习——时间要求

单位:分钟

表	小组/班
表五	68
表六	69
表七	81
表八	81
步兵班战斗演习(日间和夜间)	120

"布雷德利"战车表九、十、十一和十二涉及与任务有关的射击任务。由部队指挥官决定在一个或多个任务中进行日间和夜间交战。这些任务的日间和夜间交战时间轴如下(移动至目标接触点:3.8 小时)。

进攻	3.7 小时
突袭	3.4 小时
伏击	3.3 小时
侦察/安全	3.6 小时
防御	3.4 小时
撤退	3.4 小时
平均	3.5 小时

表 2-4 为完成"布雷德利"战车表九、十、十一和十二中的日间和夜间射击所需的平均时间。

表2-4 "布雷德利"战车分队/排射击表训练时间要求

单位:小时

表	分队	排
表九(日间和夜间)	3.5	—
表十(日间和夜间)	3.5	—
表十一(日间和夜间)	—	3.5
表十二(日间和夜间)	—	3.5

侦察兵分队执行表九和表十,完成这些表中训练科目的时间取决于地形、天气和交战之间的距离。完成表九与表十中训练科目的估计时间均为8小时。

4. 训练场地资源短缺

实兵实弹训练是保持部队战备状态的最有效途径,许多使命任务科目必须通过实兵实弹训练才能达到标准,很难通过模拟训练对"占领一个排战斗阵地"或"用炸药制造一个弹坑障碍"等任务进行评估。只有在实训环境中,指挥员才能依据训练与评估大纲对集体训练进行达标评估。如果一个机动训练区域限制了按纲施训,且没有反映战场环境,那么将影响该部队的战备状态。训练场地资源短缺对部队训练产生的影响,需要指挥官根据其经验综合考虑各种因素后作出判断,指挥官需要判断场地短缺在何种程度上限制了训练,这些训练限制如何反过来影响训练准备。指挥官必须在接受训练场地资源短缺影响与训练准备状态滑坡之间进行权衡,如果可用资源不支持完成训练准备,那么指挥官可通过相应渠道向上级报告关于训练准备受到影响的情况。

影响训练场地资源可用性的因素还包括设施限制因素和环境限制因素两大类。设施限制因素,如邮政设施、公路、地役权、建筑物、历史遗址、墓地、文化遗址、机场、弹药储存区、自然娱乐区、娱乐场所,以及禁止训练的水域;环境限制因素,如城市发展、规划控制、污染预防、噪声预防、野生动物管理、濒危物种保护、绿化造林、文化资源遗址保护、湿地等。不规则的地幅轮廓和非毗连的地块,也会给部队机动或引导造成影响。

在管理训练场时,驻军指挥官及其靶场与训练场的归口管理方还必须考虑建议的场地承载能力、环境合规要求以及训练场的可持续性。对于法律和法规合规要求,联邦、州、地方和东道国政府都制定了法律和法规来保护人民健康以及自然和文化资源不发生退化。公众和联邦政府提高了认识,这促使各机构制定政策来依法管理,遵守适用的环境法律法规与训练安全考虑同样必要。陆军正在努力将环境因素纳入陆军的所有活动。在大多数地点,基地环境支持人员可以帮助指挥员了解各种法律法规,这些支持人员包括公共工程部、环境办公室、军法参谋和靶场办公室的相关人员。陆军条例200-1《保护及改善环境》、陆军条例200-2《陆军行动对环境造成的影响》、陆军条例200-3《自然资源——土地、森林及野生动植物管理》,以及陆军条例 200-4《文化资源》是陆军环境计划的主要参考文件,另有三部与训练场地有关的法律法规,具体如下:

(1)《国家环境政策法》,要求联邦官员和陆军领导人在做出决定之前,分析拟定的活动和备选方案对环境的潜在影响。陆军基地应具备纲领性《国家环境政策法》文件,对潜在训练影响进行分析。如果计划开展独特或大规模的活动,这一点尤其重要,须咨询基地环境办公室人员有关《国家环境政策法》文件的要求。

(2)《资源保护与恢复法》,为管理危险废弃物制定了国家框架,确立了识别、分类、运输、储存、处理和处置危险废弃物的标准。《资源保护与恢复法》还要求对从事危险废弃物管理的人员进行适当培训,包含了对垃圾、烟火、空包弹和厨房灰水等废弃物的妥善处理方法。基地危险废弃物主任和部队危险材料负责人员须就《资源保护与恢复法》的遵守情况提供支持和建议。

(3)《清洁水法》,涉及地表水、地下水和雨水保护、湿地和沿海水域保护以及侵蚀控制。此外还规定了需要对漏入水道的石油和有害物质进行报告。在训练活动中,有害物质泄漏和机动训练对湿地或溪流造成的损害都会产生潜在影响,基地必须制定有害物质泄漏计划,在基地进行训练的部队必须熟悉此项计划。

5. 确定经费需求

对于靶场开发计划中列出的所有达到陆军军事建设美元阈值的靶场现代化项目,设施部门必须确定其资金分类和资金来源。需要在陆军靶场总体规划中进行核证的陆军军事建设要求被归类为"新任务"或"升级"任务,并根据两个计划执行小组中的其中之一来分配资金。如果某一设施目前没有能力支持与某一特定项目要求有关的训练类型,则该项目将被归为"新任务"类项目,由训练计划执行小组考虑供资。如果"新任务"是部队驻扎或新训练理论产生的结果,则训练计划执行小组将提供所需资金。根据部队的部署情况,"新任务"项目的供资必须与主要武器系统的部署同步,并确保向部队提供资金和设施。陆军必须确保在武器系统到达之前,规划、设计和建设"新任务"靶场。如果某一设施目前有能力执行与训练要求相同的活动(训练要求与靶场现代化项目要求相关),则该项目将被归为"升级"类项目,由设施计划执行小组供资。

(三) 基地级规划

总体规划目的是描述设施当前资产、未来总体选址要求,以及可能的影响和限制。包括:设施部门将试图征用的毗连和非毗连地块,为满足训练要求所需的其他非陆军靶场的占地面积;允许训练人员和其他工作人员查看当前资产,并使用靶场和训练场的理论要求;环境资源、自然资源、信息技术和其他影响靶场和训练场资产的要求和限制;未来的靶场发展和土地征用项目。支持备选方案研究分析,为设施的不动产总体规划和靶场开发计划提供源数据。每年用于对靶场和训练场资产以及设施不动产数据库中所反映的类别代码、设施陆军驻扎和设施计划中的靶场和训练场要求,以及不动产规划和分析系统进行审查并更新。基地规划涉及长期可持续使用、水文和水文地质、管理程序、记录保存、标准、监测、公众宣传和公众参与方案,确保可持续靶场管理的技术要求与其他设施规划流程和资源的整合。

1. 基本流程

基地级规划流程包括连续的六个步骤,如图 2-3 所示。

(1)需求评估:基于条令化的训练要求开展需求量化分析。

(2)资产核算:摸清现有训练资产种类、数量和利用率等情况。

(3)比较分析:确定训练资产是短缺还是过剩。

(4)需求定义:开发具体能力、特性和功能。

(5)备案分析:确定所有可行或潜在的备选方案。

(6)制定计划:形成靶场开发计划并上报。

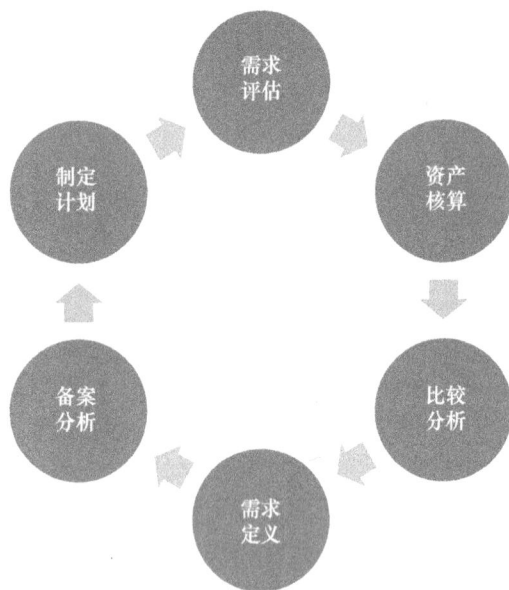

图 2-3 基地级规划基本流程

2. 需求评估

规划方必须评估当前能力以满足标准训练准备要求,评估备选方案以最大限度地提高训练效率,评估资源(如弹药、燃料、训练场地和靶场设施、人力、寿命周期,以及运行与维护)以达到作战准备要求。总括性评估是指对靶场和训练场地开展训练任务的有效性、状况、利用因素和环境影响所进行的评估。在训练委员会标准流程中,制定训练策略时纳入了设备、模拟器和实弹射击的总体需求,从而以整体方式满足了训练熟练程度的要求。在需求评估期间,必须确定与靶场标准化或现代化有关的潜在环境限制及训练场地需求,并可以要求制定专门的训练策略,以适应当前训练场地的限制。

确定需求是靶场现代化和土地征用项目的基础,通过对作战与训练理论、部队编制结构、武器系统和使命任务进行评估,以确定士兵和部队训练的具体要求,从而满足作战准备和陆军训练目标。有助于确定需求的文件如下:

(1)野战手册7-0及相应类型的野战手册有助于制定使命必训任务清单,该清单侧重于那些对完成某一组织的战时任务至关重要的训练任务。

(2)陆军训练与考核计划和合同训练策略提供了部队在机动区和实弹射击靶场的训练要求。

(3)相应野战手册中规定了武器系统训练策略与标准。

(4)陆军部手册350-38概述了推荐的武器训练计划、资格标准、训练用弹药、作战节奏和建议的训练策略。美国工程兵团总部发布的针对综合后勤保障计划的配套设施附件确定了与物资部署有关的设施影响,包括训练考虑因素,并将随着武器系统的成熟而不断更新。通过设施规划系统实用程序下的计划、管理与执行系统,基地和陆军主要司令部将能够使用这些配套设施附件。

(5)训练通告25-1、训练通告25-8、陆军条例385-63、陆军部手册385-63提供了场地规划、靶场布局、安全标准、地面危险区、标准靶场设施、训练场、仪器和特殊武器系统需求方面的指导。

(6)美国陆军工程兵团设计手册介绍了标准化设施。

3. 资产核算

资产核算旨在摸清基地训练场地资产底数和利用情况,为比较分析工作提供测算依据。为摸清资产底数,一方面利用基地状态报告第一部分(基础设施)中提供的信息,依据"陆军条例210-14"可以确定靶场条件和训练场资产的状况;另一方面,可以利用综合设施系统和标准设施类别代码确定临时性及永久性靶场和训练场资产的总数,包括非毗连土地、受控空域、美国陆军使用但不拥有所有权的土地等类型。对于资产利用情况,可以分析靶场设施管理支持系统产生的靶场运行数据,包括某特定资产可用于支持任务的实际天数,来确定资产的利用情况,同时利用历史记录来反映使用率随时间的波动情况。

4. 比较分析

比较分析主要是在需求评估和资产核算基础上,依据需求评估结果,综合当前靶场和训练场总资产以及此类资产状况和资产利用率,分析资产是处于过剩还是短缺状态。在吞吐量需求超过现有设施吞吐能力的情况下,增加靶场和机动训练场能力的要求就是合理的。一般可使用运行覆盖图来分析与靶场综合设施总体配置有关的运行因素,以确定未设限运行需求和关键性设施,如弹药补给点、部队车辆调配场和兵营。运行因素包括但不限于安全、地面(水面)危险区、弹着区、规划中靶场和现有靶场之间的路程时间和距离,以及部队车辆调配场和兵营等关键性设施。靶场综合设施的总体配置包括但不限于演习区与实弹射击区的比例配置、未爆弹排除人员,以及多用途靶场与轻武器靶场的比例配置。非设限运行需求会识别潜在的靶场现代化和土地征用项目。

比较分析工作中,规划人员应充分考虑诸多因素,包括现有训练设施的数量和类型、使用率、用户密度、批准使用的弹药、设施的可用性或剩余寿命、当前和预计的吞吐量需求、当前用途及新用途或多种用途的潜力、达到训练标准的充裕度、寿命周期、运行和维护费,需要考虑不利环境影响,包括地表水和地下水污染、生物多样性、土壤、文化资源、空气质量恶化以及环境噪声影响,考虑弹着区的污染和新建污染弹着区的可能性,还需要考虑土地使用的影响和兼容性,包括设施和邻近土地的当前和未来用途。

5. 备选方案研究分析

军事建设项目,特别是实弹射击靶场建设及土地征用的交付期很长,一般为5~7年。规划人员必须考虑实际可行的备选方案。为在证明新需求的合理性之前,能够充分利用现有的训练资产,将对无约束运行要求中所确定的每个靶场现代化和土地征用项目进行备选方案研究分析,目的是评估新建和置地的替代方案,通过开发新程序、运行方式、升级、改建、改造以及停用来解决过剩和短缺状况。每个备选方案研究分析将描述拟议行动的目的和需要,评估每一项备选方案的经济可行性、任务影响和环境影响,并确定首选替代方案。征地项目单独进行备选方案研究分析,除上述内容外,还包括对资金需求的说明、费用概算及依据、对可能引起争议和影响的问题的简要说明,包含所有行动里程碑的时间线以及拟议征地项目示意图。如果拟议的土地征用项目成本超过100万美元或面积大于1000英亩,那么靶场官与负责计划、训练、动员及安全的同级别主管官员将协商制定一份《军事土地征用建议书》。

TC 25 – 8《训练靶场》中描述"靶场规划备选方案"包括四类:一是共同使用另一个设施部门的现有设施;二是将一个老旧的或者专用靶场改建为一个多用途靶场;三是在现有设施上通过使用训练辅助器材、设备、模拟器和模拟系统或附加便携式靶标;四是增加现有靶场的运行时间。在决定是否共用另一设施部门的现有靶场时,指挥官和规划人员应考虑其他靶场的可用性、前往备用靶场的距离和费用、达到武器训练标准所需的射击频率、使用训练所需弹药时可能受到的限制等情况。

(四)司令部级规划

陆军主要司令部将审查、评估并核证基地靶场开发计划中包含的靶场项目。对于有多个陆军主要司令部租户和常规用户的基地,将通过指挥官的级别来确定责任人,高级任务指挥官所属的陆军主要司令部将牵头,与其他受影响的陆军主要司令部协商并核证靶场开发计划,并提交至靶场可持续发展计划项目经理。陆军主要司令部将靶场开发计划合并为陆军主要司令部实弹训练投资策略。通过实弹训练投资策略,确定设施靶场现代化需求的优先次序,并传达给训练保障系统部门主任;落实靶场和训练场年度计划指南以及训练指南和优先事项;核证按设施分类的靶场现代化项目"新任务"或"振兴"的资金分类情况。陆军主要司令部将至少在需求审查和优先级确定委员会召开前一个月,将其实弹训练投资策略连同具体的项目年份呈递件转发给靶场可持续发展计划专员进行技术审查,并向靶场可持续发展计划专员提交周期外申请,以便转发给需求审查和优先级确定委员会进行考量。

设施公共工程局须将训练设施要求纳入设施不动产总体规划。新建设施的文件资料应包括场地以及局部可用的靶场和训练设施或其他可进入的训练区的面积、状态和吞吐能力方面的信息。同时还应包括拟建靶场地点的安全要求、环境考虑和地形概况。此类信息大部分都包含在当地靶场条例所要求的设施射击靶场目录中。场地状态和吞吐能力数据可从设施公共工程局自然资源办公室获取。此类数据基于综合训练区管理计划(包括地理信息系统)所确定的场地状态趋势。有关综合训练区管理计划的资料可从陆军部总部获取,或访问 http://www.adtdl.armv.mil 进行浏览。

(五) 陆军部级规划

陆军靶场总体规划是负责计划、作战与转型事务的副参谋长的主资源库,用于实现靶场现代化和训练场征用项目的核证、确定优先次序并提供资金,具有数据库性质,记录了各资源类别下的陆军已批准的靶场项目。陆军靶场总体规划中包括了所有军事建设和靶场现代化项目运行和管理资金,以及执行相应财年计划所需的资金。

陆军靶场总体规划能够引领陆军部各级人员开展靶场工作。靶场可持续发展计划项目经理依据陆军靶场总体规划来管理靶场现代化项目周期信息,据此开展陆军总部层面的策划、编制预算和规划工作。靶场可持续发展计划专员依据陆军靶场总体规划与其他机构协调陆军靶场现代化项目的实施情况,并进行整合。在准备需求审查和优先级确定委员会年度会议时,靶场可持续发展计划专员将与训练保障系统部门靶场可持续发展计划项目经理协调,为当前陆军靶场总体规划作出注解,并在理事会召开会议之前将其提供给需求审查和优先级确定委员会成员。需求审查和优先级确定委员会将在财年的第三季度依据陆军靶场总体规划来支持计划目标备忘录,并在该财年的第四季度将其作为原始资料提供给负责计划、作战与转型事务的副参谋长,用于编制靶场和训练场年度计划指南。

为适应靶场需求变化,需求审查和优先级确定委员会每年都将对陆军靶场总体规划进行核证,陆军靶场总体规划也是处于不断调整变化之中。靶场可持续发展计划专员与靶场可持续发展计划项目经理协调工作,在每年 8 月对陆军靶场总体规划进行更新。更新的内容主要有三个方面：一是跟踪下一财年通过计划目标备忘录国会附加条款供资的项目；二是在上一届需求审查和优先级确定委员会会议期间，提交审查和批准的陆军主要司令部项目；三是每一项由需求审查和优先级确定委员会按财年、陆军主要司令部及优先次序审批的项目。

陆军靶场总体规划变化调整之后，必然会给其他工作带来相应影响，需要保持同步调整。靶场可持续发展计划专员将确保经核证的陆军靶场总体规划与训练任务区经费保障计划同步。靶场可持续发展计划项目经理将获批的陆军靶场总体规划提供给其他陆军参谋部相关部门、设施管理局总部、陆军主要司令部，以及靶场和训练场计划专业知识中心，以便酌情进一步规划或开展其他工作，同时还要确保经核证的陆军靶场总体规划与设施管理助理参谋长军事建设未来年度防御计划同步。

四、设计建设

立项规划完成之后，启动军事建设项目，转入设计建设阶段，逐步开展方案设计、工程设计工作。制定训练场地设计方案是一项综合性、专业性较强的工作，需要由各相关单位通力协作完成。靶场可持续发展计划项目经理及专员、设施管理局总部、靶场和训练场计划专业知识中心、训练与条令司令部安全办公室、陆军主要司令部、设施管理局各分区、模拟和训练仪器计划执行办公室、美国陆军环境中心，以及训练与条令司令部学校和中心都将参与其中。与训练场地设计有关的标准一般会以训练通告形式发布，这些内容依据是训练与条令司令部学校、中心和各陆军主要司令部的提案和建议，同时也需要参考训练理论、训练策略。此外，美国陆军工程兵团设计手册为获批的陆军标准提供了规范和设计方法。靶场和训练场计划义务性专业知识中心根据训练通告中公布的标准，为标准靶场和特定训练建筑物制定设计手册和规范。制定标准训练场地设计方案时，需要评估新型武器系统或弹药的部署及相应安全标准、作战理论、部队编制结构和现有武器系统训练策略及需求变化，以及陆军任务训练计划标准的变化。

（一）基本流程

训练场地建设项目按照时间周期进行规划、设计和审批，年度审查结果将决定是否继续执行陆军靶场总体规划中拟定的项目，需求审查与优先级确定委员会将就年度会议期间获批项目向靶场现代化技术小组下达指令。设计建设5年周期之内的具体工作及节点要求，如表2-5所列。

（1）在项目年份前5年，陆军主要司令部将来自基地靶场开发计划中的土地征用建议书，提交至需求审查与优先级确定委员会进行审批，批准后则授权该设施部门编制《军事土地征用建议书》包。

（2）在项目年份前4年,需求审查与优先级确定委员会下达规划指令,授权靶场现代化技术小组继续进行项目规划并举行规划性专家研讨会。

（3）在项目年份前3年,需求审查与优先级确定委员会下达指令,授权靶场现代化技术小组继续进行方案设计,并继续进行《国家环境政策法》分析及国防部1391号表格的制定工作。

（4）在项目年份前2年,需求审查与优先级确定委员会下达指令,授权靶场现代化技术小组和美国陆军工程兵团最终确定项目设计规范,完成《国家环境政策法》落实行动,并制定合同包,锁定成本数据支持计划目标备忘录。

（5）在项目年份前1年,已完成的合同包将支持合同授予和靶场建设。

表2-5 周期工作及节点要求

输入	年份	审查	批准	结果
靶场开发计划(含土地征用项目)	财年-5年份①	需求审查和优先级确定委员会财年-5年份征地项目	设施征用项目	需求审查和优先级确定委员会授权基地部门继续制定《军事土地征用建议书》包
靶场开发计划/实弹训练投资策略	财年-4年份	需求审查和优先级确定委员会财年-4年份提案	计划目标备忘录构建;陆军靶场总体规划	需求审查和优先级确定委员会就获批靶场现代化项目向靶场现代化技术小组下达规划指令;需求审查和优先级确定委员会授权基地部门启动土地征用《军事土地征用建议书》的准备工作
军事建设和小微项目规划性专家研讨会报告	财年-3年份	需求审查和优先级确定委员会财年-3年份修订	计划目标备忘录构建;陆军靶场总体规划	需求审查和优先级确定委员会向靶场现代化技术小组发布指令,继续进行国防部1391号表格的编制工作、地面(水面)危险区的核证/修正、《国家环境政策法》分析等;美国陆军工程兵团向美国陆军工程兵团分区和靶场与训练场计划法定专业知识中心下达设计指令

续表

输入	年份	审查	批准	结果
35%设计阶段《国家环境政策法》文件草案；国防部1381号表格费用概算草案	财年-2年份	需求审查和优先级确定委员会财年-2年份审查	计划目标备忘录锁定；陆军靶场总体规划	需求审查和优先级确定委员会下达指令以完成计划目标备忘录项目；美国陆军工程兵团授权美国陆军工程兵团分区完成设计
最终预设计和最终设计合同包	第1财年	靶场现代化技术小组；靶场现代化规划小组	预算执行；陆军靶场总体规划	合同授予

① 表示项目开工前的第5年。

1. 方案设计

当靶场现代化项目在"财年-3"阶段的需求审查与优先级确定委员会上得到确认后,正式的工程设计流程就开始了。当一个项目进入"财年-2"阶段时,设施管理助理参谋长办公室将与靶场可持续发展计划项目经理及靶场和训练场计划专业知识中心进行协调,然后向美国陆军工程兵团总部发布设计方案。美国陆军工程兵团总部将向相关分区提供设计指令,并向靶场和训练场计划专业知识中心提供一份副本。

2. 正式工程设计

该流程包括从方案设计到形成最终设计规范的全部阶段。为支持正式的工程项目设计流程,美国陆军工程兵团将分区举办设计性专家研讨会。在完成地形勘测后,利用项目开发资金构建分析模型。此阶段中的审查工作包括强制性设计审查和选择性设计审查,强制性审查将遵循美国陆军工程兵团指南中规定的参数标准。在方案分别完成35%设计阶段、65%设计阶段以及最终设计前的95%设计阶段,均需要对重要靶场项目进行强制性设计审查。对于陆军国民警卫队靶场,方案设计被称为初步设计。在方案设计阶段完成以及最终设计前的95%设计阶段,需要对所有靶场项目进行强制性设计审查。对于重要靶场,将在35%设计阶段的审查之前和95%设计阶段的审查时进行瞄准线分析。靶场可持续发展计划专员、陆军主要司令部和任务指挥官将严格监督,在方案设计阶段验证训练功能和要求,并在95%设计阶段加以核证。靶场可持续发展计划专员、靶场和训练场计划专业知识中心、模拟和训练仪器计划执行办公室、设施管理局分区,以及陆军主要司令部代表将与设施综合规划小组成员和美国陆军工程兵团分区设计人员会面,以解决存在的问题,采纳或裁决所有设计审查意见,并核证工作计划。

3. 协调工作

在项目设计阶段,需要美国陆军工程兵团分区、设施部门、靶场和训练场计划专业知识中心之间进行密切协调。美国陆军工程兵团分区作为项目设计小组,将把设计图纸和规范文件提交给靶场和训练场计划专业知识中心进行审查并提出意见。美国陆军工程兵团各分区根据需要,将设计审查图纸直接提交给靶场可持续发展计划专员、靶场和训练场计划专业知识中心、模拟和训练仪器计划执行办公室、设施管理局地区办事处和其他机构。靶场和训练场计划专业知识中心项目经理负责与弹药和爆炸物专业知识中心进行协调,并整合所有关于靶场项目的审查意见。

4. 方案设计

设施管理助理参谋长对方案设计批准授权后,同时通过与美国陆军工程兵团总部及相应美国陆军工程兵团分区协调,绘制方案设计图。方案设计审查将在美国陆军工程兵团设计专员(对于陆军国民警卫队项目,则是国民警卫局)提供设计完成35%的通知后进行。所需的《国家环境政策法》文件将根据《联邦法规》第32篇第651章编写,并应该在通知审查人员设计已完成35%之前完成。设计必须在当年7月前达到35%的设计阶段,届时申请军事建设资金,同时使该项目能够列入下一个预算年度的陆军军事建设计划之中,提交预算概算呈递件。

5. 强制性方案设计审查

靶场可持续发展计划专员、靶场和训练场计划义务性专业知识中心、模拟和训练仪器计划执行办公室以及设施管理局分区和陆军主要司令部将对设计方案(对于陆军国民警卫队靶场而言,则是初步设计)和规范性进行审查。审查确保在设计性专家研讨会中确定的所有标准、意见、观点和要求都被纳入初步设计。在方案设计通过审查后,靶场和训练场计划义务性专业知识中心将建议设施管理助理参谋长授权继续设计并下达设计指令。

6. 选择性的60%~65%设计阶段的审查

只有在获得设施管理助理参谋长批准后,才能进行60%~65%设计阶段的审查,且只有收到美国陆军工程兵团授权后,才能继续进行100%最终设计。

7. 最终设计

最终设计应在预算年度的8月份之前完成,也就是在预定的建设合同授予之前约3~6个月。当美国陆军工程兵团设计专员通知基地综合规划小组设计已完成95%时,安排对所有项目的最终设计审查。另外,对标准靶场设计的更改将交由靶场现代化技术小组处理。

(二)设计审查

需求审查和优先级确定委员会下达指令,启动靶场和训练场计划军事建设项目开发之后,通过军事建设项目规划性专家研讨会、微型项目规划性专家研讨会等形式审核把关。

军事建设项目规划性专家研讨会是由需求审查和优先级确定委员会组织召

开,一般提前于项目开展年度的前4年召开,参加人员由场地现代化技术小组、基地设施部门及其他机构人员组成。会议针对已获得陆军总部审查委员会批准的项目开展研讨,会议围绕特定场地使用中存在的矛盾问题、运行情况和未爆弹药限制、公用设施和其他基础设施建设需求、环境考虑因素,以及《国家环境政策法》文件要求等内容开展研讨,会议的最终目的是评估项目能否成功执行,最终向需求审查与优先级确定委员会提报研讨结论。

靶场可持续发展计划项目经理提供会议资金,并负责准备靶场现代化技术小组核证的项目资料,包括估算基础及国防部1391号表格,靶场可持续发展计划专员与基地设施人员和靶场现代化技术小组其他人员协商安排议程。

规划性专家研讨会的参会者包括三类人员:一是靶场现代化技术小组人员;二是基地靶场现代化规划小组成员,包括靶场官,计划、训练、动员及安全部主任、综合训练区管理协调员以及不动产及环境管理的公共工程部主任、负责信息技术的信息管理主任、负责靶场及爆炸品安全的安全官;三是其他组织机构人员,包括承担任务的陆军主要司令部、任务部队、负责军事建设和环境的设施管理局各分区、负责信息技术的区域首席信息官、负责建设管理的美国陆军工程兵团各分区。

规划性专家研讨会的会议内容如下:

(1)项目范围,是新建项目还是在现有场地上开发。

(2)军事建设、运行与维护、研发采办等项目费用。

(3)项目是否能够满足训练需求。

(4)项目是否符合陆军技术标准。

(5)项目是否符合靶场现代化军事建设项目资金范围内的信息技术范围要求,是否符合陆军条例415-28要求,是否满足水、电、暴风雨和污水管道等公用设施标准。

(6)整体评估场地项目,范围包括功能布局、基础设施、环境限制和运行限制。

(7)评估未爆弹药因素,包括:靶场类型和用途,如弹着区、轻武器靶场、火力和演习;靶场过去和现在使用的弹药类型及数量,如轻武器、火炮、坦克和炸弹;靶场(场地)的拟定未来用途;未爆弹药和其他与靶场有关的碎片给建筑工人、靶场操作员、用户、设施人员和公众带来的潜在爆炸物危险;土地收回法令、租约和土地使用协议中所包含的要求;地球物理、地形、气候和其他可能影响靶场清理决定的环境条件;靶场清理方案与操作程序。

为了确定项目是否适合转入建设实施阶段,参会者将对场地项目进行打分评估,如果参会者通过评估发现所选场地不适合,则考虑选择备选场地。如果需要对众多备选场地进行评估,则将根据分数情况确定场地的优先次序,并对场地的相对适合性进行说明,结果呈交基地指挥官审批。

靶场和训练场计划义务性专业知识中心将把规划性专家研讨会的研讨结果汇

编成报告,由靶场可持续发展计划专员在 PY-3 会议上呈交给需求审查和优先级确定委员会。报告中包括一项关于继续开展或取消某一项目的建议,还包括需经确认的经费数据,使用红色、琥珀色和绿色来显示结果。绿色表示没有重大问题,项目文件完整,建议进入方案(35%)设计阶段;琥珀色表示建议发布,同时表示暂停项目以完成已查明问题,需要关注项目并解决问题,项目文件完整;红色表示项目执行方面存在重大问题,并在所有已查明问题得到解决之前暂停项目。对于技术项目,在 PY-3 会议期间,相应的模拟和训练仪器计划执行办公室将向需求审查和优先级确定委员会提供一个可行或不可行的建议,以及核实费用。

如靶场可持续发展计划项目经理降低计划资金水平,那么靶场可持续发展计划专员将重新核证项目对设施训练功能的影响,同时靶场和训练场计划义务性专业知识中心将重新核证项目的可建设性。如果训练功能或项目的可建设性因资金削减而受到重大影响,那么靶场可持续发展计划专员将向需求审查与优先级确定委员会建议作出选择:一是从陆军靶场总体规划中取消该项目;二是从陆军靶场总体规划中取消一个优先级较低的项目,增加该项目资金;三是修改项目范围,降低训练功能。

针对不需要军事建设的项目,需求审查与优先级确定委员会组织召开微型项目规划性专家研讨会,目标是确认靶场技术要求及陆军运行与维护小型建设项目和/或靶场技术接口要求,其参会人员组成与规划性专家研讨会基本一致。

靶场可持续发展计划项目经理将对资金进行规划,以满足靶场现代化需求,并支持靶场现代化规划性专家研讨会、正式的工程设计流程,以及支持陆军靶场总体规划的集中式《国家环境政策法》活动。

具体供资方案如下:

(1)陆军现役、预备役、国民警卫队负责并已核证的"新任务"靶场现代化项目建设。

(2)陆军其他采购项目机构负责所有靶场现代化项目中的靶场技术设备(靶标、仪器和相关设备),无论是"新任务"还是"振兴"类项目、运行与维护,或仅仅是陆军其他采购项目。

(3)陆军运行与维护机构负责支持与建设有关的未爆弹药清理、集中编制国防部 1390 号和/或 1391 号表格、陆军靶场总体规划相关的《国家环境政策法》活动,以及为保障演习等训练活动正常开展而进行的未爆弹药清理。

(4)管理决策评估包训练计划执行小组负责与陆军军事建设或陆军运行与维护建设活动无关的作战靶场清理工作。

(5)研发与采办负责靶场技术系统的研制和引进。

(三)合同审查

强制性合同审查的目的是使靶场和训练场计划义务性专业知识中心、弹药和爆炸物专业知识中心能够在授予合同之前对整个合同包进行审查,并核实合同包中是否包含必要的未爆弹药安全工作计划和未爆弹药清理活动规范。靶场和训练场计划义务性专业知识中心项目经理将与弹药和爆炸物专业知识中心进行协调,确保对合同包进行全面审核,直到最终审核通过。在授予合同之前,必须征得靶场和训练场计划义务性专业知识中心的同意。

(四)工程建设

建设阶段将完成所有场地开发设计和设施建设活动,满足设计标准和设备安装标准,期间应完成两次勘测以确保所完成的工作符合要求。在建设阶段,对获批设计规范的更改必须保持在绝对最低限度,以避免成本发生变化或超过国会批准的项目资金,甚至造成工期延误以及与环境评估和《国家环境政策法》活动相矛盾。对获批靶场设计规范的修改申请将通过靶场现代化技术小组进行处理。靶场和训练场计划义务性专业知识中心及弹药和爆炸物专业知识中心为整个施工前各种会议提供支持,并根据需要在整个施工阶段提供技术支持。弹药和爆炸物专业知识中心对承包商的未爆弹药工作计划进行审查及审批,该计划明确了承包商的责任、程序,以及在施工活动中遇到潜在未爆弹药时的要求。靶场可持续发展计划专员负责协调并执行适用于靶场项目的项目审查和质量保证检查。

对所有施工项目重点检查内容包括施工合规性检查和靶标接口检查。施工合规性检查目的是评估每个关键或强制性特征,至少检查一个靶位,解决强制性接口或标准一致性差异。检查内容包括但不限于靶标位置、电气运行、接口系统和基础设施。靶场和训练场计划义务性专业知识中心将在40%~60%施工完成阶段与靶场可持续发展计划专员联系,以便靶场可持续发展计划专员安排施工合规性检查。施工合规性检查通常在轻武器靶场建设开始后的6~7个月时进行,而对于集体或联合兵种训练靶场,则在建设开始后的11~12个月时进行。靶场可持续发展计划专员、靶场和训练场计划义务性专业知识中心、陆军主要司令部、美国陆军工程兵团分区工程师、模拟和训练仪器计划执行办公室、设施管理局分区、靶场官,以及其他相关驻军人员将参加施工合规性检查。靶标接口检查目的是确保设备接口点符合标准设计、找出工作中的缺陷、核实最终的靶标要求,并确保在一致认为靶标安装工作令人满意之前,建筑承包商不得离开现场。靶标接口检查在项目的电力及纤维部分完成90%~95%时进行。靶场可持续发展计划专员与靶场和训练场计划义务性专业知识中心项目经理协调安排靶标接口检查,后者与模拟和训练仪器计划执行办公室及工程建设专员一起执行此检查。该检查通常在轻武器靶场建设开始后的11~12个月进行,而对于集体训练靶场,则在建设开始后的18~20个月时进行。陆军主要司令部、美国陆军工程兵团分区、模拟和训练仪器计划执行办公室或坦克及机动车辆司令部岩岛兵工厂、靶场承包商、供应商、靶场官,以及其他驻军人员将参与靶标接口检查。对大型综合靶场,如集体或联合兵种设施,可执行两次检查。

设施部门、设施管理局分区和陆军主要司令部将与靶场可持续发展计划专员协调,负责在施工合规性检查和靶标接口检查期间对陆军运行与维护机构供资的项目进行审查。如果通过检查或项目审查,确定需要新建或改造设施,设施部门将根据《联邦法规》第 32 篇第 651 章,使用《国家环境政策法》流程来考量与建设相关的潜在影响。由此产生的《国家环境政策法》文件必须考虑拟建设施的建设和运行,并在建设工程开始前完成。

五、运行管理

(一)标准操作程序

对于训练场地出入管控、设施协调管理、环境合规、事故报告、弹药处置、医疗保障、特殊用途空域、靶场安全等问题,基地部门将依据条例和陆军部手册中的规定,制定一系列标准操作程序,实现规范化管理。基地部门将会监控并处理与操作性噪声有关的投诉,报告、处理和处置弹药、军需品和未爆弹药的说明,将制定娱乐性实弹射击、狩猎、捕鱼、林业等内容的管控措施与教育计划,确保租户活动、陆军预备役和国民警卫队,以及其他军种和政府机构能够安全有效地使用靶场和训练场,可以确保所有军人和文职人员、承包商、授权家属和公众都能够认识到潜在危险、环境管理责任、环境保护工作和其他相关信息。

(二)安全管理

1. 靶场安防

靶场官将与其他驻军工作人员协调,对当前靶场综合体和单个靶场进行靶场非法入侵评估,以确定是否需要安装安防管理系统。在增加靶场数量或对其进行改造后,也必须进行评估。基地部门将使用陆军批准使用的靶场安防评估工具来评估风险。靶场官将根据风险评估结果来确定具体的监视系统和相关费用,将在年度训练预算呈递件中确定风险级别、监视系统及购置入侵探测系统的费用,并提交给陆军主要司令部进行核证,其核证后的入侵探测系统要求转发给靶场可持续发展计划项目经理进行审批和供资。

2. 非法进入

在进行有可能危害公众的射击活动之前,必须通过公共事务办公室向当地新闻媒体发出警告通知。陆军部手册 385-63 规定了发布通知的程序。驻军指挥官必须采取预防措施,防止未经授权的人员进入设施靶场综合体,防止牲畜进入设施靶场,防止未经授权的人员处理或清理未爆弹药。

3. 公众宣传教育

驻军指挥官将为所有基地人员及其家属、公众制定并实施一项积极的教育计划,使他们了解哑弹和其他未爆弹药的危险。基地指挥官或负责活动的指挥官将制定、实施和记录爆炸物安全教育计划,使设施人员、人员家属、设施的访客,以及居住在设施靶场附近的普通公民,包括在岗和非在岗人员及从幼儿园到12年级的儿童和少年,了解有关未爆弹药和擅闯靶场产生的爆炸物危险。爆炸物安全教育计划的内容将强调哑弹弹药和其他未爆弹药的危险;内容将与设施安全办公室、公共事务办公室和靶场组织协调编写。在编写计划材料及活动进行期间,驻军指挥官将最大限度地利用排爆人员和第9-15号战场手册中所述的总体指南。通过公共事务办公室定期发布公共服务通知,提醒邻近社区非法侵入军队设施和处理未爆弹药的危险。对当地社区进行有关未爆弹药危害的教育(如果适用于社区)。按照陆军部手册385-63的规定,保留并张贴适当的警告标志和障碍物。必要时,为美国本土军事设施及其周围的非英语居民提供相应语言的教育资料、通知和标志,美国境外设施部门将根据适用的协议与东道国协调教育计划的需求,东道国的母语或指定语言制定和提供项目可能会产生额外的要求。

(三)使用调度

训练靶场使用遵循 AR 5-9《区域保障职责》中规定的区域保障政策实施划片保障,依据保障条例中明确的涉及跨区使用训练场地资源协调工作中各级的相关职责分工,具体区域保障关系见附录一。靶场管理计划的一个重要内容是有效的靶场调度程序,调度须考虑靶场的吞吐能力、使用率、限制条件、部队指挥官确定的特殊训练需求以及训练优先级。一个关键性调度考虑因素是消除靶场和机动区之间的安全冲突。靶场机构将建立靶场、靶标和演习场维护计划表,以确保安全、高效且可持续地使用这些资产。靶场组织与综合训练区管理协调员进行协调,来计划并安排演习场的维护工作,并就靶标和相关设备的维修和保养进行内部协调,必要时将与信息管理主任和后勤部门协调。

靶场设施管理支持系统向基地提供靶场资产清单和信息,以确定靶场资产的使用情况。综合训练区管理计划将设施在场地使用方面的训练要求与设施场地的自然资源条件结合起来,得出设施靶场资产的承载能力和维持因素。靶场组织人员将利用从靶场设施管理支持系统和综合训练区管理计划得出的信息来确定场地调度与分配,这将支持训练需求和靶场资产的长期自生能力,使用靶场设施管理支持系统自动调度靶场场地并报告使用情况。

(四)经费预算

基地将使用训练预算电子表格来跟踪靶场的日常运行费用、计算靶场运行需求,并将信息报告给高级任务指挥官所属的陆军主要司令部,使用训练预算来提供与日常运行有关的未爆弹药清理费用概算。陆军主要司令部将确保设施部门使用最新版本的训练预算电子表格来计算和报告靶场运行要求,将整合设施训练预算并将信息转发给靶场可持续发展计划程序经理。经陆军主要司令部整合后的训练预算为靶场运行提供了费用概算。

(五)技术管理手段

为规范训练场地建设、使用和管理,提高训练场地保障效益,美国陆军充分利用先进的训练场地技术管理手段,改进管理方法,提高运行管理的信息化水平。

1. 靶场设施管理支持系统

靶场设施管理支持系统是陆军基地用于协助进行靶场运行管理的自动化工具,可以简化管理流程和设施调度程序,其数据库中存储了大量靶场、训练区、弹药、靶场冲突和训练单位情况的有用数据,可支撑日常管理工作据此编制各种报告,如日调度公告及周调度公告、靶场设施利用报告、靶场训练取消及未到场报告、弹药消耗和临时报告。部队可以通过远程访问该系统查看设施的使用状态信息,以电子方式提交靶场预约使用申请。靶场管理人员将审核并批准这些申请,确保所需的信息已经填报,同时避免时间安排、安全或环境等方面的冲突。靶场设施管理支持系统具有强大的地理信息系统功能,可以创建射击示意图、二维和三维地面危险区,靶场设施管理支持系统可跟踪、收集、监视并显示靶场特定信息。另外,还有一种靶场管理者工具套件,它是基于地理信息系统的靶场安全管理工具,针对各种训练想定,可协助靶场管理者开展靶场区域的安全分析。这两套系统都是由陆军与海军陆战队联合开发与使用的。

2. 通信系统

高效的通信系统对靶场运行至关重要,在训练场运行使用过程中必须建立有效的通信系统,特别是在射击过程管理中,可以保障各方联络以及协调医疗援助、播报安全信息。通信系统必须至少满足以下要求:在靶场管理部门与所有进行实弹和武器训练活动的单位之间,必须有无线电、电话等主用和备用的双向通信系统;设施训练综合体内部、各类靶场和训练设施之间也必须有双向通信系统;同时,要求如果通信系统中断或故障,应停止射击训练活动,直到通信恢复;训练单位必须与靶场管理部门保持通畅的通信状态。

靶场管理通信网络通常包括无线电靶场射击网、无线电靶场管理网、无线电或有线备用靶场射击网。靶场管理网能够与每个射击靶场、武器训练设施及设施训练综合体内训练区之间建立通信,靶场管理网发出的任何命令(如一般性停火命令),都必须立即执行。训练单位必须与靶场管理通信中心密切联系,及时报告射击位置的开放、关闭及射击状态的变化,如果使用靶场设施管理支持系统,则可使用通信程序来记录活动数据。靶场管理通信操作员可以将靶场开放、关闭和射击等训练数据输入靶场设施管理支持系统数据库,且在必要时将数据打印出来以提供所有通信和活动记录的详细清单。

（六）其他方面

1. 其他单位人员使用靶场及训练场

学校、俱乐部、公民协会、联邦、州和地方政府机构在需要使用靶场和训练区时，可以提出使用申请，必须符合国防部和陆军部条例以及使用联邦财产的指示，按要求必须通过设施公共事务办公室提交给靶场官，驻军指挥官将对使用申请进行审批。使用美国境外靶场和训练区的申请也必须符合《外国军事援助法》《武器出口管制法》《对外军事销售法》，或其他适用条例的使用要求及注意事项。美国境外指挥官在批准非美国单位人员使用设施之前，会与其辅助国际法律顾问进行协商。在每一次批准使用靶场和训练场时，设施部门均须与东道国或使用靶场和训练场的其他外国机构之间签订书面双边协议，具体规定与通过租赁或许可使用陆军财产有关的权利、义务、程序、监管要求和责任，并须符合陆军条例405-80。私人和地方政府组织在使用陆军靶场或训练区时，也须遵守这些规定。在靶场上射击时，必须穿戴个人防护设备，如在射击者旁边的所有人都应佩戴听力保护装置。对故意违反靶场规章制度的个人和组织，或在靶场或设施上有违反规定行为的，驻军指挥官可撤销其使用权。对武器操作原理和射击知识掌握不足、会对生命财产构成威胁的人员，驻军指挥官可以拒绝其使用射击靶场。设施的靶场综合体内可设置专用非军事靶场，此类靶场包括当地机构根据上述协议建设的设施，或非政府机构建设的用于娱乐目的的设施，这类靶场的使用、调度和管理应按照规定程序进行。

2. 射击相关娱乐活动

经批准的非军事人员在参加射击训练课程或参加熟悉轻武器射击的活动时，如在单位组织日或家庭日期间，可在基地射击场进行射击。陆军条例385-63和陆军部手册385-63中规定了适用于训练活动的观众与射击的安全要求。为防止军事人员和公众面临安全隐患，严禁在靶场管理部门指定的靶场安全官不在场情况下，在陆军靶场上进行娱乐性射击活动。当靶场和训练场用作打猎、钓鱼等娱乐性用途时，应遵守基地标准操作程序、陆军条例385-63，以及联邦、州和东道国当地法律法规。靶场官负责审批在靶场综合体内进行的户外娱乐活动，驻军指挥官将确保参与人员顺利完成所有安全和教育要求。禁止在靶场综合体内进行不受控制或未经安排的户外娱乐活动，严禁将含有未爆弹药的靶场、弹着区、地面危险区或实弹训练区用于娱乐目的，严禁在官方指定或标明的哑弹弹着区内进行打猎、捕鱼和其他娱乐活动。靶场官将与安全、自然和文化资源管理员协调，根据陆军条例385-63，确定弹着区内及其邻近的娱乐区边界。

3. 美国陆军使用民用及东道国靶场

训练通告中明确了可授权陆军使用民用室内和室外射击靶场进行组织性训练

活动,同时需要必要的批准程序,应根据陆军条例405－10和/或适用的法规或国际协议来制定使用协议。在民用靶场射击时,只能使用在设计和构造上与靶场兼容的武器系统和弹药。在民用或东道国靶场射击时,陆军条例385－63及陆军部手册385－63中规定的靶场安全制度和程序,或适用的民用或东道国靶场要求(以限制性较为严格者为准),一律用于陆军人员。民用或东道国射击靶场的地面危险区必须符合陆军部手册385－63中所述的地面危险区。超过靶场边界的地面危险区必须由民用或东道国靶场所有者通过与受影响土地所有者签订正式协议来加以控制。

4. 靶场关闭程序

永久关闭靶场降低了陆军总体测试和训练能力,同时也带来了潜在风险和响应成本,需要从陆军部的角度进行评估。负责计划、作战与转型事务的副参谋长指派训练保障系统部门主任作为审批机关,负责关闭现役设施上的所有作战靶场。训练保障系统部门主任将对自有、租赁或土地收回的靶场关闭申请进行审批,并通过设施管理助理参谋长协调靶场关闭申请,呈交陆军副部长(设施和环境)进行最终审批。

驻地军指挥官将通过高级任务指挥官所属的陆军主要司令部向训练保障系统部门主任提交关闭作战靶场的申请,并将同时通过设施管理局分区和设施管理局总部协调此申请。设施管理局向训练保障系统部门主任提交关闭申请。对于试验和评估靶场,将通过技术和环境管理局向训练保障系统部门主任提出申请。这样可确保潜在训练资产不会受到意外影响。对于陆军国民警卫队拥有或使用的作战靶场,副官长将通过国民警卫局向训练保障系统部门主任提交关闭申请。关闭作战靶场的申请内容将包括设施名称和地址、此项活动的设施联系点。拟关闭靶场的详细说明包括设施名称和设施类别代码、来自靶场可持续发展计划地理信息系统的空间数据或划定靶场边界和面积的精确图示、靶场当前用途和历史用途、靶场使用弹药说明、靶场当前所有进入限制及管控措施、靶场现有配套设施。对以下情况要进行说明:任务变化使靶场的作用变得多余或现状使该靶场不再被视为潜在的靶场区;对以前在该靶场进行的所有与任务有关活动的备选地点进行说明(如果任务没有变化);对靶场区未来合理的预期用途进行说明;对靶场区未来用途与靶场活动的相关性进行评估。训练保障系统部门主任将利用陆军总部的分析以及高级任务指挥官所属的陆军主要司令部和设施管理局总部的建议,对关闭靶场的申请进行审查和审批。关闭作战靶场,或将靶场的用途改为与靶场活动无关的用途,可能需要采取应对行动,以消除或降低安全或健康风险,从而符合场地未来的拟定用途。由于应对行动可能非常耗时且费用高昂,因此可能会限制场地的再利用。当请求批准关闭靶场时,设施部门将立即通知设施管理助理参谋长办公室靶场及弹药环境支持小组开始采取策划和规划活动。

5. 靶场人员教育培训

靶场机构人员的职业发展是靶场可持续发展计划的一个重要组成部分。为了向靶场官和训练场管理人员提供管理训练靶场所需的技能,训练保障系统部门负责人实施了一项为靶场人员量身定制的教育和培训计划。靶场可持续发展计划网站提供了靶场官职业发展相关课程的具体信息,课程培养对象是接受过培训且具备知识和技能的合格人员,支持处于靶场管理职业轨道上的人员不断向前发展。

第三章　靶场可持续发展计划

靶场可持续发展计划,简称 SRP 计划,是美国陆军训练保障领域五大计划之一。该计划明确规范了训练场地设计、管理、使用、维护等方面的基本方法、程序和政策,为美国陆军统筹开展训练场地规划计划提供了基本遵循,是确保训练场地能够科学有序发展的核心所在。美国陆军还专门针对该计划颁布制定了陆军条例350-52《靶场可持续发展计划》,为计划的规范化执行落实提供了法制保证。

一、概述

靶场可持续发展计划具体由两个核心计划组成:一是靶场和训练场计划;二是训练区综合管理计划。前者为陆军靶场的现代化及其日常运行提供集中统一的管理和规划,后者通过将任务要求、环境要求与完善的场地管理实践相结合,为陆军靶场提供管理和维护能力。靶场可持续发展计划由负责计划、作战与转型事务的副参谋长办公室陆军部训练管理局领导。

靶场可持续发展计划的根本目的是为保障训练、动员和部署,最大程度地提高靶场和训练场的保障能力、可用性和可及性。训练场地应满足陆军战役行动计划规定的需求、武器系统功能特性以及开展战术、技术和程序训练等条令化训练需求,靶场可持续发展计划确保训练场地具备这种持续的保障能力;可用性是指非环境设施管理功能和基础设施的持续可用性,这对靶场综合体的安全运行至关重要,通过靶场可持续发展计划,可提供运行维护训练场地所需的各类资源,确保可用性;可及性是指满足环境和管理要求,用户能够持续地进入场地进行军事训练和试验,通过靶场可持续发展计划最大程度地减少由侵蚀因素所带来的限制,确保可用性。

靶场可持续发展计划在技术、管理、宣传和法规依据方面,具有鲜明特点:一是强调信息技术应用,信息技术能够保证陆军能够拥有最有效的方法手段和数据,为训练场地的运行维护、环境管理和基础设施建设提供支持;二是突出综合管理,通过在陆军各个层级建立一个综合靶场安全、运行、设施和环境管理等职能的跨领域综合管理体系,实现训练场地管理职能的高效整合,以训练保障任务的完成;三是注重专项宣传,通过与公共事务部协调制定并实施专项宣传计划,清楚地说明支持国家安全所开展的活动,以提高公众和利益攸关者对陆军实弹训练和靶场运行有关问题的理解;四是坚持以法规标准为依据,突出作战计划、训练委员会标准、合成兵种训练策略、军事建设投资策略以及陆军设施策略等法规标准在靶场可持续发展计划中的指导作用。

靶场可持续发展计划的实施,需要一系列涉及设施管理、安全管理、弹药管理等方面的具体项目的支撑。从陆军环境计划和设施管理要求两个方面,由设施管理助理参谋长指导制定一系列制度、程序和标准。这些项目围绕环境可持续性、环境管理以及陆军行动对环境的影响分析,结合陆军军事设施建设过程的策划、规划和执行,设施维护管理与评估改善。另外,从靶场安全和爆炸物安全两个方面,由陆军安全部主任指导制定的一系列规范,如:陆军条例 385 - 63 和陆军部手册 385 - 63,针对发射弹药、激光、制导导弹和火箭弹制定的一系列制度、程序和标准,并为靶场运行中的风险管理提供指导;陆军条例 385 - 64 和陆军部手册 385 - 64,为执行弹药、爆炸物相关任务的指挥官制定的安全制度、责任、标准和程序。

二、计划实施与管理

(一) 实施方式

靶场可持续发展计划在美国本土和美国本土外执行方式有所区别。在美国本土执行时,司令部主要由基地指挥官在美国本土设施管理局分区的指挥下开展工作,美国本土设施管理局分区则在设施管理局总部的指挥下行动,国民警卫队与陆军试验与鉴定司令部相对独立,直接与陆军部训练管理局对接。部队司令部、美国陆军预备役司令部、训练与条令司令部、美国陆军特种作战司令部、华盛顿军区、美国军事学院和医疗司令部的司令和训练人员将广泛参与核心计划要求。对于靶场可持续发展计划的核心计划,驻军指挥官将需求转交至高级任务指挥官进行核实,并通过陆军主要司令部将其转交至陆军部训练管理局。驻军指挥官将通过设施管理局转发需求,以确保在陆军主要司令部、设施管理局总部、设施管理局各分区、陆军部训练管理局、设施管理助理参谋长、设施管理局主任之间能够保持协调。实施靶场可持续发展核心计划所需资源将由陆军部训练管理局局长通过设施管理局转给设施部门进行落实。

在美国本土外执行时,靶场可持续发展核心计划职能将由美国陆军欧洲司令部、美国陆军太平洋司令部、美国陆军第八集团军等美国境外陆军主要司令部集中管理。为了确保协调统一进行靶场可持续发展计划,这些司令部与支持性设施管理局各分区、陆军部训练管理局主任、设施管理助理参谋长、设施管理局之间进行充分协调。为了确保能够对靶场可持续发展计划核心职能和高级任务指挥官提供直接支持,欧洲、太平洋和韩国设施管理局分区将执行相应计划,以支持靶场可持续发展计划核心计划。靶场可持续发展计划支持性职能由欧洲、太平洋和韩国设施管理局分区执行,为靶场可持续发展计划核心职能和高级任务指挥官提供直接支持。对于靶场可持续发展核心计划需求和资源分配,境外陆军主要司令部的训练人员将把需求转交给陆军部训练管理局局长,而后将把核心计划资源直接交给美国境外陆军主要司令部,这些陆军主要司令部将根据任务的优先顺序分配资源。

(二)综合管理

由于靶场和训练场建设工作的复杂性,综合管理各种相关计划是确保靶场可持续发展计划成功实施的关键。为此,从总部到基地的所有层级都采取"综合产品小组方法"逐层开展综合管理,将注意力集中于靶场可持续发展问题上,改进任务支撑能力,增强整体战备能力。针对各级单位在综合管理方面的工作职责,按陆军总部高级领导层、陆军总部陆军参谋部层、陆军主要司令部和基地管理局层、基地层进行具体介绍。陆军总部高级领导层,由负责计划、作战与转型事务的副参谋长担任主席的训练指挥发展将军级指导委员会及陆军副参谋长担任主席的设施管理理事会负责综合管理。陆军总部陆军参谋部层,由陆军靶场保障综合委员会负责综合管理。陆军主要司令部和基地管理局层,设置综合流程小组或一个与陆军靶场保障综合委员会架构类似的小组,主要工作包括:与设施管理局分区环境和设施管理人员进行协调;根据陆军主要司令部的任务需求,计划、管理并落实保障资源;解决可能影响训练准备的问题。基地层,主要工作包括:一是设立综合流程小组或与陆军靶场保障综合委员会结构类似的小组,通过分析靶场和训练场的充足性来支持任务指挥官基于任务的必训科目训练需求,并确定靶场现代化项目和资源需求,支持靶场现代化规划;二是确保环保要求、管理要求、职责满足训练任务需求,并被纳入靶场运行、靶场现代化项目以及训练场管理项目之中;三是确保环保和管理风险可控,避免影响正常训练,由任务和基地管理助理参谋长提出当前和未来的场地限制因素,确保各级开展相应的协调工作。

(三)职责分工

美国陆军在管理条例 AR 350_19《可持续靶场计划》中,明确了陆军各类单位人员对于训练场地建设、管理、使用等方面的具体职责,规范了上至陆军部副部长、参谋长助理,下至基地司令等 25 个岗位的训练靶场管理职责,并区分项目执行、项目管理、集成管理等阶段,具体描述了各类人员执行与管理工作流程。

1. 陆军部副部长

负责人力与预备役事务、负责设施与环境事务以及负责采办、后勤和技术的三个陆军副部长均承担相关职责。负责人力与预备役事务的陆军副部长,对需要新征用土地的训练需求进行审批,并提供监督和指导,确保训练靶场、训练场和其他实弹训练设施的功能与可及性,以支持国家安全目标;负责设施与环境事务的陆军副部长,负责与设施、不动产(包括新征用土地)、军事建设、环境、安全和职业健康有关的事务,参与领导陆军策划、规划、预算编制和执行流程的设施计划评估小组,担任陆军环境策略的归口管理方;负责采办、后勤和技术的陆军副部长,为可持续靶场制定环境质量技术制度,并负责采办、后勤、技术以及与武器系统采购、研发、试验和鉴定有关的事务。

2. 陆军副参谋长

1)负责计划、作战与转型事务的副参谋长(G－3/5/7)

负责计划、作战与转型事务的副参谋长是陆军转型的总体负责人,为使陆军达到战备训练标准,负责制度、计划和方案的制定和协调,作为核心人员负责部队发展、战斗发展、训练发展、资源管理和确定优先级等各种活动。他负责确定陆军靶场和训练场发展的优先次序和要求,并对靶场可持续发展计划进行全面监控、指导和管理监督。

训练保障系统部门主任或一名指定代表将担任陆军靶场保障综合委员会的联合主席,作为陆军总部的职能归口管理方具体负责靶场可持续发展计划,主要承担五项职责:一是负责靶场可持续发展计划及其核心计划的归口管理;二是制定政策,发布行政规划指导和指示,实施并维持陆军主要司令部、陆军国民警卫队以及设施管理局总部的核心计划;三是依据《国家环境政策法》,监督和指导对需求审查和优先级确定委员会所批准的靶场现代化和土地征用项目的分析,对靶场可持续发展计划行动进行分析,并将责任分配到相应层级;四是根据需要在《国家环境政策法》文件起草部门中安排陆军总部和设施管理局总部人员参与;五是为策划、规划、运行和管理靶场和训练场制定制度,规定陆军如何通过靶场和训练场计划为靶场运行和现代化提供资金,通过训练区综合管理计划进行场地管理和维护。

训练保障系统部门主任向如下靶场可持续发展计划核心计划的管理实体提供指导:陆军训练保障中心,作为靶场可持续发展计划的专员,推动靶场可持续发展计划的核心计划;美国陆军工程兵团总部下属要素,主要是美国陆军工程和支持中心、亨茨维尔靶场和训练场计划义务性专业知识中心;陆军装备司令部下属要素,主要是坦克及机动车辆司令部岩岛兵工厂;计划执行办公室中的模拟和训练仪器机构;计划执行办公室企业信息系统下属相关要素。训练保障系统部门靶场可持续发展计划项目经理将担任靶场可持续发展计划执行委员会及需求审查和优先级确定委员会的联合主席,向靶场可持续发展计划管理工作小组和配置管理委员会提供指导,设立一名训练保障系统部门靶场可持续发展计划项目干事,负责靶场运行管理工作小组、训练区综合管理小组,以及靶场现代化和设施配置管理委员会的联合主席,担任靶场现代化技术小组负责人,提供规划性支持。

2)负责后勤事务的副参谋长

负责后勤事务的副参谋长是陆军弹药储备的归口管理方,负责弹药勤务和分配,包括对常规弹药、导弹、非军事化处理、弹药监控、弹药环境合规性管理,以及对有毒化学品储存制度、规划和资源进行监督。与靶场可持续发展有关的弹药勤务问题由弹药司具体负责。陆军负责后勤事务的副参谋长负责通过寿命周期方法对陆军训练弹药资产进行管理,担任弹药后勤支持委员会联合主席及国防部爆炸物安全理事会中的美国陆军理事会成员,作为陆军参谋部的归口管理方,执行《军用弹药规则》。由其指派一名代表,担任陆军靶场保障综合委员会的主要成员,并向计划执行办公室企业信息系统提供最新的国防部识别码,以便接入靶场设施管理支持系统和弹药支出记录系统。

3. 首席信息官

作为陆军部首席信息官,将被指派担任陆军企业架构师,并管理总体信息技术基础设施(见陆军条例 25 − 1)。首席信息官还将提供关于指挥、控制、通信和计算机信息管理系统方面的职能政策和指导,制定并维护一个全面、综合的信息技术系统蓝图,规划、指导并监督电磁频谱管理计划,安排人员参加陆军靶场保障综合委员会和靶场现代化技术小组。与美国陆军信息系统工程司令部、设施管理局以及网络架构技术司令部/陆军第九信号司令部进行协调,审查并规划远程通信基础设施需求及未得到资助的靶场和训练设施的需求。

4. 负责设施管理事务的参谋长助理

负责设施管理事务的参谋长助理将为设施、军事建设、住房、环境的管理和可持续性发展提供政策指导以及规划管理方面的支持,为支持靶场可持续发展计划,设施管理参谋长助理办公室承担环境计划、基地运行、不动产管理和规划等方面的职责。

1)设施管理参谋长助理办公室环境计划主任

设施管理参谋长助理办公室环境计划主任将负责为陆军环境计划的管理提供执行方面的指导建议,根据策划、规划、预算编制和执行工作要求,确定、支持和维护设施计划执行小组环境计划和项目的资源需求,并通过管理适用的管理决策评估包来支持靶场可持续性。向负责计划、作战与转型事务的副参谋长办公室训练保障系统部门提供与靶场运行、现代化、场地管理和维护活动有关的环境政策和合规问题的建议。将环境数据管理要求与靶场可持续发展计划核心计划的要求和标准环境地理空间数据,一同整合到设施和陆军企业地理信息系统中。在陆军环境计划技术支持以及支持靶场可持续发展计划核心计划的技术转让方面,向美国陆军环境中心提供计划监督。与陆军副部长(采办、后勤和技术)协调,通过环境质量技术流程,将靶场可持续发展计划要求纳入个人研发计划。酌情将靶场可持续发展计划的目的、目标和要求与陆军环境制度结合起来。担任陆军靶场保障综合委员会的联合主席。指派代表参加计划管理审查会议。

2)设施管理助理参谋长办公室计划和业务司主任

设施管理助理参谋长办公室计划和业务司主任将负责确定基地运行的要求;在陆军参谋部全面推行基地运行指导;制定基地运行理论、策略和训练方法;提高设施的效用和经济性,并将管理设施策略和总体规划系统,以确定维护和维修设施的预算;监督陆军不动产管理政策,确保靶场可持续发展计划的发展和整合;确保陆军不动产责任制度及设施状态报告第一部分(基础设施)和第三部分(服务)能够准确体现靶场和训练场设施情况;评估靶场可持续发展计划核心计划是否符合陆军不动产管理政策,并向训练保障系统部门主任提供建议;确保制式《分配和津贴表》集中文件流程能够体现靶场运行情况;在制定陆军设施策略时考虑靶场需求;确保地理信息系统标准、企业支持、基础数据获取和企业应用中包含靶场和训练场计划需求;将不动产数据管理需求与靶场可持续发展计划需求整合在一起;担任陆军靶场保障综合委员会的主要成员。

3)设施管理助理参谋长办公室设施司主任

设施管理助理参谋长办公室设施司主任将负责制定有关不动产管理制度的指导意见,并将管理陆军设施策略的执行情况,管理振兴军事建设靶场项目的计划和预算,确保制定维持、振兴和维护需求的计划,以对靶场和训练场提供支持,将由负责计划、作战与转型事务的副参谋长办公室供资的"新任务"军事建设靶场项目纳入陆军总体军事建设计划,根据陆军靶场总体规划中的优先项目,提供军事建设和陆军运行与维护方面的规划指导,并与负责计划、作战与转型事务的副参谋长办公室进行协调;担任设施管理助理参谋长项目审查委员会主席及陆军靶场保障综合委员会的主要成员;指派代表加入需求审查和优先级确定委员会。

4)设施管理局总部主任

设施管理局总部主任将负责执行靶场可持续发展计划核心计划,以支持任务要求,并将指导在美国本土现役陆军和美国陆军预备役任务所在地的设施管理和靶场可持续发展计划核心计划,并进行优先级排序及实施。按照训练保障系统部门主任的资源分配和适用于美国本土的指示,执行靶场可持续发展计划核心计划,并确保靶场和训练场计划及综合训练区管理计划资源直接提供给设施。为直接支持靶场可持续发展计划核心计划的领域中的标准基地运行服务提供指导建议、程序、标准和方向;对靶场可持续发展计划核心计划平台提供支持的标准基地运行服务进行协调及优先级排序;就影响靶场和训练准备的环境、设施管理和资金方面的问题,与靶场可持续发展计划核心计划机构和陆军主要司令部在计划方面保持协调;就所有靶场现代化设计和建设方面的问题,与靶场和训练场计划义务性专业知识中心项目经理进行协调;指派区域工作人员,向设施部门、任务指挥官和陆军主要司令部提供专业技术知识;就所有靶场、训练场和相关环境问题,与负责计划、作战与转型事务的副参谋长办公室训练保障系统部门靶场可持续发展计划项目经理进行协调;担任需求审查和优先级确定委员会成员;指派代表参加计划管理审查会议。

5)设施管理局各分区

设施管理局各分区负责提供在设施部门和陆军主要司令部层级区域工作的人力资源,确保驻军工作人员的专业化水平,能够向任务指挥官提供技术支持。设施管理局各分区还将对靶场和训练场计划和训练区综合管理计划提供支持的标准基地运行服务进行协调及优先级排序。其独特任务、直接影响各自任务的环境问题以及与靶场可持续发展计划相关的设施管理问题,与陆军主要司令部和靶场可持续发展计划核心计划管理机构在计划方面保持协调;所有靶场现代化设计和建设方面的问题,与靶场和训练场计划义务性专业知识中心项目经理进行协调。指派人员提供技术支持,参加计划管理审查会议,并与陆军主要司令部牵头机构进行协调,执行靶场可持续发展计划核心计划要素的各个方面。

5. 陆军安全部主任

陆军安全部主任负责管理并指导靶场安全和爆炸物安全计划,负责发展、协调、监督陆军靶场易爆品安全,并提供规划管理。为陆军和海军陆战队的作战靶场制定并颁布陆军靶场安全制度和指导,并作为中心点,通过训练与条令司令部指挥安全办公室,负责协调陆军总部和海军陆战队的靶场安全事宜。负责将靶场安全和风险管理融入陆军靶场运行、制度和程序,确认并解决影响陆军训练和战备的靶场安全问题。负责指派一名代表担任陆军靶场保障综合委员会的主要成员,指派一名代表向需求审查和优先级确定委员会提供技术咨询。

6. 试验与鉴定管理局局长

试验与鉴定管理局局长与负责采办、后勤和技术的陆军副部长进行协调,建立武器系统试验与鉴定制度。陆军条例73-1规定了在试验与鉴定管理局管控下的试验靶场实施靶场可持续发展计划的制度,并明确了试验与鉴定管理局局长的职责,具体包括:一是为陆军试验和鉴定靶场而制定的靶场可持续发展计划提供制度和指导;二是监督试验靶场的靶场可持续发展计划;三是指派陆军试验与鉴定司令部司令负责在试验靶场实施靶场可持续发展计划,并负责接收、分配、管理并监督陆军试验与鉴定司令部试验中心训练区综合管理资金的款项;四是指派一名代表担任陆军靶场保障综合委员会的主要成员;五是指派代表加入训练保障系统部门主任认可的其他相关委员会和工作小组,以确保训练和测试团体之间的工作能够顺利衔接;六是代表试验靶场团体参加所有计划管理审查会议和其他与靶场问题相关的会议。

7. 陆军主要司令部

陆军主要司令部各总部的靶场可持续发展计划核心计划职责由负责计划、作战与转型事务的副参谋长或同级别参谋负责。国民警卫局,由国民警卫局训练司负责,通过各州和地区的副官长,对陆军国民警卫队设施内和设施上的所有靶场可持续发展计划职责进行管理。美国陆军欧洲司令部、美国陆军第八集团军和美国陆军太平洋司令部的靶场可持续发展计划,由负责计划、作战与转型事务的副参谋长办公室直接提供资金。美国陆军太平洋司令部,由负责计划、作战与转型事务的副参谋长负责。美国陆军第八集团军,由负责计划、作战与转型事务的副参谋长负责。美国陆军欧洲司令部,其中关于主要训练区和地方训练区的职责由美国陆军欧洲司令部负责,第七陆军训练司令部负责计划事务的助理副参谋长根据区域训练保障中心方案实施。医疗司令部,由医疗司令部(位于布利斯营)司令负责。陆军试验与鉴定司令部,由训练保障系统部门主任管理并直接提供资金,由负责工程、后勤和环境事务的副参谋长负责综合训练区管理和试验靶场现代化,陆军试验与鉴定司令部负责维护试验靶场综合体设施,也可用于训练。

美国本土负责靶场可持续发展计划的陆军主要司令部任务指挥官下辖的各单位负责十四项职责。一是与基地管理局总部和基地管理局相应各区进行协调,确保对关于靶场可持续发展计划核心计划的需求得到满足,为国家关注的靶场现代化项目、靶场可持续发展计划、《国家环境政策法》、环境评估及国防信息系统文件进行协调。二是监督基地层级执行靶场可持续发展计划的情况。三是根据陆军主要司令部指挥官的指导,整合并核证来自任务指挥官关于靶场可持续发展计划的需求并进行优先级排序。四是就所有靶场现代化设计和建设方面的问题,与靶场可持续发展计划专业知识中心计划管理方进行协调。五是在执行年内确认、核证未供资需求并确定其优先级,并就计划目标备忘录的制定与基地管理局总部和基地管理局各分区进行协调。六是通过计划管理评审、需求审查和优先级确定委员会流程,向训练保障系统部门靶场可持续发展计划的计划管理方提供陆军主要司令部关于靶场可持续发展计划的需求。七是与基地管理局总部和基地管理局各分区协调,管理并执行由训练保障系统部门负责人提供的靶场可持续发展计划资源。八是管理并支持职能参谋对靶场可持续发展计划的监督。九是对资金短缺的靶场可持续发展计划需求提供支持。十是指派职能参谋对靶场可持续发展计划进行监督。十一是根据负责计划、作战与转型事务的副参谋长办公室关于靶场可持续发展计划方面的指导,确认各种靶场侵占因素的影响,并进行优先级排序。十二是评估靶场和训练场需求是否符合陆军投资指南。十三是按要求参加需求审查和优先级确定委员会和计划管理评审会议,与基地管理局在计划方面保持协调环境、资源和设施管理人员方面的问题,以便支持任务和环境合规及管理职责、提供技术支持;协调靶场可持续发展计划、《国家环境政策法》、环境评估,以及国防信息系统文件的执行情况,并安排相关人员;参加计划管理评审会议;与陆军主要司令部负责环境和设施事务的参谋进行协调,执行靶场可持续发展计划核心计划的各个方面。十四是建立并保持一个跨领域的综合管理能力和业务流程,例如,一种类似于陆军靶场保障综合委员会的结构或其他管理结构,从而能够在支持靶场可持续发展计划的职能部门之间进行综合决策。

美国陆军欧洲司令部、陆军太平洋司令部、陆军第八集团军中的美国境外陆军主要司令部要素以及其他负责靶场可持续发展计划的指定要素将负责九项工作。一是对中央管理、计划执行以及协调所有靶场、训练场和相关支持需求的职责进行指定。二是管理靶场可持续发展计划的集中执行情况。三是根据陆军主要司令部指挥官的指导,整合并核证来自任务指挥官关于靶场可持续发展计划的项目需求并进行优先级排序。四是就所有靶场现代化设计和建设方面的问题,与靶场与训练场计划法定专业知识中心计划管理方进行协调。五是在执行年和制定计划目标备忘录期间,对未供资需求进行确认、核证并确定其优先级。六是通过计划管理评审流程,向训练保障系统部门靶场可持续发展计划的计划管理方提供陆军主要司令部关于靶场可持续发展计划的需求。七是评估靶场和训练场需求是否符合陆军投资指南。八是按要求参加需求审查和优先级确定委员会组织的计划管理评审会议。事先获得驻军所在国关于以下事项的批准:在美国陆军欧洲集团军和美国陆军第八集团军所使用的靶场上,设置新的未爆弹弹着区。将美国陆军欧洲集团军和美国陆军第八集团军的靶场和训练场用于休闲目的。与基地管理局各分区在计划方面保持协调,包括环境和设施管理人员方面的问题。与基地管理局分区协调,指定一名环境人员,负责支持任务和环境合规及管理职责。提供技术支持。为美国陆军太平洋集团军协调靶场可持续发展计划、《国家环境政策法》、环境评估,以及国防信息系统文件的执行情况,并安排相关人员。参加计划管理评审会议。执行靶场可持续发展计划核心计划的各个方面。九是与基地管理局一同建立并保持一个跨领域的综合管理能力和业务流程,从而能够在支持靶场可持续发展计划的职能部门之间进行综合决策。

8. 美国陆军训练保障中心主任

美国陆军训练保障中心主任将作为靶场可持续发展计划专员,推动计划实施。在训练保障系统部门主任的指导下,他将作为陆军在靶场训练装备器材标准化方面的归口管理方。将靶场和训练场计划与训练区综合管理计划中的工作程序和管理工具有机集成。制定靶场设计、靶场技术、靶标和靶场工具器材的理论标准和要求。按照训练保障系统部门靶场可持续发展计划项目经理的要求,监督并跟踪靶场现代化的执行情况。通过七项工作支持靶场项目的策划、规划、设计和建设:一是参加靶场现代化项目相关会议,并提供专门的设计说明;二是在项目建设各阶段,对靶场设计进行审查;三是在设计过程中对瞄准线、地面危险区数据以及项目训练能力进行分析和核证;四是针对使用了遥控靶标系统或陆军新一代靶标系统的靶场和训练场计划,对项目进行施工合规性检查和靶标接口检查;五是当设计指南的适用性不支持训练要求,或需要对标准设计做出例外设计时,向训练保障系统部门靶场可持续发展计划项目经理提供建议;六是在部队现代化和新武器系统计划的发展过程中,就靶场、训练场、配套设施工程和设计要求向训练保障系统部门主任提供建议;七是协助设施管理局总部、设施管理局各分区、陆军主要司令部和基地驻军参谋人员进行靶场现代化项目的策划、规划、设计、建设和维护工作。

对靶场运行和现代化、场地管理和可持续性发展,以及其他在靶场可持续发展计划核心计划内的训练相关职能的全陆军专业发展课程进行管理,担任陆军靶场保障综合委员会的主要成员,资助并举办年度靶场研讨会。整合实弹训练投资策略、训练预算以及训练区综合管理等方面的资源需求并呈报。与训练保障系统部门靶场可持续发展计划项目经理协调,建立并维护陆军靶场总体规划的记录数据库。担任 TC 25 – 1、TC 25 – 8 和 TC 25 – 8 – 1 的职能归口管理方,作为靶场设施管理支持系统等相关的自动化系统、靶场和训练场有关的美国陆军工程兵团研发计划以及训练装备器材的训练用户代表。通过四个方面协助训练保障系统部门主任对陆军靶场可持续发展计划核心计划进行项目管理:一是担任包括靶场可持续发展计划执行委员会、需求审查和优先级确定委员会、靶场运行管理工作小组、综合训练区管理的工作小组、靶场现代化和设施配置管理委员会、信息技术/信息管理配置管理委员会等机构的联合主席;二是担任靶场现代化技术小组组长;三是参加所有靶场现代化设计审查活动;四是评估靶场和训练场使用者的要求对整体陆军训练、理论和计划的影响。

9. 美国陆军工程兵团司令

美国陆军工程兵团司令负责执行陆军军事建设供资的建设计划,包括为陆军设计并建造的设施。具体职责如下:

(1) 确保在向负责计划、作战与转型事务副参谋长提交的计划目标备忘录中列入了支持靶场和训练场计划的资源需求。

(2) 通过工程研发中心,提供研究、开发、试验与鉴定保障,并加强科学、工程、技术的研究。

(3) 通过地理信息系统技术中心计算机辅助绘图和设计,提供空间数据标准和支持。

(4) 直接与靶场可持续发展计划专员进行协调,协助训练保障系统部门主任制定陆军训练投资策略和计划目标。

(5) 确保执行不动产征用所需的所有方案文件和行动得到满足。

(6) 担任陆军靶场保障综合委员会的主要成员。

(7) 维持训练设施项目办公室,为陆军靶场和训练场计划义务性专业知识中心提供程序化管理,包括担任美国陆军工程兵团在需求审查和优先级确定委员会的技术代表,并参加计划管理审查会议。通过以下工作,支持陆军靶场现代化和标准化。

● 为实弹射击和模拟实弹射击靶场完成并修正标准靶场设计,以满足训练要求。

● 协助美国陆军工程兵团进行计划制定、技术转让、计划协调,以及与靶场设计和建设有关文件的出版工作。

● 监测工业界和美国陆军工程兵团实验室所取得的技术进步,以便采用可能适用于靶场设计和建造方面的技术进步,并在采用之前与陆军训练保障中心和美国陆军工程兵团进行协调。

● 为训练保障系统部门主任供资的项目制定并协调未爆弹药调查和清理程序。

● 制定并管理由负责计划、作战与转型事务的副参谋长办公室供资的军事建设活动的标准化。

- 支持靶场可持续发展计划专员为训练保障系统部门主任供资的靶场项目召开规划性专家研讨会。
- 担任靶场现代化技术小组的成员。
- 制定、更新并记录靶场和训练场计划军事建设的业务流程。
- 建立和维护美国陆军工程兵团标准设计手册档案。

通过以下工作支持靶场项目的策划、规划、设计和建设。

- 在项目被纳入军事建设计划之前,为编制、审查和核证军事建设国防部1390号表格(财年、军事建设计划)及1391号表格提供集中支持。
- 作为主要联络点,与负责计划、作战与转型事务的副参谋长、设施管理助理参谋长办公室、设施管理局总部以及靶场可持续发展计划专员进行协调,负责靶场和训练场计划军事建设项目管理和执行问题。
- 为推进靶场和训练场计划的策划、规划和建设,执行项目管理职能。
- 保留由负责计划、作战与转型事务的副参谋长供资的靶场和训练场计划军事建设项目的设计和建设指导性规范。
- 参加关于靶场和训练场计划军事建设项目的预设计和预施工会议,并根据需要提供特殊设计说明。
- 在规定的设计阶段(包括项目建设的35%、65%、95%阶段以及最终设计阶段),对由负责计划、作战与转型事务的副参谋长供资的靶场和训练场计划军事建设靶场设计文件进行审查。
- 在项目设计期间,向美国陆军工程兵团各分区提供瞄准线标准,以分析并核证靶场的训练功能。
- 在靶场建设期间,根据质量保证标准进行瞄准线分析。
- 与靶场可持续发展计划专员一起,对使用遥控靶标系统或陆军新一代靶标系统的项目进行施工合规性检查和靶标接口检查。
- 在靶场现代化项目的设计和建设期间,向美国陆军工程兵团各分区提供技术咨询服务。
- 参与项目试运行合规工作,并为靶场和训练场计划项目试运行提供重要档案和经验学习文件。
- 当应用设计指导无法满足训练要求时,向负责计划、作战与转型事务的副参谋长和靶场可持续发展计划专员提供咨询意见。
- 筹措并管理靶场和训练场计划义务性专业知识中心资金。
- 在部队现代化和新武器系统计划的发展过程中,就靶场、训练场、配套设施工程和设计要求向负责计划、作战与转型事务的副参谋长提供建议。
- 协助负责计划、作战与转型事务的副参谋长编制军事建设项目成本数据,并将其纳入陆军靶场总体规划。

● 协助设施管理局总部、设施管理局各分区、陆军主要司令部和设施驻军参谋进行靶场现代化项目的策划、规划、设计、建设和维护工作。具体协助工作包括与弹药和爆炸物专业知识中心合作,以便担任靶场现代化技术小组成员,审查所有靶场设计和项目规范,并提供此方面的意见,确保在发布合同广告包之前对其进行全面审查。

(8)通过工程研发中心,在以下领域向靶场可持续发展计划提供研究、开发、试验与鉴定以及科学和工程技术支持:制图、地形分析和遥感;基础设施的设计、建设、运行和维护;结构工程,包括部队防护;寒区与冰工程;海岸与水利工程;环境质量与环境工程;岩土工程;高性能计算与知识管理;技术转让业务。

(9)通过美国陆军建设和研究工程实验室,提出支持靶场可持续发展计划的环境技术管理方案,同时提供意见与建议,并对其进行审查、审批,以及协调进度报告,供靶场可持续发展计划管理工作小组和配置管理委员会审批。

10. 陆军装备司令部坦克及机动车辆司令部岩岛兵工厂司令

陆军装备司令部坦克及机动车辆司令部岩岛兵工厂司令将在技术支持、装备开发和后勤力量投送等方面为陆军提供装备准备,具体职责包括:一是购置靶标设备,以支持靶场可持续发展计划专员制定的训练策略和标准;二是参与靶标接口检查,该检查在安装靶标和相关配套设备之前进行;三是就靶标和相关配套设备的程序化后勤和供应支持问题,与靶场可持续发展计划专员进行协调;四是参加与靶场可持续发展计划相关的各项会议;五是向需求审查和优先级确定委员会提供技术咨询;六是担任靶场现代化技术小组成员。

11. 模拟和训练仪器计划执行官

模拟和训练仪器计划执行官将管理陆军在主要仪器系统、模拟、建模和训练方面的技术方案,其职责包括:一是担任靶场现代化技术小组成员;二是向需求审查和优先级确定委员会提供技术咨询;三是购置靶标设备,以支持靶场可持续发展计划专员制定的训练策略和标准;四是为靶场仪器和靶标装置的研制和采办制定计划并编制预算;五是参与靶标接口检查,该检查在安装靶标和相关配套设备之前进行;六是就靶标和相关配套设备的程序化后勤和供应支持问题,与靶场可持续发展计划专员进行协调;七是参加与靶场可持续发展计划相关的各项会议;八是将靶标和靶场仪器的所有技术要求告知靶场和训练场计划义务性专业知识中心。

12. 企业信息系统计划执行官

企业信息系统计划执行官为采办、部署和维持基于陆军的、支持可持续靶场运行的信息系统提供支持。在靶场可持续发展计划内,企业信息系统计划执行官对开发和维持靶场设施管理支持系统负有具体责任。

13. 美国陆军信息系统工程司令部司令

美国陆军信息系统工程司令部司令是陆军工程师和整合者,负责基础设施和部队投送信息系统,其职责包括:一是担任靶场现代化技术小组成员;二是为系统工程和指定信息系统的整合,向计划执行办公室和计划管理机构提供全方位支持,包括指定信息系统的设计、工程、整合、开发、维护、安装、测试和验收;三是向训练保障系统部门主任、设施管理局,及网络事业技术司令部提供技术援助,从而通过首席信息官制定、审查并规划远程通信基础设施需求及与之相关的未得到供资的靶场需求,此类需求未被列入陆军军事建设的靶场和训练设施项目范围和供资范围。

14. 高级任务指挥官

美国本土基地高级任务指挥官负责为靶场和训练场制定计划并进行优先级排序,集成基地靶场和训练场综合体其他租户和长期用户的要求并进行优先级排序,确认计划需求和未供资需求。美国境外高级任务指挥官将为靶场和训练场制定计划并形成优先级排序,整合设施靶场和训练场综合体租户和长期用户对计划的要求并进行优先级排序,确定计划需求和未供资需求,通过陆军主要司令部共同向训练保障系统部门主任提交联合关闭作战靶场的申请,并通过设施管理局行政指挥渠道提供申请副本。美国陆军太平洋司令部高级任务指挥官将与驻军指挥官协调,完成《国家环境政策法》分析和文件编制工作,一同签署所有靶场可持续发展计划项目和活动的所有环境评估、企业信息系统和《国家环境政策法》支持性文件。

15. 美国本土设施管理局驻军指挥官

美国本土设施管理局驻军指挥官负责根据相关条例、副参谋长(计划、作战与转型)靶场可持续发展计划指导意见以及设施管理助理参谋长、陆军安全部主任和副参谋长(后勤事务)指导意见,具体负责实施靶场可持续发展计划核心计划。

三、训练区综合管理计划

(一) 概述

训练区综合管理计划是开展训练区综合管理工作的依据和规范,目的是实现训练用地的管理和维护,将靶场和训练场计划所衍生出的任务要求与环境要求、环境管理实践相结合,通过制定相应政策和程序,实施统一的场地管理方案,实现训练和试验用地的最佳效益和可持续利用。该计划由陆军部训练管理局负责管理和领导,主要内容涉及训练需求整合、场地恢复与养护、靶场和训练场评估、可持续靶场理念宣传等。

1. 训练需求整合

训练需求整合就是训练及测试需求与训练场承载能力相结合,实现对训练要求、场地状况、靶场设施和环境管理要求的整合。设施训练区综合管理协调员或同级别人员应与计划、训练、动员及安全部主任靶场官(或美国陆军太平洋司令部、美国陆军欧洲司令部、美国陆军第八集团军和陆军国民警卫队的同级别官员)、其他靶场组织人员、训练人员、环境技术人员、自然与文化资源管理员,以及其他环境工作人员进行磋商,以整合训练需求,整合场地管理、训练管理以及自然和文化资源管理数据,整合从靶场和训练场评估和陆军环境保护计划要素得出的数据。训练需求整合为制定和更新自然资源综合管理计划提供输入,支持靶场现代化项目选址及训练活动调度与分配。

2. 场地恢复与养护

场地恢复与养护是保持真实性训练条件,同时支持人员、武器、车辆及任务要求的一个关键推动因素。设施部门将与靶场现代化规划小组成员进行沟通协调,确定、规划并执行获批的场地恢复与养护计划。靶场可持续发展计划网站提供了支持场地恢复与养护项目寿命周期的详细信息。设施部门不进行场地恢复与养护活动,以支持环境保护或合规性要求,或进行靶场现代化项目。

3. 靶场和训练场评估

未来评估场地质量、监测场地状况,需要获取数据评估信息,并就场地修复方案提出建议,从而最大限度地提高场地的功能和可持续性来支持实弹训练和测试活动。基地设施部门将使用技术参考手册中规定的核准大纲,在靶场和训练场评估协议中定义并记录其管理和监测目标。基地设施部门将使用靶场和训练场评估数据和信息来进行以下工作:

(1)确定场地恢复与养护计划。

(2)确保将生态物种因素纳入场地恢复与养护计划流程之中。

(3)确定场地恢复与养护计划的有效性。

(4)计算支持陆军训练与测试区承载能力方法的场地状况曲线,如遮盖情况、场地用途和负荷曲线。

(5)绘制训练场的可用性、适宜性、便利性和承训能力的示意图。

(6)就新建和现有训练场的边界和训练负荷分配方面提供建议,使训练场的容纳能力能够最大程度地支持新建或调整后的训练任务和新的强度负荷。

(7)通过定期审查各项计划,如自然资源综合管理计划、文化资源综合管理计划、农业租约、年度销毁计划和木材采伐计划,进行内部负面影响评估。

4. 可持续靶场理念宣传

可持续靶场意识是训练区综合管理计划要素之一,提供了一种积极主动的方式来编写教育材料并发给靶场和训练场资源使用者,将可持续靶场意识融入指挥和基地设施的使用活动中,发起新的活动以最大限度地扩大宣传范围,最终达到教育目的,从而减少对靶场、训练场资源以及当地自然和文化资源的影响。

(二)管理方法及流程

训练区综合管理工作在技术、论坛、经费、推广方面有四个抓手:一是技术抓手——地理信息系统,可支持训练区综合管理计划各要素的标准绘图和空间分析;

二是论坛抓手——训练区综合管理年度研讨会,这是一个以训练为主题的论坛,借此可以完善陆军训练区综合管理的制度和程序,并提高场地管理能力,训练研讨会促进科研、计划方法和成功经验的交流,推动最佳环境保护方法和训练场管理实践的发展;三是经费抓手——"训练区综合管理—管理决策评估包"专项资金,它为补充劳动力提供资金,以完成训练区综合管理计划的相关工作;四是推广抓手——靶场可持续发展计划网站,介绍了训练区综合管理计划各要素、训练区综合管理年度研讨会、训练区综合管理项目和资源规划进程、训练区综合管理程序,以及可用于支持训练区综合管理计划工作的工具。

训练区综合管理需求来自整个指挥层级之间的持续相互作用。此类需求在较低层级产生,并在较高层级得到系统核证,以加强训练区综合管理的监督和执行。训练区综合管理工作小组向靶场可持续发展计划执行委员会提出建议,以审批训练区综合管理需求。靶场可持续发展计划网站对如何确定优先级排序和规划训练区综合管理计划进行了详细介绍,还介绍了支持训练区综合管理规划、计划执行和管理工作的自动化工具。训练区综合管理计划的资源规划需要每年在设施部门、陆军主要司令部、设施管理局和陆军总部各级之间进行协调。

1. 年度训练区综合管理工作计划

制定年度训练区综合管理工作计划的目的有四个:一是针对支持基地训练任务、训练区综合管理目标、训练区综合管理核心能力的各项计划,进行定义并确定其优先次序;二是根据标准工作类别确定训练区综合管理资源需求;三是确定执行项目的费用;四是记录一个财年内的计划执行和调整情况。年度计划是确定基地训练区综合管理资源需求和资金分配的基础,确保训练区综合管理资源需求不受潜在资金短缺的制约。年度计划描述了多年周期的训练区综合管理计划和基地部门、基地管理局、陆军主要司令部、陆军部总部、配套机构的资源需求。

基地部门确定基地工作计划分析模块和训练区综合管理五年计划中的项目资金需求,并进行优先排序,这些需求是训练区综合管理计划需求的基础。制定和提交基地年度训练区综合管理工作计划是靶场组织、训练和环境工作人员的共同责任。基地部门制定年度训练计划并提交给高级任务指挥官所属的陆军主要司令部,在所属陆军主要司令部设定的停止日期、第一次计划管理评审之前完成。年度训练区综合管理工作计划包括未来3个财年的训练区综合管理的详细要求,以及随后2个财年的汇总。训练区综合管理协调员在完成工作计划之前,须获得计划、训练、动员及安全事务负责人和/或负责作战与计划事务的副参谋长对项目和优先次序的批准。

陆军主要司令部对基地部门经过优先级排序的训练区综合管理计划需求进行核证,以确保计划符合训练区综合管理资金要求。一旦核证通过,工作计划就成为陆军主要司令部认可的训练区综合管理资源需求。根据规范的供资程序,训练保障系统部门负责人对具体信息技术管理系统项目和计划资源进行审批,以对获批项目和训练区综合管理的核心能力提供资金。在每个财年的第三季度,训练保障系统部门负责人向陆军主要司令部提供年度计划方案草案,为下一个财年提供初步预算指导。预算指导可能会根据下一财年第一季度收到的最终年度计划方案而有所变化。

2. 训练区综合管理五年计划

训练区综合管理五年计划描述了一个基地的军事任务、训练区综合管理计划以及这五年期间为每个财年拟定的与训练区综合管理有关的行动和目标,计划中包含基地部门对本财年和下一财年训练区综合管理项目的描述。基地部门训练区综合管理五年计划为每个训练区综合管理计划要素建立特定基地的目的和目标,并按财年对适用于每个训练区综合管理计划要素而执行的训练区综合管理计划进行描述。基地每年都须对其训练区综合管理五年计划进行更新。须与基地人员就计划进行协调,同时计划须由基地指挥小组审批。靶场可持续发展计划网站提供了编制训练区综合管理五年计划的指南。

3. 计划外需求

在预算执行年度,可能出现计划外资源需求。当出现这种情况时,基地负责将计划外需求加入到基地工作计划分析模块中,并争取陆军主要司令部对计划外需求的批准。陆军主要司令部对计划外需求进行审查,并向基地部门通告审批状态。当高级任务指挥官所属的陆军主要司令部批准了计划外需求并要求立即执行时,基地部门可通过三种渠道提供资金:一是重新确定训练区综合管理计划的优先次序或取消优先级较低的训练区综合管理项目,从而为计划外需求提供资金;二是调整其他经核证的训练区综合管理计划的资源等级,从而为计划外需求提供资金;三是使用年终训练区综合管理资金来支付计划外需求的费用。

4. 未供资需求

陆军主要司令部将经过核证的基地工作计划视为有效的训练区综合管理资源需求,由于资金限制有时会出现达不到核证数额经费的情况。陆军主要司令部核证金额与实际供资额之间的差额称为未供资需求。在预算制定周期内,基地可以向其所属的陆军主要司令部提交训练区综合管理未供资需求。由卫戍部队指挥官和高级任务指挥官或同等人员确定优先次序,基地资源管理办公室决定是否将未供资需求转交给陆军主要司令部,如果转发,那么在一个财年内获得额外资金时,陆军主要司令部有可能会为 UFR 提供资金。

5. 年终债务报告

在每个财年结束时,基地按照报告格式向高级任务指挥官报告每个财年的训练区综合管理债务情况,同时向基地管理局和陆军主要司令部提交一份副本。基地部门需要按计划报告总承付资金,以及来自其他渠道的承付资金。

6. 管理机构

训练区综合管理计划的管理方,一般是陆军部训练保障系统部门,负责对该计划进行集中管理,以确保分配的资源用于支持军事任务、训练区综合管理计划目标和核心能力。在陆军总部层级,训练区综合管理工作小组将管理该计划。训练区综合管理基地指导委员会是训练区综合管理工作小组的一个分组,将按照负责计划、作战与转型事务的副参谋长指示函运作,其主要责任是规划和执行年度训练区综合管理研讨会。

7. 计划管理审查

计划管理审查流程相当于一个论坛,陆军主要司令部可在此通过经基地核证的工作计划提出训练区综合管理需求。通过计划管理审查流程,训练区综合管理计划管理方将推进全陆军在训练区综合管理流程方面的一致性和标准化。

(三) 经费管理

1. 经费来源

"训练区综合管理与评估包"资金作为陆军战备计划的要素之一,支持整个陆军的训练区综合管理核心能力,通过陆军、陆军后备役、陆军国民警卫队的运行与维护部门为训练区综合管理集中提供资金。训练区综合管理计划管理方负责对经费资金进行规划,以支持训练区综合管理的核心能力及获批计划。训练区综合管理核心能力的资源与其他计划,如靶场运行、环境计划和不动产维护的资源需求相融合。这些资金可支持设施的全部场地管理需要,而这些设施又会反过来支持训练任务。训练区综合管理的资金不能用于执行常规靶场维护、改造、维持、恢复和现代化职责,也不能用于执行陆军环境保护计划要求。

2. 资源分配

训练区综合管理计划管理方与训练区综合管理工作小组、基地管理局以及陆军主要司令部一起,通过计划管理评审流程,来协调全陆军训练区综合管理核心能力的集中供资方案。它采用了一种标准的资源分配模式,以确保所有基地都能获得公平、一致、统一且与其训练任务的重要性和管理需求相称的资源,资源分配模型采用的方法将核心能力与主责方指定的设施类别相结合。经陆军靶场保障综合委员会批准,训练区综合管理的管理工作小组可以根据历史执行数据对训练区综合管理的资源分配模型进行修订。

3. 确定等级和优先级

基地进行评分并按优先级分类,是确保整个陆军具有一致的计划能力的有效措施。通过计划管理评审程序,陆军部总部职能主责方制定评分方法和标准,按优先次序对训练区综合管理基地进行分类。靶场可持续发展计划网站是当前评分方法、标准和类别的参考来源。根据需要,训练区综合管理工作小组推荐新的评分方法、标准和类别。根据训练区综合管理,高级任务指挥官所属的陆军主要司令部确定承担重要训练或测试任务的基地,通过采用主责方批准的区分指标,如训练价值、正常训练需求、靶场和训练场功能以及环境敏感性水平,来为基地打分。为确保对基地分类合理,陆军主要司令部每年都与基地人员进行商议,以确保在采用当前主责方批准的区分指标来计算基地得分时,打分对象是基地最近的状态。

四、场地训练能力评估

场地训练能力评估,能够确保靶场可持续发展,发现制约场地发展的问题,并开发出解决问题的对策措施。本节内容主要介绍一些场地训练能力评估的方法、模型及工具,为基地部门、陆军主要司令部、基地管理局和陆军部总部提供评估机制和管理手段。

(一)评估方法

1. 基于基地训练能力评估

基地训练能力是陆军总部用来分析陆军实弹训练设施能力的一种方法,便于训练保障系统部门主任评估设施训练能力,确定资源的优先次序,从而支持靶场可持续发展计划。该方法综合了当前"靶场和训练用地计划"和"陆军环境管理计划"的方法和数据,通过对每个基地的训练能力进行分析评分,使基地具备支持实弹训练的比较能力,为保障驻地部队持续训练带来了好处。环境气候模型是基地训练能力的要素之一,它允许对将要扩建或重新配置的设施能力进行评估。

2. 基于陆军训练与试验区承载能力评估

陆军训练与试验区承载能力是在训练区综合管理计划中评估训练场承载能力的标准方法。在陆军部总部层级,训练区综合管理计划管理方使用"陆军训练与试验区承载能力"来帮其制定供资决策;在基地层级,"陆军训练与试验区承载能力"提供了用于对比调度和分配选择的支持信息。

(二)系统工具

1. 地理信息系统

地理信息系统提供了一系列功能,包括支持靶场现代化计划的靶场地图和数据、靶场运行和训练区管理。通过与其他设施数据库和系统的链接来下发空间数据和地理信息系统产品,这些数据库和系统由靶场、计划、训练、动员及安全部主任、训练区综合管理计划、环境和公共工程部主任办公室管理。训练区综合管理计划或计划、训练、动员及安全部主任办公室人员负责维护靶场综合体的地理信息系统数据。数据源包括来自靶场基地管理支持系统、靶场开发计划、靶场和训练用地计划数据库,以及其他设施数据库等的输入。地理信息系统产品包括设施和训练地图、区域地理信息系统数据以及用于分析和长期规划的数据。靶场可持续发展计划网站确定了作为训练区综合管理需求一部分的地理信息系统数据层。

2. 环保绩效评估系统

环保绩效评估系统是指挥官用来监测靶场运行及相关活动是否符合联邦、州和地方环境法律法规以及国防部和陆军要求的工具，使基地部门能够确认靶场运行及相关活动的合规性。

3. 陆军战略战备系统

陆军战略战备系统是陆军上报对整体训练任务产生消极和积极影响的多级记录卡，它将战略战备目标与经费和资源联系起来，从而显示哪些方面可以改进。该系统能够采集所有陆军基地设施状态信息，是确定陆军总体准备状态及上报对准备状态产生影响的因素的综合方法。负责 G – 3/5/7 事务的副参谋长的战略准备系统记分卡中体现了陆军战略战备系统的功能。

4. 设施维护模型系统

设施维护模型系统用于计算陆军中除演习场之外的各类设施分析中的靶场维护和修复需求。成本系数由负责设施事务的国防部副部长助理办公室确定，靶场成本系数由法定专业知识中心制定或者采用替换设施成本的比例。根据设施（不动产）目录清单，设施公共工程部主任每年都会获得维持、恢复和现代化拨款。靶场属于设施，因此根据项目优先级获得部分设施资金，用于该项工作。靶场主任为执行维持、恢复和现代化项目制定计划，并与公共工程部主任进行协调，确认靶场（不包括演习区）的维持、恢复和现代化项目，与公共工程部主任办公室工作人员一起对靶场项目进行优先排序、提交并监督。

5. 环境管理系统的靶场要素

陆军采用环境管理系统来实现将训练活动造成的环境影响纳入决策过程，并提供了一个机制来影响决策，此方法是基地环境管理系统的要素之一。最终无论开展何种活动，基地都能基于所有影响和风险进行全面考虑，更好地证明决策的合理性。靶场可持续发展计划环境管理系统中的靶场要素，提供了一个环境计划框架，以支持陆军的军事任务。训练保障系统部门主任和基地管理助理参谋长办公室，认可并鼓励驻军人员利用环境管理系统，分析研究环境问题对陆军靶场和训练场的影响，协助基地部门分析对训练准备、靶场运行、训练活动等各个方面造成的影响。

（三）数据库

1. 靶场和训练场评估数据库

基地通过"靶场和训练用地计划"获取物理和生态数据，将场地状况与训练试验活动的影响联系起来。这些数据为有效管理场地和自然资源提供了信息，同时也支撑决策支持进程和系统，包括地理信息系统、运行覆盖图和场地用途规划系统。

2. 靶场目录清单数据库

陆军靶场目录清单数据库是陆军所有靶场的官方数据来源，由基地管理助理参谋长归口管理,训练保障系统部门主任负责靶场目录清单工作,提供陆军靶场基础设施的实际情况,统计核对训练靶场面积与实际数据,包括基地层级环境和不动产识别代码。

(四) 报告

1. 基地状态报告

基地状态报告第一部分是"基础设施"模块,旨在向陆军部总部、陆军主要司令部和驻军指挥官简要说明每个基地单位设施的数质量情况。采用陆军标准来评估设施的物理状况,包括靶场及其相关设施,同时确认不达标或不可用的设施。这部分内容使计划、训练、动员及安全部主任能够评估靶场设施的物理状况,并确认靶场可能面临的受到侵蚀影响的因素,其中包含的评级与设施(不动产)目录清单一起用于确定维持、恢复和现代化资金等级。

基地状态报告第二部分是"环境"模块,这是陆军部总部、陆军主要司令部、基地管理局及驻军指挥官使用的一种管理工具,用于确定受环境条件影响的基地准备情况以及基地环境计划的总体状态。根据许多标准进行评级特别需要计划、训练、动员及安全部主任的意见与建议。驻军环境人员应与靶场部人员协调,以确保在编制基地状态报告过程中,充分考虑了任务影响因素,并进行合理处理。

基地状态报告第三部分是"服务"模块,它描述并衡量设施的服务表现状况,并与陆军标准进行对比。可以使用全陆军的共同标准来评估每一项任务支持活动,靶场可持续发展计划网站上提供了靶场管理、靶场运行和训练场维护等服务标准,这些标准提供了统一比较服务效能质量的方法。

2. 部队状态报告

部队状态报告量化了作战部队的人员、装备和训练等战备情况,鼓励部队指挥官利用该报告来记录内部和外部问题对训练产生的影响。准确的报告有助于陆军主要司令部和训练保障系统部门主任发现影响训练的问题,引起高级领导层的注意,并创造影响和推动政策变化的机会。

第四章　作战训练中心计划

依托作战训练中心开展训练,具有集约化、精确化、高效化的特点和优势,是世界主要军事强国普遍采用的训练形式。为确保作战训练中心规范有序发展,美国陆军制定了作战训练中心计划,以此作为统筹作战训练中心规划计划的基本遵循,并颁布了陆军条例 AR 350 - 50《作战训练中心计划》,为计划的严格贯彻实施提供了法制保证。本章从体系架构、管理机构、管理措施、职责分工等方面,对作战训练中心计划的组织管理体系进行了介绍。

一、管理体系架构

体系架构是作战训练中心组织管理体制的关键所在,美国陆军构建形成了分工科学、精干高效的体系架构,其中"三个司令部和两个领导角色"是体系架构的核心,主导着架构的有序运行,如图 4 - 1 所示。

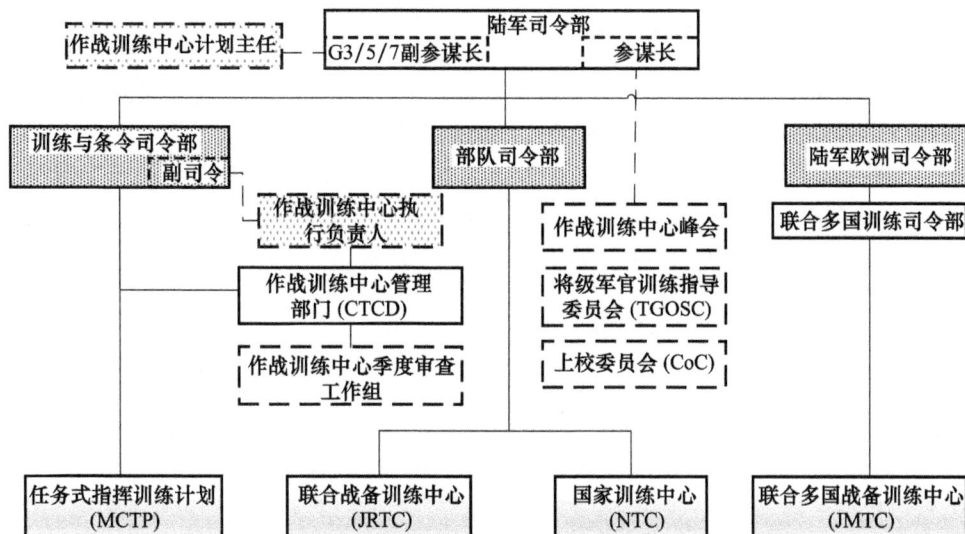

图 4 - 1　作战训练中心管理体系架构

从该计划的行政管理角度来说,"三个司令部"是该行政管理链路的关键节点,分工负责四个作战训练中心计划的管理职能,美国陆军训练与条令司令部司令是任务式指挥训练计划的管理机关,美国陆军部队司令部司令是联合战备训练中心和国家训练中心的管理机关,美国陆军欧洲司令部司令是多国联合战备中心的管理机关。从该计划的工作实施角度来说,"两个领导角色"在计划管理工作中发挥着领导核心作用。一个角色是作战训练中心计划主任,一般由 G-3/5/7 副参谋长担任,作为陆军司令部层面作战训练中心计划工作的领导者;另一个角色是作战训练中心执行负责人,一般由美国陆军训练和条令司令部合成兵种副司令担任,通过下属的作战训练中心管理部门统筹陆军作战训练中心具体业务工作,负责指导作战训练中心计划的日常规划、管理和鉴定。

二、管理机构

(一) 作战训练中心计划主任

作战训练中心计划主任一般由 G-3/5/7 副参谋长担任,负责对作战训练中心进行人员监督和管理,依托陆军部训练管理局负责所有作战训练中心计划事宜的主要顾问工作。作战训练中心计划主任确定作战训练中心计划资源分配的优先顺序(本年度、预算年度和计划目的备忘录),包括联合国家训练能力相关计划的优先顺序和经费额度,新的年度资源需求需要作战训练中心季度审查工作组授权并经过陆军部训练管理局批准。

(二) 作战训练中心执行负责人

作战训练中心执行负责人一般由美国陆军训练和条令司令部合成兵种副司令担任,负责指导作战训练中心计划的日常规划、管理、鉴定和综合,以支持美国陆军训练与条令司令部司令和 G-3/5/7 副参谋长。作为作战训练中心负责人和 G-3/5/7 副参谋长的参谋智囊,负责作战训练中心管理部门的组织工作,以此促进作战训练中心计划的管理、集成、鉴定、资源配置和管理。

(三) 作战训练中心管理部门

作战训练中心管理部门负责作战训练中心计划的需求和现代化计划,能够与资源策略和作战训练中心发展设想相适应,助力将国防部训练转型(即联合国家训练能力)计划集成纳入到作战训练中心计划之中。作战训练中心管理部门负责统筹制定作战训练中心计划的资源需求,开发、协调和监督作战训练中心计划相关的计划目的备忘录资金申请的提交;协调指导作战训练中心资源分配,以促进四个作战训练中心形成标准化的训练能力;编制作战训练中心主计划;协调美国陆军训练与条令司令部 G-2 和其他相关司令部,在所有作战训练中心中推动和支持假想敌和作战环境的持续发展;开展作战训练中心鉴定计划;每半年召开一次作战训练中心指挥员会议和其他定期会议,以支持作战训练中心计划的执行、整合和管理。

（四）陆军作战训练中心峰会

陆军参谋长每半年召开一次作战训练中心会议,与遴选的陆军高级领导人从战略层面共同讨论并决定作战训练中心相关事宜。陆军作战训练中心峰会形成的意见和决定,为作战训练中心上校级会议和将军级训练指导委员会在规划、计划和预算方面提供直接的输入,对作战训练中心训练运行和需求方面进行具体和直接的调整。G-3/5/7 副参谋长(陆军部训练管理局)通常主持综合会议就作战训练中心业务、机构、训练保障系统和任务支持战略问题的优先次序向将军级训练指导委员会提出建议。

陆军参谋部 G-3/5/7 训练主任是陆军作战训练中心峰会的总协调,由作战训练中心管理部门负责会议计划、制定日程、会务工作等方面工作。为了减少对领导日程和临时任务费用的影响,4 小时的会议通常与另一项高级领导活动(四星会议、陆军训练和领导培训会议)同时安排,副参谋长、陆军参谋部主任、陆军军士长、G-3/5/7 副参谋长、美国陆军部队司令部司令、美国陆军欧洲司令部司令、美国陆军训练与条令司令部司令、陆军装备司令部司令、陆军预备局局长、陆军国民警卫队主任、美国陆军特种作战司令部司令、战斗兵种中心司令和战斗兵种训练中心副司令、第七陆军训练中心司令、联合战备训练中心司令、国家训练中心司令、任务式指挥训练计划指挥员、陆军部 G-3 训练主任(DOT)、作战训练中心管理部门主任等领导按需参加。

（五）作战训练中心季度审查工作组

作战训练中心季度审查工作组是由将军级训练指导委员会组成的批准机构,承担了大量的管理工作,工作组成员如表 4-1 所列。

表 4-1　作战训练中心季度审查工作组成员

机构或司令部	投票成员	一般成员(有建议权无投票权)
G-3/5/7 副参谋长(陆军部训练管理局); 美国陆军网络司令部	作战训练中心计划负责人; 军及军以下网络支援计划负责人	作战训练中心现代化计划负责人
陆军国民警卫队	训练师的主官	
陆军预备役参谋长	作战、战备和力量开发主任	
陆军仿真训练和工具计划执行办公室		野战训练设备项目负责人
美国陆军部队司令部 G-3/5/7 副参谋长; 联合战备训练中心; 国家训练中心	G-3 副参谋长助理,训练主管司令,联合战备训练中心司令指定代表,国家训练中心指定代表	

机构或司令部	投票成员	一般成员（有建议权无投票权）
训练与条令司令部任务式指挥训练计划	任务式指挥训练计划指挥员指定代表	
合成兵种支援司令部		训练主任
G-2副参谋长	G-27作战环境/假想敌计划管理主任	
合成兵种中心	作战训练中心管理部门综合训练环境能力需求经理指定代表	实训能力需求经理指定代表；陆军训练保障中心实弹训练部指定代表
美国陆军欧洲司令部；第七陆军训练司令部；多国联合战备中心	第七陆军训练司令部指挥员指定代表；运行组指挥员指定代表	
美国陆军中央司令部		G-3副参谋长
美国陆军太平洋司令部	G-3/5/7副参谋长	
美国陆军特种作战司令部	G-3/5/7副参谋长	
美国陆军非洲司令部		G-3/5/7副参谋长

作战训练中心季度审查工作组由作战训练中心管理部门（CTCD）主任主持,管理作战训练中心计划的政策、优先事项和倡议,由有表决权的成员通过投票形成关于作战训练中心的相关决定或建议。作战训练中心季度审查工作组每季度召开一次会议:第一季度的重点是考虑关键利益相关者的经费投入,以便优先考虑短期训练需求分析;第二季度的重点是进行当前财政年度的年中审查,以确定和优先考虑年中审查的非经费需求;第三季度的重点是形成对未来决策的新要求,以便审查和评估各项举措;第四季度的重点是确定纳入训练计划评估小组指南的新举措,并筹备秋季将军级训练指导委员会,作为向计划评估小组提供计划目的备忘录指导的一种方式。

作战训练中心季度审查工作组,对于批准作战训练中心计划预算年度陆军作战与保养资金和计划备忘录,形成意见并提交给作战训练中心执行负责人,后者将其转发给G-3/5/7副参谋长。此外,作战训练中心季度审查工作组将审查作战训练中心计划相关的陆军军事建设项目。作战训练中心季度审查工作组通过训练保障/勤务上校委员会向综合会议提交批准作战训练中心计划研究、开发和采购计划（现代化）以及优先事项的建议,随后提交给将军级训练指导委员会。作战训练中心季度审查工作组政策决定将通过作战上校委员会转交给将军级训练指导委员会批准。需要陆军部批准的文件将提交给G-3/5/7副参谋长或向将军级训练指导委员会简要说明。如果将军级训练指导委员会不在启动周期内,作战训练中心负责人直接将工作组建议转交给作战训练中心计划主任(G-3/5/7 副参谋长)。

三、管理措施

(一)作战训练中心主计划

作战训练中心主计划是为了确保投资获取最大效益,针对作战训练中心的长期规划、现代化措施、经费投资策略等重要事项,描述一个持续发展的过程,确定规划原则、计划设想和任务。由作战训练中心管理部门负责,通过拟制人力、经费、训练装备器材、设施各种评估和资源计划等一系列活动,制定形成作战训练中心主计划,提交给 G-3/5/7 副参谋长,并根据需要进行更新。作战训练中心主计划的作用包括四项:一是绘制作战训练中心未来的增长和发展图,并制定具体的可实施行动计划;二是阐明所有保障未来训练策略的必要需求;三是围绕保障作战训练中心的需求,统筹陆军司令部、陆军军种司令部、参谋人员、作战开发人员、训练开发人员和装备开发人员的工作;四是为作战训练中心的决策分析提供框架。

(二)陆军资源协调会议

在陆军资源协调会议期间,完成作战训练中心计划中待训练部队的日程。这包括所有旅、师、军和联合部队的轮训。这些会议由美国陆军部队司令部主办,参与日程安排过程的单位包括 G-3/5/7 副参谋长(陆军部训练管理局)、美国陆军训练与条令司令部、美国陆军部队司令部(包括各军的代表)、美国陆军战备司令部、陆军国民警卫队、美国陆军太平洋司令部、美国南部陆军、美国陆军欧洲司令部、美国第八陆军、美国陆军特种作战司令部、任务式指挥训练计划、联合战备训练中心、多国联合战备中心和国家训练中心。美国陆军欧洲司令部应在美国陆军部队司令部主办的陆军将军级协调指导委员会之前举行半年一次的战区协调会。

(三)作战训练中心鉴定

训练与条令司令部代表作战训练中心计划管理部门主任,每两年组织一次作战训练中心鉴定,其目的:一是推动标准化建设;二是确保资源分配公平;三是查找发现系统性问题。作战训练中心管理部门主任为了支持作战训练中心执行负责人(联合兵种训练与条令司令部副司令),与美国陆军部队司令部和美国陆军欧洲司令部协调,规划并执行作战训练中心的鉴定程序,最后完成鉴定报告的编制。报告涉及五个方面:一是假想敌和作战环境的塑造展现(每年进行一次);二是运行组,包括机动作战训练中心和任务式指挥训练计划的观察员、教练员、训练员培训和装备;三是训练装备器材;四是与美国陆军部队司令部、训练与条令司令部、美国陆军欧洲司令部、美国陆军设施管理司令部和陆军装备司令部协调解决,鉴定过程中的设施相关问题;五是资源管理。另外,对于联合国家训练能力鉴定,可参考联合出版物中的描述。

(四) 作战训练中心推动者调研访问计划

该计划是通过卓越中心和院校的训练人员调研访问,确保从作战训练中心获得的对条令、组织、训练、物资、领导和教育、人员、设施和政策(DOTMLPF－P)的观察、经验教训和新趋势,能够迅速融入推动者的课程、训练资料以及条令、战术、技术和程序的开发之中。调研访问活动的需求可以提交至作战训练中心管理部门资源管理司,并由作战训练中心计划提供经费。

(五) 外国军队或个人参与作战训练中心活动

美军认为外国军队或人员参加作战训练中心轮训和相关活动是一个很重要的问题,应得到鼓励并授权,有利于促进军事关系,互相理解条令、战术、技术和程序,并提高与美国盟国和伙伴的协作能力。G－3/5/7 副参谋长(陆军部训练管理局)是批准机构,也制定规范和程序。AR 380－10 和 AR 12－15 中规定了获取美国设施参观或训练授权的附加要求,尽管要求和程序重叠,但必须遵循这两个过程。

外国军队或人员(不超过 20 人)为观摩作战训练中心的训练和运行,允许短期前往(通常不超过 5 天)。访客不会中断正在进行的训练或干扰影响训练,而访客的行动不包括在行动后的复盘中。训练包括参加领导培养计划类型的课程、态势训练演习和单向训练活动。其他国家的部队或分队参加作战训练中心的训练日程将在陆军部总部 G－3/5/7 副参谋长批准后,在定期召开的陆军资源同步会议上完成。对新申请的关注应不早于第二个财年。美国陆军部队司令部将把陆军部总部 G－3/5/7 副参谋长批准的申请优先分配给能够承担并与陆军的安全合作战略保持一致的轮训。外国人员对美国本土作战训练中心的访问请求将按照申请程序完成,必须在访问日期前 60 天提交初次访问请求。作战训练中心的陆军司令部指挥员或其指定代表将从作战训练中心计划的角度批准或不批准访问请求。根据 AR 380－10,陆军部总部 G－2 副参谋长或其指定代表将根据作战训练中心陆军司令部指挥员的部分建议,通过访问授权请求(RVA)流程对外披露是否批准。

个人长期进入作战训练中心,要根据其他陆军部总部管理项目的规定,某些来自其他国家的个人的长期访问可被批准,但需经陆军部总部 G－3/5/7 副参谋长的同意,美国陆军司令部可授权建立临时多国作战指挥部,以保障第七陆军训练中心指定的联合训练。外国人员参加在美国本土作战训练中心的训练,如在职训练、作战训练、领导力训练,将作为对外军售事项处理,并由安全援助训练局提交给陆军部总部 G－3/5/7 副参谋长。外国人员参加第七陆军训练中心训练的申请需要得到美国陆军欧洲司令部司令的批准。参与已授权的军事人员交换计划的外国人员无需再获得陆军部总部批准。非美国部队到在欧洲部署的第七陆军训练中心访问或训练,经美国陆军欧洲司令部司令批准后,可接受外国人员的访问,也可在训练中心为盟军、联军和伙伴部队提供训练,第七陆军训练中心安全合作、互惠部队交换(RUE)和等价交换计划使联盟在预定演习期间能够进行互动和支持。

一般情况,访客国家或个人将支付作战训练中心提供的所有保障或训练费用。报销将根据适用的安全援助规定,即根据对外军售计划、互惠部队交换协议或陆军部总部批准的其他正式规定进行。作战训练中心将得到补偿,费用包括保障其他国家参加训练所需的训练装备器材软硬件改造经费。

(六)试验性活动

未经批准,作战训练中心不得承担批准的训练任务以外的任何职能。作战训练中心一般不进行试验和开发试验,对于作战试验,限于在联合环境中进行集成和顶层试验,且只能使用作战训练中心批准的作战想定和自由思考的假想敌。所有的试验都必须得到轮训部队、牵头的陆军军种司令部或陆军司令部、G－3/5/7 副参谋长和相应作战训练中心批准。

四、职责分工

1. 陆军部助理部长(采购、后勤和技术)

(1)管理作战训练中心非系统类训练装备器材,负责 LVC 集成工作的研究、开发、测试和评估并进行计划、准备和预算工作。

(2)确保计划执行官和项目负责人的计划、准备和预算合理,确保研究、开发、测试和评估、采购、陆军作战与保养在其开发、采购、生命周期管理保障、生命周期维护保障和系统训练包部署之中。规划考虑因素包括作战训练中心训练工具化系统接口中系统和非系统类训练装备器材。

(3)作为训练装备器材整体计划的一部分,充当监管作战训练中心非系统训练装备器材的联络节点。

(4)指导 G－3/5/7 副参谋长批准的作战训练中心训练装备器材的需求集成工作,以满足紧急训练的需求。

2. 陆军部助理部长(设施、能源和环境)

(1)担任陆军部长的首席顾问,为完成作战训练中心的任务提供设施基础。

(2)与设施管理助理参谋长协调,审查和评估陆军司令部、陆军军种司令部和直属单位用于保障作战训练中心的军事建设项目。向高级领导、陆军部、国防部长办公室、管理预算办公室和国会准备并提交军事建设计划。

3. 陆军信息主任/G－6

(1)根据国防部指令 5000.01 号、国防部指示 4650.01 号和国防部指示

5000.02 号,指导陆军频谱认证计划,以确保概念性、实验性、开发性和操作性频谱相关设备的可保障性。

(2)根据 AR 70-1,审查陆军物资目标和需求,以确定对频谱的潜在影响。适用的情况下,在承担开发合同义务之前,确保获取作战训练中心物资的无线电频谱指南、保障需求和东道国需求的协调。

(3)整合通信系统部署程序以及各自的系统和非系统训练装备器材,以确保作战训练中心能够将新部署的系统与训练装备器材和仿真集成并支持,训练装备器材能够接入作战训练中心战场上的工具化系统。

(4)架构、运营、网络和空间局将协调机动作战训练中心的专用频谱管理要求,并处理频谱资源请求。

(5)与作战训练中心管理部门同步,并协调所有拟议的作战训练中心计划中训练和设备变更。

(6)根据 AR 25-2,向作战训练中心提供信息确认建议,进行协助。

4. 陆军公共事务局局长

(1)担任作战训练中心公共事务训练事宜的陆军部参谋部提议者。

(2)制定作战训练中心公共事务训练标准。

(3)协助作战训练中心开发公共事务训练。

5. G-1 副参谋长(陆军人事副参谋长)

(1)根据本年度常规陆军人员配备指南,确保向所有作战训练中心运行组派遣高素质、经验丰富、结构合理的人员。这些组根据本条例规定的机动作战训练中心和任务式指挥训练计划观察员/教练/训练员组所需覆盖的范围满足作战训练中心的要求。管理作战训练中心运行组军官和士官的后续分配,以在全陆军范围内强化和提升作战训练中心的经验。

(2)与作战训练中心管理部门同步,并协调所有拟议的作战训练中心计划中训练和设备变更。

6. G-2 副参谋长(陆军情报副参谋长)

(1)作为陆军作战环境和假想敌计划提议者以及所有假想敌行动的陆军参谋部中心。

(2)与训练与条令司令部指定的负责人一道监督作战环境和假想敌计划。

(3)与 G-3 副参谋长(陆军部训练仿真管理局)协调,监督假想敌需求的开发、协调和管理,这些需求指导训练装备器材和外国训练物资的采购,以支持假想敌计划的目标。

(4)作为联络点,处理外国物资采购的初始阶段以支持作战环境和假想敌计划的事项。

(5)确认陆军库存中可供作战环境和假想敌计划部队使用的外国物资,并在适用时协助物资转运。

（6）向下级提供经费,用于假想敌保密和非保密的系统训练表现数据的开发。

（7）与陆军公共事务局局长协调,就作战环境和假想敌计划的所有方面提供有关公共听证和公共信息发布的指导。

（8）作为负责机构向训练与条令司令部提供支持,以提供作战训练中心假想敌计划、陆军威胁模拟器计划和其他威胁训练计划。

（9）与作战训练中心管理部门同步并协调所有拟议的作战训练中心计划中训练和设备变更。

（10）向陆军仿真训练和工具计划执行办公室提供系统性能信息和经费,以开发非保密和保密的假想敌训练系统。

（11）与陆军信息主任协调,监督作战训练中心的保密要求。

7. G－3/5/7 副参谋长

（1）担任作战训练中心计划主任,提供训练、政策、资源和管理监督。

（2）担任所有陆军和联合兵种作战训练中心行动的陆军参谋部中心,并具体说明作战训练中心内陆军指导的训练。G－3/5/7 副参谋长（陆军部训练管理局）担任所有作战训练中心事务的主要顾问,并根据本条例履行额外的作战训练中心职责。

（3）管理作战训练中心计划并批准作战训练中心总计划。作战训练中心总计划通过提供远程规划指导、计划设想、范围、任务和作战训练中心倡议来补充本条例。确保作战训练中心远程资源计划与陆军计划、规划、预算和执行系统的协调,包括:陆军现代化计划;研究、开发和采购计划;陆军军事建设计划;陆军总体分析。在计划目的备忘录过程中包含陆军国民警卫队和美国陆军预备役部队的需求。考虑并纳入完成作战训练中心相关项目所需适当提前的时间。

（4）建立作战训练中心的计划优先级和资源需求。作战训练中心计划优先级和资源将由陆军部训练管理局管理决策评估部署主任负责。

（5）通过审查和更新本条例、开展作战训练中心工作组季度审查,以及在每个计划目的备忘录周期内批准作战训练中心总计划,来批准作战训练中心的作战概念。

（6）协调陆军部总部作战训练中心的信息要求。

（7）担任作战上校委员会的主席。

（8）确定作战训练中心参与联合国家训练能力实施和训练转型的计划的优先级和资源要求。

（9）将作战、防护和维持行动纳入所有作战训练中心,为统一地面行动训练陆军部队。

（10）对需要陆军部总部或国防部批准的作战训练中心特有的训练装备器材和仿真需求文件,在陆军参谋部内牵头组织和协调。将作战训练中心计划需求整合到训练支撑系统计划中,以确保作战训练中心有足够的训练装备器材以及现代化的假想敌,使作战和训练系统保持最新,并使用最有效的技术将成本降至最低。

(11) 协调跨项目评估小组需求。

(12) 批准作战训练中心特定的训练装备器材直接需求,并提交给陆军部助理部长进行采购批准。

(13) 批准或否决对 G-3/5/7 副参谋长批准过的作战训练中心计划部队名单的变更建议,并发布。

(14) 确保作战训练中心运行组的人员配备充足、具备正确技能、知识和属性,以执行为其分配的职责,并符合陆军总部的人员配备指南。

(15) 批准或否决外国单位参加美国本土作战训练中心的请求。

(16) 将批准权授予美国陆军欧洲司令部,处理外国部队参加多国联合战备中心的请求。

(17) 接受陆军军种司令部每年五次的任务式指挥训练计划活动的提议。

8. G-4 副参谋长(陆军后勤副参谋长)

(1) 根据 AR 725-50,审查并批准提交给 G-4 副参谋长(DALO-SUS)的合同请求,以便承包商访问国防部供应系统。

(2) 根据 AR 715-9,审查、建立和批准任何与合同无关的用于训练和演习的承包商政策指导和指令。

(3) 与 G-2、G-3/5/7 副参谋长和作战训练中心管理部门同步并协调所有拟议的作战训练中心计划中训练和设备变更。

9. G-8 副参谋长(陆军规划副参谋长)

(1) 担任陆军参谋长在联合装备需求、DOTMLPF-P 集成和装备项目生命周期执行方面的主要顾问。

(2) 将批准后的陆军需求,包括作战训练中心的需求,从陆军规划、计划、预算和执行系统的规划阶段推动到计划阶段。

(3) 配合陆军可持续战备模型和任务准备需求,以及陆军资源同步会议制定的作战训练中心轮训日程,支持部队集合部署训练和训练保障的产生、交付和整合。

(4) 与作战训练中心管理部门同步并协调所有拟议的作战训练中心计划的训练和设备变更。

(5) 开发和维护陆军计划目的备忘录,未来几年的防御计划,以及陆军计划目的备忘录单独的评估、集成和同步。

10. 陆军设施管理助理参谋长

陆军设施管理助理参谋长负责发布与陆军设施的规划、计划、执行和作战相关的政策和条令的整合。陆军设施管理助理参谋长负责如下几项工作:

(1) 作为陆军参谋长的主要顾问,为完成作战训练中心任务提供可用的设施平台。

（2）与 G‒3/5/7 副参谋长协调，并根据 AR 420‒1，审查和评估作战训练中心相关军事建设项目。

（3）作为作战训练中心设施环境行动在陆军参谋部的提议者，确定需求并支持将勤务合并需求纳入基本业务规划。

11. 陆军国民警卫队主任

（1）向作战训练中心负责人确定陆军国民警卫队作战训练中心轮训（任务式指挥训练计划、联合战备训练中心、国家训练中心和多国联合战备中心）的赋能部队所需的陆军作战与保养经费，以及每个计划目的备忘录或预算年度周期作战训练中心所需的假想敌加强。根据保障部队名单的需求，将参与作战训练中心轮训作为直接任务的陆军国民警卫队部队，由陆军部总部作战训练中心计划通过负责的陆军司令部提供资源。陆军国民警卫队主任负责为工资和津贴提供经费。此外，陆军国民警卫队主任将为在作战训练中心进行年度训练的陆军国民警卫队部队提供资源，但保障轮训的直接任务除外。

（2）与主办作战训练中心的陆军司令部、陆军军种司令部、作战训练中心计划负责人和 G‒3/5/7 副参谋长协调，为美国陆军部队司令部对 G‒3/5/7 副参谋长批准的作战训练中心计划部队名单进行定期审查提供支持。

（3）与主办的陆军司令部和作战训练中心协调后，保障超出正常时长额外数天的延长轮训。

（4）根据现有陆军兵力结构的分配比例，提供部队以满足旅以上级别进行联合战备训练中心和国家训练中心轮训的需求。

（5）当需求超过运行组分配的编制装备表或批准的陆军国民警卫队部队名单时，为加强机动作战训练中心和任务式指挥训练计划观察员/教练/训练员组提供保障。

（6）与作战训练中心管理部门同步并协调所有拟议的作战训练中心计划中训练和设备变更。

（7）向作战训练中心工作组/季度审查提供代表和一名有表决权的成员。

12. 陆军预备役局局长

（1）向作战训练中心负责人确认，在每个计划目的备忘录或预算年度周期内，向国家训练中心运送野战级和持续保障级部队所需的陆军作战与保养经费。为保障部队名单的需求，将参与作战训练中心轮训作为直接任务的美国陆军预备役部队，由陆军总部、作战训练中心以及通过负责的陆军司令部使用陆军作战与保养经费提供资源。陆军预备役参谋长负责为这些部队的工资和津贴提供经费。此外，陆军预备役参谋长将为在作战训练中心进行训练的美国陆军预备役部队提供所有资源，但将部队名单需求保障作为直接任务除外。

（2）协助美国陆军部队司令部和美国陆军欧洲司令部，安排美国陆军预备役部队参加作战训练中心轮训，为参加作战训练中心训练的美国陆军预备役部队维护一个中央管理系统。

（3）在主办的陆军司令部、作战训练中心事先协调的情况下，在现有经费范围内，支持超出正常时长额外数天的延长轮训。

（4）根据现有陆军兵力结构的分配比例，提供部队以满足旅以上单位进行联合战备训练中心和国家训练中心轮训的需求。

（5）当需求超过运行组关于美国陆军预备役部队的编制装备表时，为加强机动作战训练中心和任务式指挥训练计划观察员/教练/训练员组提供支持。

（6）向作战训练中心工作组/季度审查提供代表和一名有表决权的成员。

13. 工兵局局长

工兵局局长负责颁布与工程、建筑及不动产有关的政策及整合原则。以这种身份，工兵局局长将作为陆军参谋长的主要顾问，为完成作战训练中心的任务提供工程、建筑和不动产指导。

14. 美国陆军部队司令部司令

（1）指挥、运行和维持联合战备训练中心和国家训练中心。

（2）提供所需的部队力量编制结构，以支持联合战备训练中心和国家训练中心任务，包括联合战备训练中心和国家训练中心的运行组，为该组配备人员、装备和编制，以开发想定；作为受训部队的上级执行想定；使用陆军条令标准观察和分析训练部队的表现；提供经验教训以及对部队和陆军的详细反馈。作战训练中心运行组的编制表将设计为支持陆军部、G-3/5/7 副参谋长批准的部队名单。作为目标，美国陆军部队司令部将通过永久性的部队分配来完成 100% 的运行组人员授权。美国陆军部队司令部将与轮训部队的陆军司令部或陆军军种司令部协调，在批准的部队名单内，填补个别轮训中授权编制职位 80% 以外的观察员/教练/训练员组短缺。轮训部队的上级将在超出运行组编制表授权或者轮训部队超过批准的部队名单时提供机动作战训练中心观察员/教练/训练员组支持。

（3）提供完成联合战备训练中心和国家训练中心任务所需的设备和物资。

（4）确保行动后审查以条令为基础，以表现为中心，而不是以流程为中心，以便于士兵和领导能自己明白所发生的事情、发生的原因以及如何扬长避短。机动作战训练中心运行组将为轮训单位至少提供一次机会，以便在每次轮训中进行领导主持下的行动后审查。

（5）提供基于条令的返回驻地包。

（6）为联合战备训练中心和国家训练中心提供符合 TC 7-100 系列和作战环境主计划中描述的混合威胁主导下的假想敌。每个机动作战训练中心假想敌的修订后编制装备表（MTOE）及编制装备表设计将支持机动作战训练中心的任务和友军部队名单。美国陆军部队司令部将授权提供永久驻扎部队或加强人员。对于假想敌编制装备表范围之外的资源，将在陆军资源同步会议上安排保障。美国陆军部队司令部将确保在陆军资源同步会议期间，安排所有或任何超过假想敌修订后编制装备表及编制装备表所需的假想敌保障。

（7）对下属单位和其他陆军军种司令部以及适用的直属单位发挥以下调度作用：

- 联合战备训练中心、任务式指挥训练计划和国家训练中心作战训练中心计划轮训的要求和陆军部指导的机动作战训练中心应急部署战备演习符合陆军资源同步会议。
- 陆军国民警卫队和美国陆军预备役部队参与任务式指挥训练计划、联合战备训练中心和国家训练中心。
- 美国陆军特种作战司令部和美国陆军太平洋司令部部队参与任务式指挥训练计划、联合战备训练中心、国家训练中心和多国联合战备中心的特种作战部队。
- 协调各单位，加强联合战备训练中心和国家训练中心的假想敌。
- 协调上级对美国陆军部队司令部任务式指挥训练计划轮训的要求，包括陆军国民警卫队任务式指挥训练计划的旅作战演习轮训。
- 陆军军种司令部、集团军、师、旅的通过率管理。
- 至少每半年举办一次陆军资源同步会议。
- 与美国陆军欧洲司令部和多国联合战备中心协调，为陆军国民警卫队和美国陆军预备役部队参与作战训练中心开发和维护一个集中管理系统。该系统将包括一个 5 年计划，其中包含所有部队的需求，并向参与的陆军国民警卫队和美国陆军预备役部队提供长期规划指导和信息。
- 确定任务式指挥训练计划作战演习的部队名单、机动作战训练中心旅以上级别的部队名单、观察员/教练/训练员组等的需求，对国民警卫队局和陆军预备役局的假想敌长期计划目标备忘录保障的需求，包括部队/个人参与规划会议和其他筹备活动。

（8）确定并向作战训练中心管理部门提交每个计划目的备忘录或预算年度周期的轮训和/或行动的所有经费需求（如陆军作战与保养、海外应急行动、研究、开发、测试和评估、陆军其他采购和陆军军事建设），以保障作战训练中心负责人通过作战训练中心工作组/季度审查管理流程进行验证，随后由 G－3/5/7 副参谋长管理决策评估部署主管批准。经费需求/请求将不会直接提交给 G－8 副参谋长或陆军预算办公室。

（9）当需求超过运行组编制表的授权、轮训部队超过批准的部队名单时，为美国陆军部队司令部轮训提供机动作战训练中心和任务式指挥训练计划的额外观察员/教练/训练员。

（10）发布一份针对美国陆军部队司令部的作战训练中心实施条例，说明在联合战备训练中心和国家训练中心进行训练的政策、程序和要求，并将有关陆军军种司令部提供的战区特定任务的程序纳入该决定性行动训练环境。这些规定将由相关陆军军种司令部、直属单位、作战训练中心计划负责人和 G - 3/5/7 副参谋长共同协调制定和修订。

（11）确保在所有作战训练中心计划行动和训练的规划、准备和执行中实施安全和综合风险管理。

（12）向作战训练中心工作组/季度审查提供陆军司令部代表和一名有表决权的成员。

（13）每两年对作战训练中心计划的支柱部队进行一次审查和评估，以纳入 G - 3/5/7 批准的部队名单。该审查和评估将与训练与条令司令部、主办作战训练中心的陆军司令部、陆军军种司令部和作战训练中心管理部门负责人协调进行，随后的结果将提交给 G - 3/5/7 副参谋长批准。如果没有作战训练中心计划的部队名单，美国陆军部队司令部将与训练与条令司令部、主办作战训练中心的陆军司令部、陆军军种司令部和支持作战训练中心负责人的作战训练中心管理部门协调，制定一个推荐的部队名单并将其转发给 G - 3/5/7 副参谋长以供批准。

（14）与作战训练中心管理部门同步并协调所有拟议的作战训练中心计划中训练和设备变更。

（15）确定并协调联合战备训练中心和国家训练中心对美国陆军装备管理司令部的保障需求。

（16）支持作战训练中心鉴定计划。

15. 美国陆军训练与条令司令部司令

（1）协助 G - 3/5/7 副参谋长管理和整合作战训练中心计划。为作战训练中心提供训练模型，包括演习想定、假想敌模型、观察员/教练/训练员组训练需求、评估标准、作战训练中心资源和作战训练中心主计划，以及在集团军和师作战演习期间协调联合参与。

（2）指定训练与条令司令部联合兵种副参谋长为作战训练中心负责人，以支持根据 G - 3/5/7 副参谋长（陆军部训练管理局）的指示进行作战训练中心项目的管理。

（3）与美国陆军部队司令部、美国陆军欧洲司令部和美国陆军训练与条令司令部协调，指定作战训练中心负责人，监督为支持作战训练中心计划而需确定的陆军资源分配建议优先顺序的开发，以供 G - 3/5/7 副参谋长批准。

（4）确保满足作战训练中心的以下功能和支撑需求：

• 根据陆军参谋长的指导，制定陆军决定性行动训练环境蓝图，作为轮训想定的基础。陆军蓝图想定将与机构训练基地想定集成，并由训练单位指挥员进行修改，以满足特定的训练目标。

• 将想定和任务建立在已批准的条令基础上，确保它们在战术上是健全的，同时应用了经验教训。

• 确保训练与条令司令部 G - 2 副参谋长根据需要，通过决定性行动训练环境和部队训练环境出版物,提供非保密的作战经验评估。这些更新有助于训练计划人员开发真实的想定,准确描述一般训练或特定任务推演演习或任务准备演习的作战环境变量。作战环境评估(OEA)提供了外部人员(有时称为红队)对演习期间应考虑的最可能和最危险的敌人战术、技术和程序的看法。作战环境评估是针对具体国家和地区的非保密评估,为任务推演演习或任务准备演习提供可信、可行的周期为 12 个月的预测,并提供部队可能遇到的通用情况。

* 与作战训练中心鉴定计划协调,建立和更新机动作战训练中心和任务式指挥训练计划观察员/教练/训练员的训练计划的标准以及领导训练计划的核心特性。

(5) 任命一名任务式指挥训练计划的指挥员,其主要职责包括:直接监督任务式指挥训练计划,包括在师或军任务式指挥训练计划轮训、旅作战演习和任务准备演习的作战演习阶段担任演习副主任。提供配备、装备、组织和训练的任务式指挥训练计划运行组,以开发想定;在任务式指挥训练计划任务指挥训练活动中,以受训部队上级的身份执行想定,包括在作战环境中复现统一地面行动;与部队上级一起准备、构建和执行作战演习;根据陆军条令标准评估训练单位的表现;收集嵌入式源数据和信息,并向部队提供详细反馈。训练与条令司令部的一个目标是,通过长期派遣,100% 满足任务式指挥训练计划运行组的人员需求。训练与条令司令部将与轮训部队的陆军司令部或陆军军种司令部协调,以填补训练与条令司令部在已批准部队名单内的 80% 授权编制位置无法保障的个别任务式指挥训练计划轮训所需的观察员/教练/训练员组的短缺。训练与条令司令部将提供临时任务经费,以保障这些额外需求。轮换部队的上级将在超过运行组编制授权以及轮换部队超过批准的部队名单时,提供任务式指挥训练计划的观察员/教练/训练员组保障。

(6) 根据作战训练中心用户的需求、作战训练中心能力和原则评估作战训练中心的需求。整合需求评估,以确定条令、训练、领导培养和编制应用。开发并验证需求以满足作战训练中心的需求。确保这些需求与现有能力融合。如果需要装备解决方案,则训练或作战开发人员(陆军训练保障中心所属部实弹训练能力主管,由陆军仿真训练和工具计划执行办公室协助)制定初始能力文件、能力开发文件和能力生成文件,以分别支持重大事件 A、重大事件 B 和重大事件 C 决定。陆军训练保障中心负责确保初始能力文件、能力开发文件和能力生成文件反映作战训练中心的需求。影响 DOTMLPF－P 的作战训练中心需求将由作战和训练开发人员制定。

(7) 通过以下方式支持陆军部总部 G－2 参谋:

* 根据 AR 350－2,指定训练与条令司令部 G－2 副参谋长为训练与条令司令部的负责人和提议者,以支持作战训练中心作战环境和假想敌的管理、集成和验证。

- 制定作战训练中心假想敌计划的政策、目标和指导方针。
- 开发、实施和验证包含作战环境的作战环境主计划,该计划包括一个适应性、自由思考和具备机会的假想敌,该假想敌可以在整个作战样式范围内挑战陆军和联合部队,并支撑作战训练中心的需求。作战环境主计划的维护包括对训练环境条件的年度鉴定,例如与角色扮演者、适用的语言学家和基础设施一起在战场上复现平民,并将这些需求纳入作战训练中心主计划和供计划目的备忘录和年度预算提交的经费需求文件(问题单)之中。
- 为作战训练中心假想敌计划提供情报支援。
- 为任务推演演习和任务准备演习的条令、战术和能力鉴定作战训练中心为决定性行动训练复现的作战环境和假想敌或威胁。
- 向作战训练中心演习规划者提供关于决定性行动训练环境和地区联合部队训练环境的训练环境评估,以协助制定具有挑战性的真实想定,来支撑决定性行动、任务推演演习和任务准备演习训练。
- 向训练与条令司令部项目办公室提供作战环境/假想敌现代化计划,以确保描述的威胁能力和作战环境在实时、虚拟和建设性各领域的一致性和有效性。
- 针对陆军及联合参谋部 J7 领导的联合假想敌方案,整合其中的指挥员训练、假想敌训练和联合国家训练能力。
- 确定与陆军作战训练中心假想敌鉴定问题有关的现有联合方案,并酌情加以整合。

(8)根据 AR 11 - 33,在堪萨斯州利文沃斯堡设立一个组织,负责收集、分析、整合和发布关键作战训练数据。该组织将拥有资源,以便接收过程、分析、发布和存档新出现的作战观察、见解和作战训练中心的经验教训、主要训练演习,以及从战区吸取的经验教训。此外,该组织还将在作战训练中心使用观察分队,收集和发布观察、见解和经验教训,并纳入作战训练中心的训练想定。

(9)制定训练装备器材需求,协助物资开发员制定作战训练中心的训练装备器材概念。

(10)提供对电磁频谱有影响的所有提议性或概念性开发的鉴定信息。

(11)参与陆军资源同步会议,协调任务式指挥训练计划的训练活动。

(12)与 G - 3/5/7 副参谋长(陆军部训练管理局)协商作战训练中心工作组季度审查日程安排。

(13)代表 G - 3/5/7(陆军部训练管理局)副参谋长主办作战训练中心指挥员的半年会议。作战训练中心指挥员会议必须确定为关键任务,并根据现行的陆军会议政策予以批准。

(14)确保作战训练中心负责人与美国陆军部队司令部、美国陆军欧洲司令部、美国陆军装备管理司令部和美国陆军训练与条令司令部协调,监督作战训练中心计划中陆军运行相关建议、验证和整合的开发;研究、开发和采购的开发;陆军其他相关采购开发;陆军军事建设开发;计划目的备忘录的开发和交由 G - 3/5/7 副参谋长批准的预算需求的开发。

（15）在每个计划目的备忘录周期制定作战训练中心主计划并更新。

（16）发布任务式指挥训练计划实施条例,强调对陆军司令部、陆军军种司令部和直属单位的具体要求。

（17）确保所有作战训练中心计划在运行和训练的计划、准备和执行阶段实施了安全和风险管理。

（18）与主办作战训练中心的陆军军种司令部、作战训练中心计划负责人和 G - 3/5/7 副参谋长协调,支援美国陆军部队司令部对 G - 3/5/7 副参谋长批准的作战训练中心计划部队名单进行定期审查。

（19）与作战训练中心管理部门同步,并协调所有提议的作战训练中心计划的训练和设备变更。

（20）执行两年一次的作战训练中心鉴定计划,并起草报告,以支持作战训练中心计划主任。

16. 美国陆军欧洲司令部司令

（1）指挥、运行和维护第七陆军训练司令部。

（2）为多国联合战备中心提供运行组,该组配备有人员、装备、编制,并经过训练,作为训练单位的上级,执行想定、使用陆军条令标准观察和分析训练单位的表现,并向部队和陆军提供经验教训和详细反馈。运行组的编制表将设计以支持陆军部 G - 3/5/7 副参谋长批准的部队。作为一个目标,美国陆军欧洲司令部将通过永久性的部队派遣来完成 100% 的运行组人员授权。当轮训部队超过批准的部队名单时,轮训部队的上级将加强的机动作战训练中心和任务式指挥训练观察员/教练/训练员的人员配备。

（3）为多国联合战备中心提供符合 TC 7 - 100 系列中所述混合威胁构成的假想敌。假想敌的修订后编制装备表或编制装备表将设计为同时支持友军和假想敌任务。美国陆军欧洲司令部将通过永久性或加强性任务完成修订后编制装备表或编制装备表的授权。轮训单位的上级将在超出假想敌修订后编制装备表或编制装备表时提供所有需要的假想敌保障。

（4）确保行动后审查以条令为基础、以表现为中心,而不是以过程为中心,以便士兵和领导发现发生的事情、发生的原因以及如何扬长避短。机动作战训练中心运行组将为轮训单位提供至少一次机会,以便在每次轮训时进行领导主导的行动后审查。

（5）提供基于条令的带回资料包。

（6）参加陆军同步资源会议。掌握上级总部对美国陆军欧洲司令部作战指挥所任务式指挥训练轮训的要求;协调陆军国民警卫队和美国陆军预备役部队与多国联合战备中心有关的活动;获得资源后,确定可能的多国联合战备中心应急部署战备演习计划保障日期。

（7）确定国民警卫队局和陆军预备局在长期计划目的备忘录保障需求中的职责，这些保障需求用于保障任务式指挥训练计划作战演习的部队、机动作战训练中心旅以上级别的部队、观察员/教练/训练员组和假想敌，包括单位和个人参与规划会议和其他筹备活动。

（8）为参与多国联合战备中心轮训的陆军国民警卫队和美国陆军预备役部队提供陆军作战与保养计划和预算经费，作为保障部队名单需求的直接任务。

（9）确定并向作战训练中心管理部门提交每个计划目的备忘录或预算年度周期的轮训和运行所需的所有经费要求（如陆军作战与保养、海外应急行动、研究、开发、测试和评估、陆军其他采购和陆军军事建设），以支持作战训练中心负责人，通过作战训练中心工作组/季度审查管理流程进行鉴定，随后由 G - 3/5/7 副参谋长管理决策评估部署负责人批准。经费需求/请求将不会直接提交给 G - 8 副参谋长或陆军预算办公室。

（10）发布陆军军种司令部特定的作战训练中心实施条例，说明多国联合战备中心训练的政策、程序和要求。该条例将由其与受影响的陆军军种司令部、适用的直属单位、作战训练中心计划负责人和 G - 3/5/7 副参谋长协调制定和修订。

（11）确保所有作战训练中心计划在运行和训练的计划、准备和执行阶段实施了安全和风险管理。

（12）向作战训练中心工作组/季度审查提供陆军军种司令部代表和有表决权的成员。

（13）根据统一指挥指令、东道国协议和 AR 5 - 12，对多国联合战备中心进行频谱管理。

（14）与作战训练中心的陆军司令部、陆军军种司令部、作战训练中心计划负责人和 G - 3/5/7 副参谋长协调，对 G - 3/5/7 批准的作战训练中心计划的部队名单进行年度审查。

（15）与作战训练中心管理部门同步，并协调所有提议的作战训练中心计划训练和设备变更。

（16）支持作战训练中心鉴定计划。

17. 美国陆军中央司令部司令

（1）根据美国陆军中央司令部作战区域的预期任务，为地区联合部队旅战斗队的轮训提供规划指导。

（2）参加陆军资源同步会议，以确定和协调下级单位的任务式指挥训练计划训练活动，以及美国陆军本土司令部应急指挥所任务式指挥训练计划轮训中的上级要求。

（3）当需求超过运行组编制表授权，并且轮训部队超过批准的部队名单范围时，为美国陆军本土司令部轮训加强任务式指挥训练观察员/教练/训练员组的人员配备。

（4）在作战训练中心工作组季度审查进程中提供陆军军种司令部代表，并向作战训练中心工作组提供一名有表决权的成员。

（5）根据统一指挥指令、东道国协议和 AR 5-12 进行频谱管理。

18. 美国陆军太平洋司令部司令

（1）参加陆军同步资源论坛。确定和协调下级司令部的任务式指挥训练轮训；协调上级对美国陆军太平洋司令部应急指挥所任务式指挥训练轮训的要求。

（2）确定并向作战训练中心管理部门提交每个计划目的备忘录或预算年度周期的轮训和作战所需的所有经费（如陆军作战与保养和海外应急行动），以支持作战训练中心负责人，通过作战训练中心工作组/季度审查管理流程进行鉴定，随后由 G-3/5/7 副参谋长管理决策评估部署负责人批准。经费需求/请求将不会直接提交给 G-8 副参谋长或陆军预算办公室。

（3）当需求超过运行组编制表授权，并且轮训部队超过批准的部队名单时，为美国陆军太平洋司令部轮训提供任务式指挥训练计划、国家训练中心和联合战备训练中心的观察员/教练/训练员加强的保障。

（4）向作战训练中心工作组/季度审查提供陆军军种司令部代表，并提供一名有表决权的成员。

（5）与作战训练中心管理部门同步，并协调所有拟议的作战训练中心计划训练和设备变更。

（6）根据统一指挥指令、东道国协议和 AR 5-12 进行频谱管理。

19. 美国陆军非洲司令部司令

（1）参加陆军资源同步会议，以确定和协调下属单位的任务式指挥训练活动，以及美国陆军非洲司令部应急指挥所任务式指挥训练计划轮训中的上级需求。

（2）当需求超过运行组编制表授权，并且轮训部队超过批准的部队名单范围时，为美国陆军非洲司令部轮训加强任务式指挥训练计划观察员/教练/训练员人员配备。

（3）向作战训练中心工作组/季度审查提供陆军军种司令部代表，并向作战训练中心工作组提供一名有表决权的成员。

（4）根据统一指挥指令、东道国协议和 AR 5-12 进行频谱管理。

20. 陆军特种作战司令部司令

（1）参加陆军资源同步会议，以确定和协调陆军特种作战司令部部队的机动作战训练中心和任务式指挥训练活动。

（2）确定、分配并为陆军特种作战司令部的轮训部队提供经费。

（3）根据轮训部队指挥员的具体训练目标，参加特种作战部队/常规部队大规模杀伤性化学武器综合训练，包括地下作战。

（4）确定、分配并为美国陆军特种作战司令部部队提供经费，以便在部队因没有足够的资源支撑作战训练中心授权的部队名单时,为美国陆军特种作战司令部的轮训提供加强。

(5)确定并向作战训练中心管理部门提交每个计划目的备忘录或预算年度周期的轮训和作战所需的所有经费(如陆军作战与保养),以支持作战训练中心负责人,通过作战训练中心工作组/季度审查管理流程进行鉴定,随后由 G-3/5/7 副参谋长管理决策评估部署负责人批准。经费需求/请求将不会直接提交给 G-8 副参谋长或陆军预算办公室。

(6)与作战训练中心计划主任协调,对超出作战训练中心授权的部队名单的陆军特种作战司令部的部队轮训请求行使批准权并承担资源分配责任。一经批准,将提供作战训练中心运行组额外需要的人员、设备和经费,以保障和控制增加的部队训练包。

(7)与作战训练中心管理部门同步,并协调所有拟议的作战训练中心计划和设备变更。

(8)尽可能最大限度地利用作战训练中心计划,根据批准的作战训练中心编制表为陆军特种作战部队运行组提供训练专家。此外,为陆军特种作战部队训练专家配备支持作战训练中心轮训所需的陆军特种部队特定的装备和主力部队的装备。

(9)当需求超过运行组编制表时,为美国陆军特种作战司令部轮训提供机动作战训练中心和任务式指挥训练观察员/教练/训练员组的加强。

(10)当需求超过作战训练中心能力时,为驻地外训练中加强的假想敌提供保障。

(11)向作战训练中心工作组/季度审查提供陆军军种司令部代表和有表决权的成员。

(12)协调特种部队轮训部队的频谱需求。

21. 美国陆军空间与导弹防御司令部/陆军战略司令部司令

(1)与美国陆军部队司令部和美国陆军训练与条令司令部合作,在机动作战训练中心和任务式指挥训练计划训练地点开发和利用拒止、降级、中断的空间作战环境。

(2)参加陆军资源同步会议,以确定和协调机动作战训练中心和任务式指挥训练计划的拒止、降级、中断的空间作战环境训练活动。

(3)提供必要的观察员/教练/训练员加强。

(4)确定并协调每个计划目的备忘录或预算年度周期的所有经费需求(即陆军作战与保养和海外应急行动),以向作战训练中心管理部门提供支持,并通过作战训练中心工作组季度审查,随后由 G-3/5/7 副参谋长管理决策评估部署负责人批准。经费需求/请求将由陆军空间与导弹防御司令部/陆军战略司令部在司令部预算内提交,以保障陆军空间训练战略。

22. 美国陆军医疗司令部司令

医疗司令部司令将为保障轮训但不在营地部署的旅以上级别部队的人员提供一级和二级医疗保障,保障范围涵盖旅以上级别医疗站且不需要住院治疗的人员。

23. 美国陆军工兵司令

(1)根据 AR 420 – 1 和美国陆军工兵发布的其他技术工程施工法规和手册,管理和执行作战训练中心训练设施的工程、设计和施工。

(2)根据 AR 405 系列和美国陆军工兵发布的其他房地产技术法规和手册,管理和执行房地产活动。

24. 美国陆军测试与评估司令部司令

(1)确保考虑作战训练中心的训练应用,并将其纳入新系统和训练装备器材采购战略的运作和系统评估需求之中。

(2)确保所有作战训练中心的训练装备器材进行了必要的作战测试和系统评估需求,这些需求由作战开发者制定并由测试和评估工作级综合产品团队部署。

(3)与作战训练中心管理部门同步并协调所有拟议的作战训练中心计划训练和设备变更。

25. 美国陆军网络司令部司令

(1)提供任务地域规划和工程任务的信息,以保障作战训练中心基地通信和网络需求。

(2)提供一个在网络空间和信息环境中运行的网络假想敌,以便作战训练中心训练的陆军部队在降级或受损的网络空间中作战。

(3)为作战训练中心信息管理运行的规划和执行提供指导和支持。

(4)根据 AR 5 – 12,规划和获取资源,以设计和运行移动频谱监测设施,保障陆军频谱管理活动。

(5)根据 AR 5 – 12,规划、计划、预算并提供执行指定频谱管理、电磁兼容性确认、测试和评估的资源。

(6)与作战训练中心管理部门同步并协调所有提议的作战训练中心计划训练和设备变更。

(7)向作战训练中心工作组/季度审查提供代表和一名有表决权的成员。

26. 美国陆军战备中心指挥员

(1)对选定的 A 级、B 级航空事故和 A 级地面事故进行集中事故调查。

(2)就所有安全问题向作战训练中心提供建议,并通过评估运行组对轮训部队综合风险管理表现的评价,以确保所有陆军单位接受训练,以在未来的训练和作战中保护部队。

27. 美国陆军设施管理司令部司令

在参谋长的监督下,美国陆军设施管理司令部司令负责以下工作:

(1)协助确定和记录作战训练中心轮训设施的要求。

（2）向作战训练中心任务指挥员提供基础的作战、维持、恢复、现代化和军事设施保障。

（3）根据 AR 420 - 1、美国陆军工兵司令发布的其他技术工程施工法规和手册,管理和执行铁路改进、扩建和小型施工或未指定的小型陆军军事建设项目施工。

28. 作战训练中心指挥员

作战训练中心指挥员(任务式指挥训练计划、第七陆军训练司令部、多国联合战备中心、联合战备训练中心和国家训练中心)负责以下工作:

（1）根据陆军参谋长对想定蓝图的指导,制定并开展符合条令的训练,通过决定性行动任务支持统一地面行动。

（2）在军种联合和联合训练的决定性行动训练环境中提供逼真的有压力并接近实际作战的战斗训练。

（3）根据 TC7 - 100 系列通告,在作战环境中准确描述基于能力的假想敌。

（4）按照训练与条令司令部制定的标准,训练和鉴定观察员/教练/训练员组及加强的观察员/教练/训练员组。

（5）根据构建的核心特征,在多国联合战备中心、联合战备训练中心和国家训练中心执行旅级领导训练计划。

（6）作为轮训的一部分,进行旅级、远征持续司令部级、师级、战区持续司令部级、军级和陆军军种司令部级任务式指挥训练。

（7）根据 AR 11 - 33,向训练与条令司令部提供从作战训练中心获得的数据、信息和经验教训。

（8）支持作战训练中心负责人开发作战训练中心主计划。

（9）向训练与条令司令部 G - 2 副参谋长提供想定和其他作战环境数据,以促进驻地训练和作战训练中心训练的无缝连接,并丰富训练应用程序,在整个部队共享/重用作战环境和想定。

（10）参加陆军资源同步会议。

（11）参与资源审查巡视。

（12）参与作战训练中心审查计划,包括条令审查巡视、威胁验证巡视、重点轮训和趋势逆转。

（13）协助训练与条令司令部和陆军装备司令部制定作战训练中心训练装备器材需求,测试和部署作战训练中心使用的训练装备器材。

（14）与其他部门制定、协调和执行保障协议,以确保陆军训练需求的联合保障。通过主办作战训练中心的陆军司令部和作战训练中心负责人将这些协议提交给 G - 3/5/7 副参谋长(陆军部训练管理局)批准。

（15）确定并向作战训练中心提交每个计划目的备忘录或预算年度周期所有的轮训和作战经费需求(如陆军作战与保养、海外应急行动、研究、开发、测试和评估、陆军其他采购和陆军军事建设），以支持作战训练中心负责人，通过作战训练中心工作组/季度审查管理流程进行验证，随后由 G－3/5/7 副参谋长管理决策评估部署负责人批准。经费需求/请求将不会直接提交给 G－8 副参谋长或陆军预算办公室。

（16）与主办作战训练中心的陆军军种司令部、陆军司令部、作战训练中心计划负责人和 G－3/5/7 副参谋长协调，参与对 G－3/5/7 副参谋长批准的作战训练中心计划的部队名单的定期审查。

（17）在有指导和资源的情况下，支持陆军部应急部署战备演习训练计划的执行。

（18）与作战训练中心同步并协调所有拟议的作战训练中心计划训练和设备变更。

（19）协调规划、计划和经费，以充分管理和监督训练范围。

（20）参加作战训练中心鉴定计划。

（21）向作战训练中心工作组/季度审查提供代表和一名有表决权的成员。

29. 陆军仿真训练和工具化项目执行办公室

（1）按照陆军部助理部长（采购、后勤和技术）的指示，负责非系统训练装备器材、假想敌装备、训练表现数据（保密和非保密）的开发和采购，以及将系统训练装备器材集成到作战训练中心。

（2）执行 AR 70－1 和 AR 350－38 中概述的装备开发和战备功能，因为它们涉及作战训练中心训练装备器材（包括固定式工具仪器）的采购和生命周期保障。主要需求如下：

● 管理陆军资助的需求开发、采购和测试，并商定陆军司令部和陆军军种司令部出资需求。

● 对所有作战训练中心特定的训练装备器材进行概念制定。

● 根据 AR 71－32，保障计划发布基础反馈数据的开发以及定性和定量的人员需求信息。

● 向作战训练中心负责人确定每个计划目的备忘录或预算年度周期作战训练中心训练装备器材所需的承包商后勤保障经费。

● 保持对作战训练中心特定训练装备器材的设计和配置控制。

● 提供仪器工具以保障作战训练中心的训练评估和分析反馈的需求。

● 根据 AR 5－12，处理国防部 1494 表格（设备频率分配申请），以保障作战训练中心系统频谱。

（3）提供后勤援助办公室代表，以保障各作战训练中心的部队训练。

（4）根据 AR 350－38 开发训练系统表现数据。

（5）支持作战训练中心鉴定计划。

（6）向作战训练中心工作组/季度审查提供代表和咨询/无表决权成员。

（7）为生命周期承包商在机动作战训练中心的行动和维护训练勤务提供保障。

30. 计划执行官和/或项目经理

计划执行官和/或项目经理是负责向每个授权部队部署可保障系统的陆军代理,并进一步负责相关资源的规划、计划、预算和执行。具有联合能力集成和开发系统需求授权的系统计划执行官和项目负责人主要负责以下工作:

（1）系统和非系统类训练装备器材在作战训练中心训练中的潜在应用,包括所有系统概念的制定、开发、发展和经费保障。他们将与作战训练中心总部、美国陆军训练与条令司令部、美国陆军部队司令部、美国陆军欧洲司令部、第七陆军训练司令部、美国陆军装备司令部、陆军部训练仿真管理局和陆军仿真训练和工具化项目执行办公室协调。审查将考虑 DOTMLPF－P 影响的所有方面,包括装备/系统部署时间表。

（2）确保在每个新系统之前或与每个新系统一起部署作战训练中心训练装备器材。

（3）与装备系统同步资助、开发、获取和部署作战训练中心训练子系统装备。

（4）对应系统发生更改或修改,导致作战训练中心训练装备器材及相关应用程序的更改,需要进行计划和经费预算。

（5）为项目执行办公室提供经费,用于系统训练装备器材概念制定工作。

（6）在每个作战训练中心,考虑系统的电磁频谱和其他环境影响。

（7）向项目执行办公室提供系统性能数据和经费,以开发系统训练性能数据。

（8）确保作战训练中心包含在数字化系统部署计划中。

（9）关注为作战训练中心计划获得的所有训练装备器材的信息保证和软件升级、许可和生命周期保障需求。

（10）根据接口和数据模型,建立与作战训练中心互操作的系统。

第五章　训练靶场安全

一、安全法规

美国陆军高度重视训练靶场安全,制定了一系列系统完备的安全法规,既有训练场安全条例,又有安全手册,具体包括 AR 385 – 63《靶场安全》、DP 385 – 63《靶场安全》、AR 350 – 19《可持续靶场项目》和 DP 385 – 64《弹药和爆炸物安全标准》。

AR 385 – 63《靶场安全》是靶场安全条例,其首先明确了陆军部及基地部队各级领导的安全管理职责,规范了安全区、弹药和爆炸物产品的概念,明确了使用非国防部产品以及风险管理措施。DP 385 – 63《靶场安全》是靶场安全条例的配套法规,提供操作实施层面更详细和具体的规定。区分轻武器、手榴弹和榴弹发射器、反坦克火箭、反坦克导弹、坦克/步兵战车射击、迫击炮、炮兵靶场、陆航靶场、防空炮兵系统、化学品及烟雾、非致命武器、地雷、火焰喷射器、模拟器、引信、激光安全距离、实弹训练等类别,详细规范了靶场安全措施。AR 350 – 19《可持续靶场项目》靶场控制和安全相关章节,全面介绍了靶场控制和爆炸物安全项目,明确了靶场安全措施包括射击注意提示、未爆弹和弹药消耗记录、靶场清理,以及地面危险区、影响区等区域划分信息。DP 385 – 64《弹药和爆炸物安全标准》是专门关于弹药和爆炸物的安全手册,与靶场安全密切相关,主要包括爆炸物安全项目管理、弹药和爆炸物存储基本原则、安全场地计划、危险物分类和兼容分组、爆炸物安全隔离距离、军事应急行动中的爆炸物安全、地下存储、弹药和爆炸物的维护保养、报废军用弹药的特殊存储程序、包含弹药和爆炸物的不动产、弹药和爆炸物的运输、存储与处理商用爆炸物。

二、管理方案

(一)靶场管理和爆炸物安全方案

驻军指挥官负责根据陆军部手册 385 – 63 及陆军部手册 385 – 64 制定靶场管理和爆炸物安全方案,并确保参与训练活动的军事和文职人员及承包商能够安全操作。驻军指挥官将任命靶场管理人员,负责监督设施内的武器射击,并执行安全和操作要求;确保靶场组织中至少有一名工作人员学习并通过陆军靶场安全课程

（中级）。任命经过培训且合格的靶场部人员负责监督设施内的武器射击、执行安全和操作要求，并与设施安全管理员协调监控设施靶场安全计划的有效性。评估与军用弹药有关的安全危险和风险，包括管理靶场未爆弹药危险的程序。禁止进入已知或疑似含有未爆弹药的区域，但授权执行特定靶场相关行动的人员除外。在需要进入时，根据安全程序和其他相关要求，提供未爆弹药避让支持或清理未爆弹药。通过设施安全管理员来监控装置靶场安全计划的有效性。

（二）未爆弹药和弹药消耗记录

（1）未爆弹药记录保存。为补充爆炸物安全措施，以支持陆军靶场的可持续使用，设施部门将确认已知或疑似含有未爆弹药的所有区域的坐标，并保留永久记录。这些记录所需的精确程度取决于已知或疑似含有未爆弹药的区域的相对面积。设施部门将使用靶场可持续发展计划地理信息系统或设施总体规划图来保存和管理数据。对于已知或疑似含有未爆弹药的较大区域，设施部门应确定并记录整个区域的坐标，而不是试图确定未爆弹药的准确位置；对于被不含未爆弹药场地围绕的含有未爆弹药的较小区域，记录应尽可能准确地说明含有未爆弹药区域的真实坐标。设施部门将保留永久记录，以标明未爆弹药清理作业、排爆作业，以及露天燃烧和露天引爆作业的具体地点（见陆军条例 75 - 15）。

（2）弹药消耗记录保存。基地靶场组织将收集并永久保存所有靶场上非机密训练活动的弹药消耗数据和哑弹率。设施靶场组织将使用靶场设施管理支持系统来记录并报告弹药消耗情况。没有配备计算机硬件或软件来运行靶场设施管理支持系统的设施部门将被授权使用军事消耗记录系统，这是另一种经陆军批准的弹药消耗记录保存软件。可从靶场可持续发展计划专员处获取该软件。设施靶场组织将保存消耗弹药的数量和类型（国防部标识码）、弹药消耗的靶场，以及消耗弹药的部队或其他组织的记录。在每年的 2 月 1 日，设施靶场组织将向设施环境办公室提交一份年度报告。该年度报告将按国防部标识码和靶场信息列出所有弹药消耗情况，包含根据国防部标识码、靶场和部队信息所上报的哑弹数量，按照监管报告要求，采用易于使用的电子格式，如电子表格或数据库，便于数据存档、检索、管理和报告。设施靶场组织将弹药消耗记录副本保留三年。设施环境办公室将永久保存这些记录。

（三）作战靶场清理

作战靶场清理应符合陆军部手册 385 - 64 中规定的总体安全预防措施。陆军设施部门将清理作战靶场内的未爆弹药、弹药碎片和其他与靶场有关的碎片，以便安全进入靶场区域进行靶场维护、现代化作业、训练或试验，防止军用弹药和其他相关弹体碎片积聚，影响靶场后续使用。

设施部门将根据用于作战目的靶场的可持续且安全使用需要确定靶场清理的

频率和程度。将考虑所有以前进行的靶场清理活动的结果、靶场用途,当靶场的各个部分用于不同目的时,如弹着区、轻武器靶场、射击和机动,以及演习,清理的频率和程度可能会有所不同。靶场所用弹药的类型和数量包括:装有烈性炸药的弹药,如手榴弹、火炮、坦克、炸弹和火箭弹;装有小型探测装置的教练弹药,如训练用教练炸弹;训练设备或模拟器;轻武器。因允许在靶场上积聚使用过的弹药和与靶场有关的碎片,而对靶场运行产生影响。未爆弹药和其他与靶场有关碎片的积聚对靶场操作人员、用户、设施人员和公众造成潜在爆炸危险。遵守与靶场运行、爆炸物安全和可持续靶场管理有关的适用法律、法规和制度。土地收回法令、租约和土地使用协议中所包含的要求。地球物理、地形、气候和其他可能影响靶场清理决定的环境条件。

作战靶场的清理规划必须包括实际且安全的靶场残留物回收或处理方法,以及质量管理检查和程序,以确保靶场残留物不存在爆炸危险。禁止在靶场使用受控或规定的燃烧法来销毁未爆弹药。在使用受控或规定的燃烧法之前,设施部门将与部队排爆专家(见陆军条例 75 – 15)、地方弹药专家或爆炸物安全专家协调,以便清除已知或疑似含有未爆弹药的靶场内的植被,使未爆弹药的清理作业更加安全。在进行靶场清理作业之前,设施部门将根据陆军部手册 385 – 64 进行危害和风险评估。对于涉及翻动或清理已知或疑似含有未爆弹药区域土壤的靶场作业或活动,设施部门将获得靶场清理或排爆方面的支持。在已知或疑似含有未爆弹药区域进行所有靶场清理作业和维护活动时,设施部门须遵守护送要求。

禁止使用改进型常规弹药或子母弹、实弹地雷和贫铀弹。陆军各组织将遵守陆军条例 385 – 63 和陆军部手册 385 – 63 关于使用改进型常规弹药和子母弹(集束炸弹)、实弹地雷和贫铀弹的规定。政府、军事人员、文职人员、承包商和部队排爆人员在没有获批情况下不得进入含有改进型常规弹药或子母弹的区域。

三、区域安全管理

(一)地面危险区管理

设施部门将按照陆军部手册 385 – 63 的规定,为所有弹药和激光系统修建和修订地面危险区。在陆军部手册 385 – 63 中公布的地面危险区是最低安全要求。设施部门可以使用陆军批准的自动地面危险区工具来生成地面危险区。

地面危险区地图(陆军部手册 385 – 63 中所述)在靶场调度中发挥着重要作用,是靶场间潜在安全冲突的首要决定因素。还应计算垂直危险区,并使其能够适应训练武器和弹药的弹道轨迹和跳弹特性。调度流程还应包括核查工作,以确保在相关指挥官之间没有商定共同使用的情况下,两个或两个以上部队不会同时被安排在同一靶场。定期调度会议可将主要训练活动分配给可用的训练设施,并根据靶场排期情况来协调靶场用于非训练活动的申请。

（二）着弹区管理

设立永久性未爆弹弹着区须经设施管理助理参谋长，负责计划、作战与转型事务的副参谋长，以及陆军安全部主任的共同批准。在美国境外批准设立未爆弹弹着区须遵守东道国条约或其他适用国际协定的相应条款。进入专用或临时未爆弹弹着区仅限于必要性任务活动，并须事先与靶场管理办公室协调。在进入前须完成未爆弹药的清理作业、未爆弹药避让或未爆弹药护送支持，但在紧急情况下除外，如飞机失事、危及生命或与安全有关的情况。必须事先与设施靶场官协调，并经其批准后才能进入非哑弹弹着区。除授权的陆军人员以外，任何人应事先与设施靶场官协调并经其批准后进入陆军弹着区。申请机构承担与进入弹着区有关的人员和费用的一切责任。弹着区内军事和文职人员的人身安全是重中之重，优先于所有其他活动。驻军指挥官将制定并执行管理进入弹着区的程序，并由设施靶场官管控。设施部门将评估未经授权进入弹着区的风险。

四、职责分工

美国陆军在其训练靶场安全条例 AR 385－63《靶场安全》中，明确了陆军各级司令部各类管理人员对于训练靶场安全等方面的具体职责，规范明确了上至陆军部副部长、部长助理（采办、后勤、技术）、副参谋长，下至各下属司令部、局长在安全工作方面的职责分工。

1. 陆军参谋部主任

陆军参谋部主任作为授权官员，负责执行整个陆军范围内安全出版物的归口管理方职责。有权审批整个陆军范围内安全出版物中符合管制法律和条例的免责申请或豁免申请。

2. 陆军助理部长（采办、后勤和技术）

（1）制定政策，确保将靶场安全数据规范纳入新武器系统和弹药的研发、获取策略以及测试计划。

（2）确保地面危险区和武器/弹药安全特性在装备发放前落实到位。

（3）确保项目经理修建并提供地面危险区，以支持设备和装备的部署。

（4）监督陆军排爆设备的研发、测试、评估、下发和部署。

（5）采购陆军所有排爆专用设备和弹药。

3. 陆军参谋长（陆军安全部主任）

陆军参谋长（陆军安全部主任）管理和指导陆军靶场安全计划，将其作为陆军条例 385－10 中规定的陆军总体安全计划的一个组成部分。陆军安全部主任将负责以下任务：

（1）策划并规划一个有效的靶场安全计划,并对其进行指导和评估,包括将靶场安全和风险管理整合到靶场运作制度和程序中,同时识别并解决影响陆军训练和战备的靶场运作安全问题。

（2）在陆军参谋部主任的指导下,制定并执行靶场安全制度。

（3）就靶场运作制度的制定和管理向分管计划、作战与转型的陆军副参谋长提供建议。

（4）就与陆军靶场可持续发展计划有关的安全和风险管理问题向分管计划、作战与转型的陆军副参谋长提供建议。

（5）及时向靶场重要安全人员提供关于发生在陆军/海军陆战队靶场和训练区的事故和/或事件数据。

（6）与陆军副助理部长(环境安全与职业健康)、分管计划、作战与转型的陆军副参谋长,以及分管后勤的陆军副参谋长协作,针对改进型常规弹药和子母弹清理活动,建立陆军风险评估和偏差审批程序。

（7）作为陆军部的中枢,在陆军总部内与海军陆战队作战发展司令部司令以及其他相关机构协调并整合靶场安全制度事宜。

（8）评估靶场安全制度的有效性和效率,并公布对本条例所做的变更。

（9）监督陆军靶场安全信息/备忘录的发布,向各陆军司令部/陆军勤务司令部/直接报告单位和海军陆战队(海军陆战队作战发展司令部司令)提供最新信息和其他技术信息。

（10）担任靶场安全工作小组的联合主席。

4. 分管人事的副参谋长

分管人事的副参谋长将确保在人力和人员整合计划中考虑武器系统和相关部件在装备开发和采办阶段对人员的需求。

5. 分管计划、作战与转型的陆军副参谋长

（1）确保将陆军部手册 385－63 中的靶场安全标准纳入靶场的标准化和现代化进程。

（2）确保对靶场作业人员进行充分的靶场安全培训。

（3）核实使用非标准弹药和爆炸物的要求。

（4）在对要求进行核实并获取相应的靶场安全数据后,对用于购买非标准弹药和爆炸物的陆军弹药采购基金进行审批。

（5）担任靶场安全工作小组的联合主席。

6. 分管后勤的副参谋长

（1）担任与靶场有关的弹药后勤问题(如储存、运输和非军事化处理)的归口管理方。

（2）与设施管理助理参谋长制定弹药寿命周期管理程序,确保符合国防部指令 4715.11 和 4715.12。

（3）根据陆军条例750－6,在世界范围内发布与武器和/或弹药相关的安全使用信息和地面预防信息。

（4）在靶场安全工作小组中担任代表。

7. 医务部部长（陆军总部）

（1）为陆军司令部/陆军勤务司令部/直接报告单位和海军陆战队职业健康保护支持人员提供政策、指导和技术援助,在适当情况下,陆军所有用于发生在户外和室内作战靶场和相关工作区域的电磁辐射、激光、可见光、雷达、烟雾、噪声和眼部危害的职业健康保护的资源支出均由海军陆战队全额报销。

（2）根据请求,在激光靶场的评估和认证方面,向陆军司令部/陆军勤务司令部/直接报告单位和海军陆战队职业健康保护支持人员提供技术援助。

（3）在部署前对所有陆军战术激光装置进行评估和认证。

8. 工程兵主任（美国陆军工程兵团）

（1）确保靶场的设计符合陆军条例350－19和第25－8号训练通告中规定的标准,并与国防部文件6055.09－M保持一致。

（2）代表陆军谈判并签订不动产协议。

9. 美国陆军训练与条令司令部司令

（1）为陆军提供靶场安全制度、程序和标准方面的建议。

（2）确保美国陆军训练与条令司令部所属学校/英才中心向陆军训练保障中心（收件地址:陆军训练与条令司令部办公室）提供武器和弹药发展方面的技术信息。

10. 美国陆军装备司令部司令

（1）根据武器和弹药功能及用户要求制定地面危险区构建标准。由美国陆军装备司令部司令制定的地面危险区标准应适用于海军陆战队设施。

（2）向美国陆军训练与条令司令部司令提供武器系统开发数据和靶场安全技术数据,以维护和更新陆军部手册385－63。

（3）按照陆军条例385－10和陆军部手册385－10的规定,在发放新弹药或武器系统之前,向美国陆军训练与条令司令部司令和位于亚拉巴马州亨茨维尔市的靶场可持续发展计划专业知识中心提供地面、空域危险区尺寸和配套靶场安全技术数据。

（4）确保将弹药数据和弹道特性纳入装备研制和采办的寿命周期管理阶段。

（5）制定一项计划,来验证当前地面危险区的有效性或对其进行修改,并按照请求向美国陆军训练与条令司令部司令提供建议。

（6）根据请求,向美国陆军训练与条令司令部司令提供地面危险区弹药和武器系统研制的里程碑时间表。

11. 美国陆军特种作战司令部司令

美国陆军特种作战司令部司令将指派一名技术顾问到美国陆军训练与条令司

令部,负责近距离战斗、城市地形下的高级军事行动,以及其他美国陆军特种作战司令部特有的靶场安全事宜。技术顾问将负责以下任务:

(1)为陆军特种作战部队介绍近距离战斗和/或城市地形下的高级军事行动靶场安全制度、程序和标准,将其纳入陆军特种作战部队进行近距离战斗/城市地形下的高级军事行动的训练和作战要求。

(2)向美国陆军特种作战司令部的主题专家提供关于陆军特种作战部队近距离战斗/城市地形下的高级军事行动的情况,从而拟定对陆军部手册385-63的更新和修订,并通过美国陆军训练与条令司令部司令向上提交。

(3)分析美国陆军特种作战司令部靶场安全技术数据,如美国陆军装备司令部或其他方面提供的非标准弹药数据和弹道特性,并向陆军安全部主任提供修改建议。

(4)为近距离战斗/城市地形下的高级军事行动训练和作战中使用的非标准武器/弹药系统制定地面危险区标准,并就此方面向美国陆军训练与条令司令部司令提供建议。

(5)协调美国陆军特种作战司令部靶场安全事宜,并与陆军安全部主任协调,向各陆军司令部/陆军勤务司令部/直接报告单位、联邦机构和其他军种提供美国陆军特种作战司令部靶场安全技术援助。

(6)酌情向联邦机构、州机构、国家机构、国际机构和其他组织提供有关近距离战斗/城市地形下的高级军事行动以及美国陆军特种作战司令部其他特有靶场安全问题的技术援助。

(7)在全球范围内,监督和/或审查美国陆军特种作战司令部近距离战斗/城市地形下的高级军事行动陆军特种作战部队靶场安全操作和程序,以确保近距离战斗/城市地形下的高级军事行动靶场安全措施充分到位。

12. 各陆军司令部/陆军勤务司令部/直接报告单位的指挥官

各陆军司令部/陆军勤务司令部/直接报告单位的指挥官将确保对相关人员进行充分的靶场安全培训。

13. 国民警卫局局长(陆军国民警卫队主任)

(1)确保提供资源来对靶场设计计划(包括配套结构和设施)进行审查,从而确保在新建或改造/翻新射击靶场和/或武器训练设施之前,所有安全方面的要求都得到充分落实。

(2)建立一个中央登记册,对整个陆军国民警卫队中的偏差进行记录。

(3)在靶场安全工作小组中担任代表。

(4)根据适用的指令,确保提供资源,从而在整个陆军国民警卫队中制定和维护靶场安全计划。

(5)根据请求,向国民警卫局所属设施和单位以及其他机构提供靶场安全培训。

● 靶场安全培训的归口管理方必须在初次培训之前,以及此后每年,对指定的靶场安全培训教员和课程材料进行认证。

● 国民警卫局将与靶场安全培训的归口管理方就靶场安全课程的安排进行协调,以防止重复工作,并利用机会满足全陆军范围的靶场安全培训需求。

14. 美国陆军训练保障中心所属能力管理处主任

美国陆军训练保障中心所属能力管理处主任将指派 1 名技术顾问负责靶场安全事宜。技术顾问将负责以下工作。

(1)为陆军提供靶场安全制度、程序和标准方面的建议。

(2)担任主题专家,对此条例和陆军部手册 385 – 63 做出修订或变更。

(3)分析靶场安全技术数据,例如,经美国陆军装备司令部或其他方面验证的弹药数据和弹道特性,并就此提供条例变更方面的建议。

(4)审查有关陆军和武器系统的地面和空域危险区制度。

(5)根据美国陆军装备司令部司令和其他方面的建议,酌情审批新建地面危险区和/或武器危险区,以及对当前地面危险区/武器危险区的改造。

(6)协助向各陆军司令部/陆军勤务司令部/直接报告单位、联邦、州和地方机构,以及其他组织提供靶场安全方面的技术指导。

(7)协助监控全球范围内的陆军靶场安全操作和程序。

(8)担任陆军靶场安全训练的归口管理方,同时协调靶场安全指示。

(9)发布陆军靶场安全信息/备忘录,向各陆军司令部/陆军勤务司令部/直接报告单位和海军陆战队(海军陆战队作战发展司令部司令)提供最新信息和其他相关技术信息。

(10)在靶场安全工作小组中担任美国陆军训练保障中心所属能力管理处主任的代表。

(11)协调、出版靶场安全袖珍指南并对其进行更新,供陆军相关人员使用。

(12)与国防部实验室协调获取技术数据,从而设定地面危险区、武器危险区,并制定其他靶场安全措施。

(13)协调、出版面向旋转翼飞机投射和陆军投射弹药的武器危险区制度,并对其进行更新。

五、射击安全评估

在开展实弹射击训练时,需要进行全面的安全评估,涉及预先计划、靶场准备、射击开始和射击结束各阶段的安全评估,也包括涉及激光操作方面的特定安全评估。安全评估工作为靶场安全管理提供了基本指南,具体工作需要依据陆军条例/陆军部手册 385 – 63、相应的技术手册和战场手册、军事手册 828A、当地靶场条例、特殊武器要求和部队标准作业程序来进行补充。

（一）预先计划

首先需要了解掌握实弹射击的基本情况,包括训练单位和人数、使用的武器、训练靶场名称/编号、预定训练日期、弹药申请所需类型/数量、靶标种类及数量。其次是检查管理工作落实情况,已完成足够的弹药申请,已安排足够的训练时间,就射击周期与靶场管理部门进行了协调,靶场排期冲突已解决。然后是检查人员需求落实情况,包括主管官员、靶场安全官、激光靶场安全官是否已参加安全课程简报会,是否已完成部队认证,靶场安全官、助理安全官、医疗保障人员、助理教官、靶场警卫、靶场/靶标操作员以及维护人员等人员安排是否已落实。最后检查设备要求情况,是否已领取有安全扇形图的靶场覆盖图,图上是否已标识射击点、射击道、射击箱体、靶标位置,无线电通信设备、靶场旗标、夜间射击所需灯光、车辆旗标设置灯、安全挡板、主记分表、记分卡、耳塞、军械士工具包、武器清洗设备、灭火器、维修配件/备用武器、训练出版物、靶场和安全出版物、报表文件夹、救生程序、卫生和清洁用品救护车或专用车辆是否已落实,车辆是否配备担架、急救包及规定的其他设备。

（二）靶场准备

检查落实是否与靶场管理部门建立通信,包括建立调频无线电靶场管理射击网、管理网及无线电或有线备用射击网;检查落实医疗保障准备是否已完成,现场医护人员已与治疗机构建立通信,非现场医务人员与靶场建立通信,现场医护人员具有从靶场到治疗机构的路线图,非现场医务人员具有到靶场的路线图,医务人员与靶场主管官员协调选择确定靶场附近的空中后送点并实施净空;检查落实专用区是否筹备完毕,包括弹药点、医疗站、停车点、军械维修点、取水点、膳食点以及同时训练的其他区域;靶场主管官员组织召开碰头会,要求靶场安全官、激光靶场安全官、安全助理、医疗士官长、助理教官、车辆指挥官参会;靶场警卫接到通知并就位;检查靶场,确保靶标装置已到位并可正常工作;确认弹着区内没有未经授权的人员,升起靶场旗标;检查弹药,如在非射击靶场不得出现实弹射击弹药;射击训练部队进入靶场后,对武器进行安全检查,确认哑弹大概方向、噪声危害和排爆程序;组织人员根据射击命令进行射击,训练开始后尽可能保持部队的整体性;对于坦克和"布雷德利"战车,根据陆军部表格 2408 –4《武器记录数据》对所有将要射击的主炮进行检查,最后向靶场管理部门申请射击许可。

（三）射击开始

射击开始之后,保持与靶场管理部门之间的不间断通信,落实弹药责任制、人员责任制,警卫人员保持在岗和高度的警戒状态,确保训练人员使用耳塞。离开射击线前清除武器中的弹药,特别是轻武器靶场上的手枪。对地面危险区进行持续监控,确保其处于正常状态。监控激光危险区是否存在不安全行为或错误操作安全设备;射击暂停期间清除武器系统中的弹药并对其进行检查;当观察到或报告有不安全行为或与靶场管理部门通信中断时,立即要求停止射击,根据技术手册处理未爆、迟爆或走火问题。

(四) 射击结束

射击结束离开靶场前必须确保武器中的弹药已清除,进行基本弹药检查,根据标准操作程序关闭靶场并向靶场管理部门报告靶场或车辆的射击状态。最后巡查靶场安全情况,按照靶场标准操作程序的要求执行维护任务,向靶场管理部门申请关闭靶场的许可。

(五) 激光操作

陆军规定只能在指挥官批准并专门用于激光训练的靶场内使用激光设备,必须以军事手册828A作为参考,严格遵守激光系统使用的相关注意事项、警告和危险。

对拟用激光和靶标区的信息进行核证,利用左右激光安全限位桩来划定激光局部训练区的左右界线,张贴警告标志并设置路障,防止未经许可人员进入,靶场入口处张贴警告标志,确认弹着区内没有未经授权的人员。应当巡视靶场区,在激光操作前清理反光材料,靶标尽量采用纸板、木材或无光泽金属等非反光性材料。

未采取防护措施的人员既不得暴露于直射光束下,也不得暴露于镜面反射的光束之下。激光安全危险区内人员佩戴防护眼镜,在日光光学装置中放置适用的激光安全滤光片,用于在激光辐照期间观察靶标,建议的靶标区不存在平静的水面和洁净的冰体,为工作中涉及激光或使用激光的人员提供激光安全培训。

下篇　建设实践

第六章　训练靶场

　　训练靶场是标准化设计建设用于保障部队实弹射击训练的设施,使部队射击水平达到陆军强制性训练标准。训练与条令司令部下属靶场能力经理是陆军部负责靶场建设需求的代理机构,负责为美国陆军各司令部提供帮助,确保靶场能够按规定程序和标准进行论证、开发、设计和建设。

　　陆军现有 39 种标准化靶场,近年来随着陆军收缩,靶场数量规模也在逐步缩减,2015 年陆军靶场目录内的靶场数量为 508 个,到 2018 年已减少到 274 个。在缩减数量规模的同时,为提高训练效率及复盘能力,陆军持续推进靶场现代化工作,集中人力、物力、财力建设现代化的"下一代靶场",包括数字化多用途靶场设施、数字化空地一体靶场、战斗区域设施等多种类型,这些靶场导调手段丰富、靶标体系完善、信息化程度高,科学地进行了靶场区域设置,配备了标准化的基础设施,建设了先进的靶场信息系统。其中,数字化空地一体靶场是较为典型的数字化靶场,也是美国陆军面积最大的标准化靶场,代表着最高技术水平,2015 年已在布利斯堡建成了第一个,并于 2019 年开始在诺克斯堡建设第二个,这种大型靶场占地一百多平方千米,耗资近 5000 多万美元。

一、基本概念

(一) 术语

1. 地形

　　地形将影响靶场的施工范围和费用,在修建道路、靶标和排水系统时,对土方工程需求最小的场地是首选。地形对直接射击武器系统有很大影响,它影响靶标的位置、可见性,以及士兵对移动靶标的射击能力。在具有挑战性的地形上精心布置训练场景,可以提高士兵射中移动靶标的能力。影响靶标位置的因素包括地形、土壤特性、地表成分、水文学、植被、人造障碍,这些因素还直接影响靶场维护、施工和运行。

　　应制定拟建靶场的地形概况,以支持可行性评估、审查安全要求,并确定靶标位置。进行靶场选址时,必须确保地形条件允许最大限度地使用武器系统。规划人员应尝试在不同地形的区域建设靶场,以提高不同条件下的武器射击技能。场地应从射击点向下倾斜至靶标区,这将利于排水、提高能见度,并有助于将射弹控制在特定地面危险区内。射击与机动靶场应同时具有天然和人造的掩体和隐蔽岛,为了清楚地看到靶标可移除植被。规划人员必须在逼真性需求和部队训练目标之间找到平衡。场地维护方案应对重新分级、植被恢复,及侵蚀控制做出规定,以保持训练的真实性并降低长期维护成本。

水域应有助于训练并提高战斗训练的真实性,水面上或附近的反射及温度变化创造了真实的战斗环境。然而,埋在浅水中的未爆(哑弹)弹药可能会妨碍今后的土地清理工作和污染清除作业。如果在靶场上使用激光,也必须采取预防措施;激光束在水面上的反射可能会使眼部受伤,而如果开阔水域直接位于靶标前方或后方则可能使靶场无法使用激光装置。水域的位置应作为整体雨水径流和侵蚀控制的一部分,而不应对靶场的使用产生不利影响。

对弹着区的要求因训练要求和地面危险区的不同而不同。除非根据陆军条例200-1、210-20和210-21,政策之外的特殊情况得到了批准,否则将不会建立新的污染弹着区。地理位置合宜的山体或其他自然地形特征可大大降低在地面危险区方面的不动产需求。靶场应设在恰当的位置,以免限制机动区。弹着区要求应基于所需靶场的数量和类型、每种类型武器对应的地面危险区,如有可能尽量共享弹着区。

2. 炮目线

炮目线也称为"射击线",是从射击位置的武器系统到目标的一条假想线。为了有效进行轻武器靶场训练,在北半球最好使炮目线朝着东北方向,使光线照射在靶标表面上的时间最长。调整轻武器射击靶场方向,使士兵不必在日出或日落时朝着太阳的方向射击。射击方向的重要性不及可及性、安保性和安全性。

在确定炮目线方向时须考虑地形结构,以减小被地面危险区覆盖的区域。若场地所在位置地势崎岖,则炮目线应垂直于制高点。由于轻武器靶场通常建在平坦地形上,因此炮目线应在水平位置或略低于水平位置。对于炮目线越过公共道路或通航水域的场地,靶场规划人员必须避免选择此类场地;如果无法避免在设施道路上方射击,则这些射击区域必须标有适当的标志和单独的警告,并在射击期间封锁道路;在公共通行区域上方进行间接火炮射击必须遵守陆军条例385-63和陆军部手册385-63中的条款。为坦克、"布雷德利"战车和"斯特赖克"装甲车等车载武器系统规划炮目线时,要求可在静止射击点向多个目标进行射击,以及可从移动中的坦克或"布雷德利"战车向单个及多个目标进行射击,可以说为车载武器系统规划炮目线是一项更大的挑战。运动射击要求规划人员对车辆移动路径上的不同射击点或指定"射击箱"内的一系列炮目线进行分析,为作战车辆靶场设计的多种射击场景包括固定和移动火炮平台,以及固定和移动靶标,都需要一系列炮目线,其各自的地面危险区叠加在公共地形上。需要增加靶场的深度,否则车辆只能从一个固定点进行射击,需要车辆经常改变方向的训练场更加接近战术状况。由于场地需要增加地面危险区的面积,因此相应地增加了对土地的需求。

炮目线分析由美国陆军亨茨维尔工程支持中心负责,一般持续约30天,需要一名主炮手花费大约一周时间协助分析,分析工作需要依据以下数据:靶场场地的数字化三维地形数据、靶场的拟定布局(包括数字化设计数据,如坐标)。有关炮目线可以参阅陆军条例/陆军部手册385-63。

3. 地面危险区

在最为经济的靶场布局中,地面危险区的弹着区重叠,但机动区或射击区没有重叠。这种设计就减少了靶场系统所需的总面积,从而节省了土地,并最大限度地减小了受污染的弹着区面积。有些靶场在地理位置上应靠在一起,如25米归零靶场和记录射击靶场;有些靶场则不适于距离太近,如野战火炮的发射点不应设在步枪靶场旁边,因为野战火炮的噪声会影响步枪射击训练。有关地面危险区规划参阅陆军条例/陆军部手册385-63。

4. 靶标区

靶标区是靶场中用于布设单兵和集体训练所需靶标的区域,目的是提供逼真的训练环境。靶标区必须满足相关规范中对靶标尺寸、数量和距离的要求,合理利用地形来布设靶标,以便符合资格鉴定性射击要求,必要时提供火力与机动相结合的训练要求。

5. 靶标能见度

射击点和靶标的位置必须能够最大限度地提高场景设计的灵活性,同时满足训练标准。规划人员必须将靶标的位置设在安全范围内,并确保能够从射击点、射击位或射击道看到靶标。为了满足训练要求,射击位置必须能看到90%的靶标。对作战态势的模拟非常重要,当威胁部队被设置在一个靶场上时,几个不同射击位置的人员可以同时看到的目标群。如果使用视觉障碍物,其位置应使靶标在一段合理的时间内处于暴露状态。关键是提供一个环境,可以利用逼真的战场障碍物和靶标移动速度来练习正确的射击技术。

6. 靶场分析与设计系统

靶场分析与设计系统提供了靶场上从每个射击位置到每个靶标的图形概况和分析概况,可以对这些存储的数据进行分类,以生成靶标目录。该目录显示了交战双方以及他们之间的距离,满足了关于坦克、"布雷德利"战车和"斯特赖克"装甲车射击的战场手册中对训练要求的标准。由靶场分析与设计系统完成的炮目线分析应与靶场设计的方案设计审查同时进行,并在最终审查时再次进行。此过程可确保靶标是可见的,以满足训练要求。靶场分析与设计系统应能够协助主炮手或相关人员进行靶场的初始布局和训练场景的设计,设计工程师通常有能力完成这一任务。

(二)命名规则

靶场设施遵循统一的命名规则,对设计用途和主要功能提供额外描述,本节简要描述了这些命名规则。

1. 前缀

陆军训练靶场被分配一个前缀符号,当前使用的前缀包括自动化(A)、数字化(D)、修改(M)、实弹(LF)。

(1) 自动化("A"):表示靶标由计算机控制的靶场。

(2) 数字化("D"):表示全面工具化的靶场,可以分析、理解、记录和提供详细的射击信息,信息来源包括发射平台的火控系统、靶场操作中心的目标想定、数字和模拟通信信号、车辆定位、发射平台的现场视频和乘员监控视频,甚至飞机海拔高度。

(3) 修改("M"):表示一个靶场由于额外训练目的而进行的修改。

(4) 实弹("LF"):表示一个能够实弹射击或使用爆炸物的靶场。

2. 后缀

后缀用于描述设施能够支持的训练层次,目前一般有 4 种后缀,也可能使用多种后缀(如多用途靶场设施)。

(1) 路线("C"):一种专用的训练区域,具备相关的基地设施、驿站、情节或者目标。城市进攻路线具有 5 种基地设施,供士兵通过具体任务开展训练。有的路线具备实弹能力,有的不具备实弹能力。

(2) 设施("F"):与路线类似,但没有具体的一个路线或顺序。它们可能具有实际的建筑结构作为空间,如合成兵种共同训练设施。设施具有永久的混凝土或砖石结构。有的设施具备实弹能力,有的不具备实弹能力。

(3) 靶场("R"):任何实弹区域都可以命名为靶场,这是默认的命名后缀。

(4) 建筑群("X"):这些设施支持车载乘员和集体训练。可能包括有人无人飞行器平台训练和考核能力(如战斗区域设施体),设施体一般支持实弹射击。

3. 缩写

靶场缩写由标准命名惯例发展而来,提供一套字母组合用以标识一个具体的靶场设施。缩写一般使用名称各部分的第一个字母,长度不应该超过 5 个字符(如 DMPRC、CACTF、LFXBF 等)。当产生冲突时选择其他方法。例如,战斗区域设施体的缩写是"BAX"而非"BAC",为避免与劈刺攻击路线(Bayonet Assault Course,BAC)冲突。表 6 - 1 为美国陆军训练靶场缩写列表。

表 6 - 1 美国陆军训练靶场缩写列表

编号	设施	缩写
1	航空射击靶场	AGR
2	防空导弹射击靶场	ADFR
3	自动化反装甲追踪和实弹射击靶场	ATLF
4	自动化作战手枪/多用途火力组认证课程	CPQC/ MPFQC
5	自动化野战火力靶场	AFF
6	自动化步兵排战斗训练场	IPBC

续表

编号	设施	缩写
7	自动化步兵班战斗训练场	ISBC
8	自动化多用途机枪靶场	MPMG
9	自动化多用途靶场设施(重型)	MPRC－H
10	自动化多用途训练靶场	MPTR
11	自动化火力记录靶场	ARF
12	自动化狙击手野战火力靶场	SFF
13	自动化认证训练靶场	QTR
14	10～25M 基础射击靶场	ZERO
15	战斗区域设施	BAX
16	合成兵种共同训练设施	CACTF
17	护送训练实弹射击靶场	CLF
18	数字化空地一体靶场	DAGIR
19	数字化多用途靶场设施	DMPRC
20	数字化多用途训练靶场	DMPTR
21	野战炮兵间瞄靶场	FAIR
22	火力及移动靶场	FMR
23	榴弹发射器靶场	GLR
24	手榴弹预习靶场(实弹)	HGFR
25	手榴弹认证课程(非实弹)	HGQC
26	重型狙击靶场	HSR
27	渗透训练场	IC
28	固定距离靶场	KD
29	轻型反装甲武器靶场(LAW/AT－4)	LAWR
30	轻型爆破靶场	DEMO(L)
31	实弹破障训练设施	LFXBF
32	实弹射击练习房	LFXSH
33	改进型射击记录靶场	MRF
34	迫击炮靶场	MR
35	侦察/搜索射击综合设施	SRGC
36	班组防御靶场	SDR
37	坦克/战斗车辆缩小比例射击靶场(1∶5/1∶10)	SCAGR
38	坦克/战斗车辆静止射击靶场	STAGR
39	城市进攻训练场	UAC

（三）区域设置

每一个陆军靶场都具有特定的分区,共同构成靶场设施。这些区域区分了靶场空间,支持设施建设开发以及未来靶场项目的土地需求。下文介绍了一般靶场的土地区域需求,以及必要功能所需的相关空间要求。

图6-1展示了一块靶场区域,提供了一个整体布局关系图。基于靶场类型,目标区域和影响区可能有重叠。靶场上区由基线、靶场操作控制区、机动训练区组成;靶场下区由靶标核心区、靶标侧面区、靶标延展区、静态靶标区组成;影响区由暂时影响区、复杂影响区、高危影响区组成。

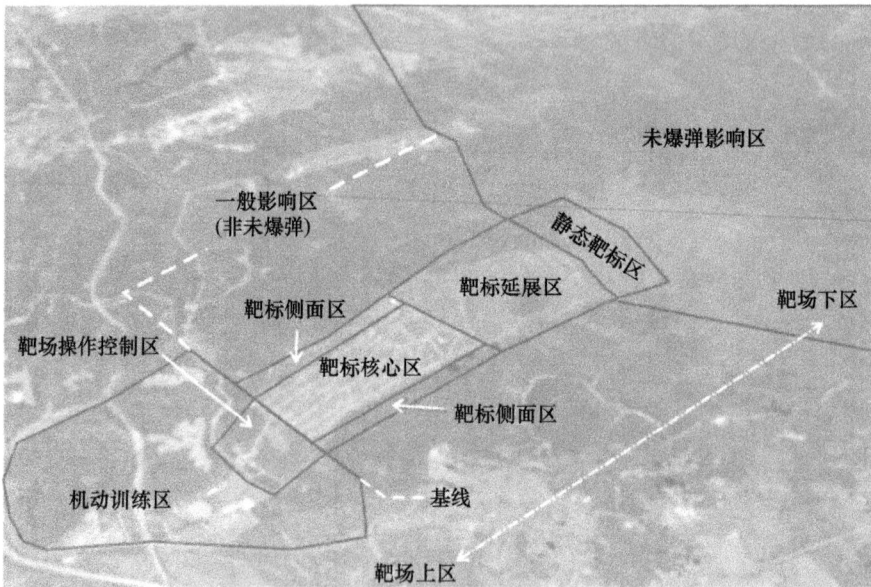

图6-1　靶场区域

1. 靶场上区

"上区"是一个描述性词汇,用于描述人员、物资或房屋相对于弹药及爆炸物(包括制导弹药及火箭弹)方向路径的相对关系 。方向是靶标区域或者影响区朝向射击基线位置。"上区"主要包括靶场操作控制区和机动训练区,包含射击基线向后延伸方向上的所有土地、设施、屋子和建筑结构,内部禁止实弹训练。靶场操作控制区提供了实体建筑设施,用于操作、维护、保障工作,它是靶场、训练、管理和保障的控制管理中心,能够控制下区的靶标和工具器材,同时监控实弹射击并对具体项目进行评分,可用于部队领导开展复盘讲评;机动训练区是在实弹射击前,为集体机动训练提供地域空间,也可以为炮兵间瞄射击提供配置区域。除非特别授权,该区域内禁止实弹训练。该区域与其他训练区域结合,可较好地支持训练部队的目标。

2. 靶场下区

"下区"是一个描述性词汇,出于安全性考虑,用于描述人员、物资或房屋的限制或禁止活动范围。由基线向靶标方向延伸,一般而言,"下区"包括射击基线向前方延伸方向上的所有区域。靶标区域包括所有下区靶标,该区域可能包括未爆弹和高危影响区域,由靶标核心区、靶标侧面区、靶标延展区三个独立区域组成。

(1)靶标核心区,由基线向射击方向延伸,包含所有射击位置、作战位置、维修通道,也包括所有靶标、仪器设备、战场声效仿真、侧翼通道与训练道路之间的路口。

(2)靶标侧面区,由基线向射击方向延伸,分别位于靶标核心区左右两侧,一般情况下不能从靶标侧面区射击。

(3)靶标延展区,由靶标核心区的末端及靶标侧面区向下,用于增加道路末端和射击终止线的火力射击深度。包括空地平台直瞄火力所需各类靶标,该区域可能包含静态靶标。静态靶标区是靶标延展区的一部分,同时处于永久不良影响区之中。由于未爆弹影响,这些目标是永久固定的,特别用于远程或空地交战。

3. 影响区

影响区包含发射的弹药和爆炸物,以及各种武器系统产生的组件、碎片。直瞄火力武器系统影响区包括全部地面危险区,从射击点或位置,向下到特定距离。影响区包括暂时影响区、复杂影响区和高危影响区三类。

(1)暂时影响区,在有限时间内会存在发射的弹药爆炸物、碎片、组件等。暂时影响区一般用于不产生哑弹的弹药或爆炸物,实弹项目结束后,必须清理并实现保障能力复原。

(2)复杂影响区,永久存在哑弹或爆炸物,包含发射的弹药和爆炸物,以及各种武器系统产生的组件、碎片。

(3)高危影响区,产生尘土的弹药或爆炸物的落弹区域,包含发射的弹药和爆炸物,以及各种武器系统产生的组件、碎片,也称为土地影响区。高危影响区一般是作为复杂影响区的一部分,由于存在非常危险的哑弹(如常规弹药的改进弹、高爆弹以及其他含填充物或指示的高危弹药),该区域限制进入并被严格控制,只有静态靶标可以在该区域使用。

(四)设施分类

依据陆军条例 AR 415 - 28《资产分类编码》和陆军部手册 DA 415 - 28《资产分类编码指南》,陆军所有设施可以通过统一资产分类编码系统进行审计。陆军每一个训练靶场及其内部建筑设施都有一个相关的设施种类编码,用于设施的确认、计划、编写、预算、设计、建设、编目和保障等工作。负责基地建设管理的助理参谋长统一管理该编码,便于对现有设施进行审计管理。设施种类编码一般由 5 位数字组成。图 6 - 2 展示了设施种类编码实例。

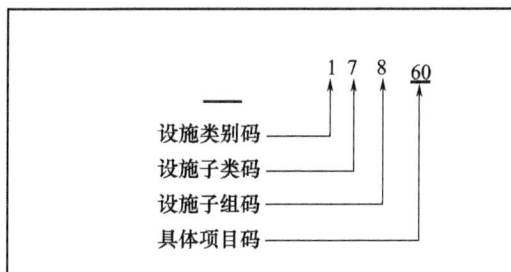

图 6-2 设施种类编码实例

第一位代表设施类别码,"1"~"9"分别表示作战训练设施、维修生产设施、研发测试和评估设施、供应设施、医疗设施、管理设施、住宅和居民设施、公共设施和地面装饰物、房地产设施,其中训练场设施大多属于作战训练设施;第二位代表设施子类码(即分类组),各种分类组不同,如作战训练设施下面的分类组 1 是空军机场路,而维修生产设施下面的分类组 1 是维修厂房;第三位代表设施子组码,即分类组的基本分类,这一位由国防部统一定义;第四位和第五位代表标识基本分类中的具体项目码,这两位由陆军部规定。设施分类码的前三个数字区分设施基本分类,训练场中的建筑设施分为 9 大类,每大类最多 100 种设施(编号:×××00~×××99)。表 6-2 列出了设施分类实例。

表 6-2 设施分类实例

分组	名称	举例
149	建筑物之外的作战保障设施	14970:装卸载码头
171	训练建筑物	17122:靶场操作和存储建筑物
172	仿真设施	17211:模拟训练大楼
177	影响、机动、训练区域	17730:未爆弹影响区
178	训练靶场	17897:自动化步兵排战斗训练场
179	建筑物之外的训练设施	17971:观察塔楼(靶场控制塔)
730	人员服务保障设施	73075:厕所/避雨设施
750	室外休闲、福利设施	75061:观摩台
852	人行道和其他路面	85212:展示/排列区域

(五)分类组成

美军陆军训练靶场可以依据训练靶场的训练层次、功能用途、技术水平进行分类。

按训练层次可分为个人训练靶场、班(车)组训练靶场、集体训练靶场。个人训练靶场,支持单个士兵的武器、手榴弹、炸药方面的操作使用技能训练与考核。班(车)组训练靶场,支持乘员直瞄和间瞄武器系统射击,具体到单一乘员职能。这些靶场是集体任务或集体项目的典型"支线"靶场,支持乘员初级、中级、高级射击技能训练,也支持认证考核,能够促进个人实弹训练任务。集体训练靶场,能够支持多种机动要素实施合成兵种实弹项目,包括城市环境。这些靶场主要用于在通过实弹射击门槛后开展的基础项目,能够促进个人、乘员和城市任务。

按功能用途可以分为轻武器训练靶场、机枪/狙击步枪训练靶场、城市作战训练靶场、车载乘员训练靶场、航空训练靶场、防空训练靶场、间瞄火力训练靶场。轻武器训练靶场,用于保障手枪和步枪训练,保障个人射击训练与武器认证;机枪/狙击步枪训练靶场,用于保障车载或车下自动武器系统训练,也包括高级步枪射击训练需求,如班组分工射击和狙击训练项目;城市作战训练靶场,用于在城市环境中进行个人训练、班组乘员训练、集体训练;车载乘员训练靶场,用于坦克、步兵战车等车载武器直射模式训练需求;航空训练靶场,用于有人/无人航空平台悬停、冲击、俯冲模式下的 50 口径弹、30mm 弹、火箭炮直射训练,航空靶场可能是一个大型多用途实弹靶场设施的子靶场;防空训练靶场,用于满足防空炮兵训练需求;间瞄火力训练靶场,用于满足所有间瞄武器系统训练需求,包括迫击炮、多管火箭炮系统及高机动炮兵火箭炮系统等。另外,还有专用训练靶场,一般用于爆炸、手榴弹、榴弹发射器和除上述外的武器系统;多用途训练靶场,将上述两种以上用途的训练靶场嵌入到一个训练靶场。

基于训练靶场的自动化、工具化以及靶标能力等技术水平,训练靶场可以进一步区分为非自动化靶场、自动化靶场、工具化靶场三种。非自动化靶场,需要非自动化靶标,如 10m/25m 靶场,其中靶标是静止状态,包括非标准和非自动化靶标(如手榴弹实投训练所需轮胎和圆筒)。自动化靶场,大多数具有标准塔式计算机和软件,通过操作控制,满足具体想定要求。靶标上面安装有可靠的命中传感器,可在直接火力交战时使用。无线电控制靶标也是自动化靶场中的一部分。工具化靶场,一般具有自动化系统,可能包括摄像头(红外、热像、白光)、战场音效模拟器、音视频反馈、友军定位设备,以及其他技术产品。工具化靶场目标提供可靠的复盘评估功能,因为这些设施具备捕捉射击数据、音视频以及内部战术网络信息的能力,可以提供便于指挥员复盘评估所需的训练情况反馈。这些计算机控制的靶场提供训练情况反馈,支持指挥员开发想定、控制靶标以及战场效果仿真器材。它也提供在有压力的环境下训练使命任务的能力。训练反馈能力使部队领导者可以在训练过程中发现积极的行动和程序,利于培养官兵的自信心,同时也能保证官兵发现问题并改正不足。在某些情况下,"工具化"靶场可以称为"数字化"靶场。

二、靶场运行控制区

在确保训练安全前提下,最大程度提升训练效益,需要在有限的训练场地空间中,对各类设施进行科学配置和合理布局,发挥出设施的整体效能。训练场各类配套设施主要集中于靶场运行控制区,分为轻武器靶场、车辆射击靶场、工具化靶场、城市战靶场、新兵训练靶场五种类型进行介绍,如表6-3所列:"必备"表示要求每种靶场必须配置的设施;"选配"主要是针对保障性设施,可以依据靶场情况按需配置。

表6-3　靶场设施配置表

名称	轻武器靶场	车辆射击靶场	工具化靶场	城市战靶场	新兵训练靶场
小型控制塔	必备				必备
中型控制塔		必备			
大型控制塔			必备		
小型复盘教室		必备			
大型复盘教室			必备		
CACTF复盘教室				必备	
标准操作存储房	选配			选配	选配
大型操作存储房		选配	选配		
教室	选配				
厕所	选配	选配	选配	选配	选配
露天看台	选配	选配	选配		选配
露天就餐区	选配	选配	选配	选配	选配
弹药拆解房	选配			选配	选配
弹药装载台		选配	选配		
器材设备安装台			必备		
充电间	选配	选配	选配	选配	选配
部队集结区		选配	选配		
露营区		选配	选配		

(一)轻武器靶场

靶场运行控制区由1种必备的训练设施和7种保障性设施组成,具体包括小型控制塔、标准操作储存房、教室、厕所、露天看台、露天就餐区、弹药拆解房、充电间。图6-3是布局实例,其中,弹药拆解房与其他建筑及基线的最小距离是15米,遵循具体安全规范。

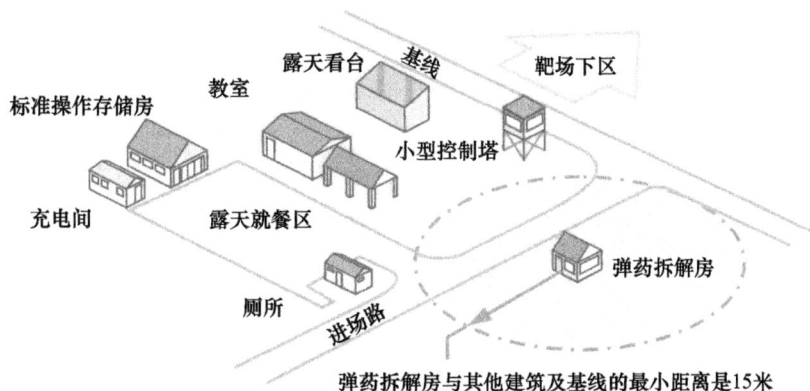

图 6 - 3 轻武器靶场控制区布局

(二) 车辆射击靶场

车辆射击靶场专门用于支持车载直瞄射击训练需求。由 2 种必备训练设施和 8 种保障性设施(区域)组成,具体包括中型控制塔(非工具化靶场)、小型复盘教室、大型操作存储房、厕所、露天看台、覆顶就餐区、弹药装载台、充电间、部队集结区、露营区。图 6 - 4 是布局实例,其中,弹药装载台配置的位置及与其他建筑物的距离取决于弹药数量和性质,遵循相关安全规范。

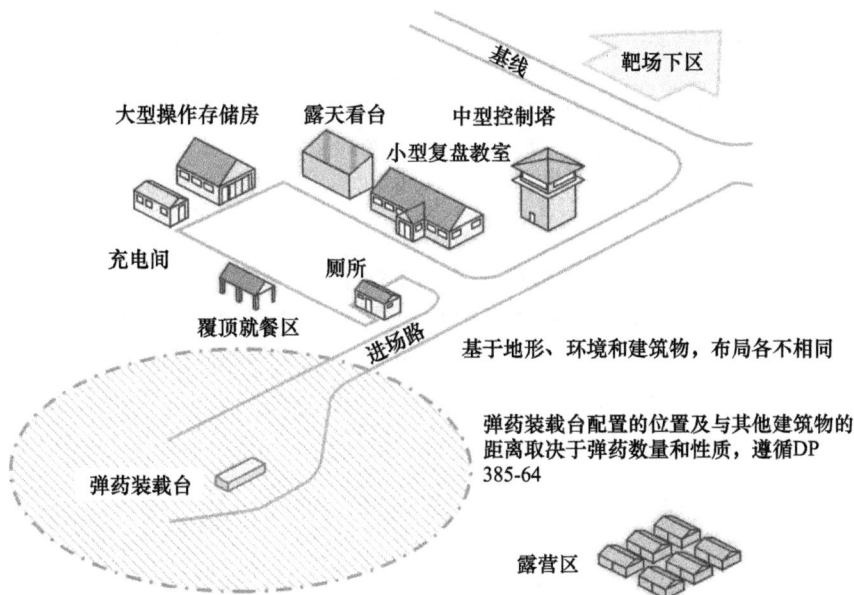

图 6 - 4 车辆射击靶场控制区布局

（三）工具化靶场

工具化靶场是专门用于支持车载或下车共同直瞄射击训练需求。由 3 种必备训练设施和 8 种保障性设施(区域)组成,包括大型控制塔、大型复盘教室、厕所、露天看台、覆顶就餐区、弹药装载台、充电间、部队集结区、露营。图 6 – 5 是布局实例,其中,弹药装载台配置位置和距离取决于弹药性质,遵循相关安全规范。

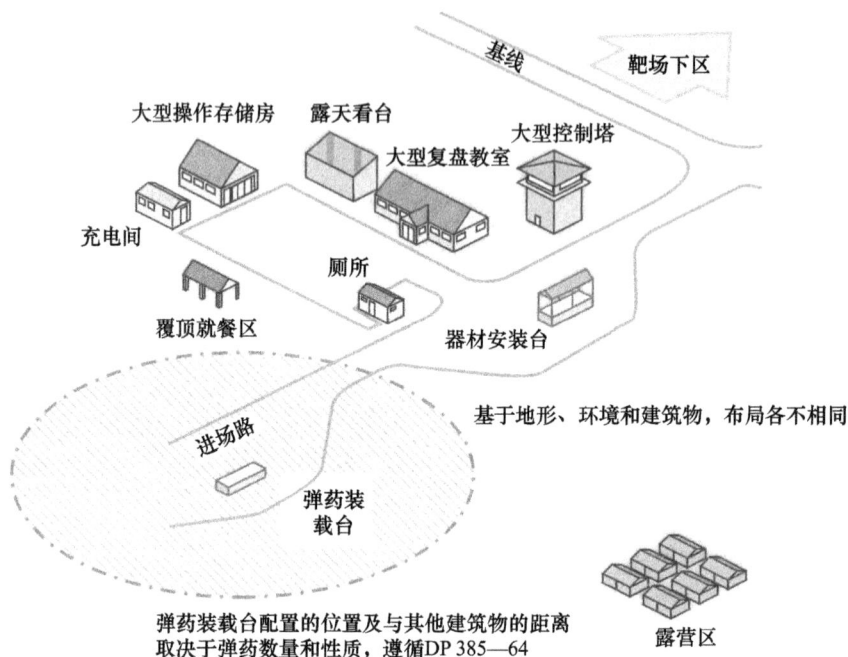

图 6 – 5　工具化靶场控制区布局

（四）城市战靶场

城市战靶场专门用于支持城市作战训练需求,由 1 种必备训练设施和 5 种保障性设施组成,具体包括复盘教室、标准操作存储房、厕所、露天看台、覆顶就餐区、弹药拆解房、充电间。图 6 – 6 是布局实例,展示了必备设施和保障结构,其中,控制区距离训练区域的直线距离不超过 3048 米(10000 英尺),另外必要的设施也可能分别配置于训练区域内。

（五）新兵训练靶场

新兵训练靶场专门用于支持新兵训练需求,包含 1 个必备训练设施和 6 个保障性设施(区域),具体包括轻武器靶场控制塔、标准操作存储房、厕所、露天看台、覆顶就餐区、弹药拆解房、充电间。图 6 – 7 是布局实例,其中,弹药拆解房与其他建筑及基线的最小距离是 15 米,遵循相关安全规范。

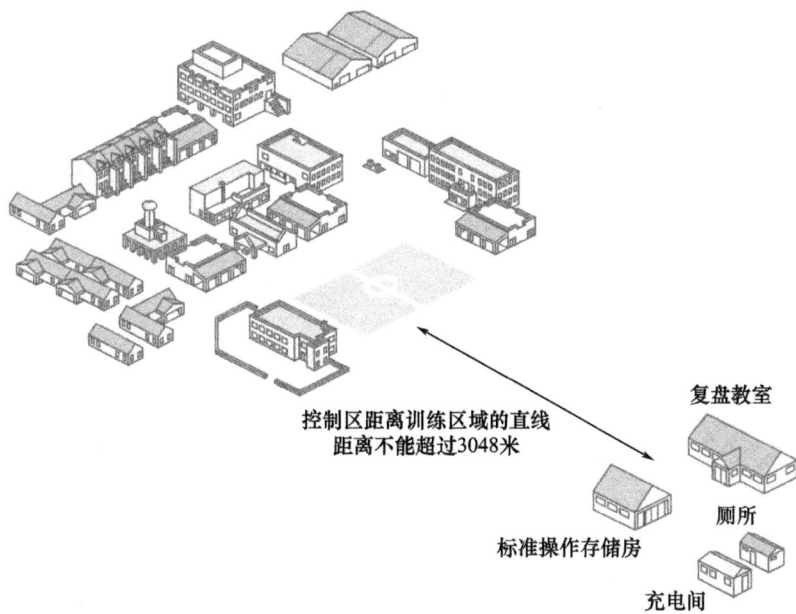

图 6-6　城市战靶场控制区布局

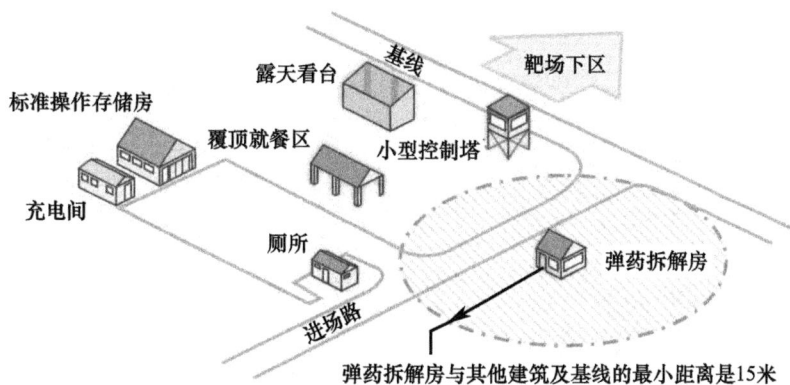

图 6-7　新兵训练靶场控制区布局

三、武器装备训练靶场

利用不同靶场各类武器装备进行训练和资格鉴定,一般分为主用和备用靶场两种,下面采用表格形式区分十五种武器装备,介绍与其训练内容相对应的靶场。

（一）M16/M4

训练内容	主用靶场	备用靶场
归零射击	25 米靶场	自动野战射击/自动记录射击/改进型记录射击靶场，带有 25 米启动装置
保持性射击/记录射击	自动野战射击/自动记录射击/改进型记录射击靶场	25 米靶场
鉴定性射击	自动记录射击/改进型记录射击靶场	25 米靶场
夜间	自动野战射击/自动记录射击/改进型记录射击靶场 夜间	25 米靶场
核生化条件	自动野战射击/自动记录射击/改进型记录射击靶场	25 米靶场
陆军训练与评估计划班/排实弹演习	步兵班战斗训练场/步兵排战斗训练场/多用途训练靶场/多用途靶场综合体	多用途训练靶场/多用途靶场综合体

（二）9 毫米手枪

训练内容	主用靶场	备用靶场
教学射击	作战手枪资格鉴定训练场	25 米手枪资格鉴定训练场
鉴定性射击	作战手枪资格鉴定训练场	25 米手枪资格鉴定备用训练场
核生化条件	作战手枪资格鉴定训练场	25 米手枪资格鉴定备用训练场
宪兵资格鉴定	宪兵枪械资格鉴定训练场/作战手枪资格鉴定训练场	25 米手枪资格鉴定备用训练场
宪兵夜间保持性射击	宪兵枪械资格鉴定训练场/作战手枪资格鉴定训练场	25 米手枪资格鉴定备用训练场

（三）M21/M24

训练内容	主用靶场	备用靶场
归零射击	狙击手野战射击	无
鉴定性射击	狙击手野战射击	无
陆军训练与评估计划 - 班/排实弹演习	狙击手野战射击	多用途训练靶场/多用途靶场综合体
合成兵种实弹演习/情景训练演习	多用途靶场综合体	无
夜间射击	狙击手野战射击	无

（四）M249 班用自动武器/M240B

训练内容	主用靶场	备用靶场
10 米练习射击	10 米机枪靶场	无
10 米记录射击	多用途机枪靶场	无
过渡性练习射击	多用途机枪靶场	无
过渡性记录射击	多用途机枪靶场	无
核生化条件	多用途机枪靶场	无
陆军训练与评估计划 – 班/排实弹演习/情景训练演习	步兵班战斗训练场/步兵排战斗训练场/多用途训练靶场/多用途靶场综合体	无

（五）M60/M2

训练内容	主用靶场	备用靶场
10 米记录射击	10 米机枪靶场	无
过渡性记录射击	多用途机枪靶场	无
有限能见度/预设射击	多用途机枪靶场	无
陆军训练与评估计划 – 班/排实弹演习	步兵班战斗训练场/步兵排战斗训练场/多用途训练靶场/多用途靶场综合体	无
合成兵种实弹演习	多用途靶场综合体	无

（六）M203/M79

训练内容	主用靶场	备用靶场
教学射击	榴弹发射器靶场	无
鉴定性射击	榴弹发射器靶场	无
核生化	榴弹发射器靶场	无
陆军训练与评估计划 – 班/排实弹演习	步兵班战斗训练场/步兵排战斗训练场/多用途训练靶场/多用途靶场综合体	无
合成兵种实弹演习	多用途靶场综合体	无

（七）手榴弹

训练内容	主用靶场	备用靶场
教学射击	手榴弹资格鉴定训练场	无
鉴定性射击	手榴弹资格鉴定训练场	无
实弹投掷	手榴弹实弹靶场	无

（八）MG/MK – 19/狙击武器

训练内容	主用靶场	备用靶场
练习射击	多用途机枪/狙击手野战射击靶场	无
记录射击	多用途机枪/狙击手野战射击靶场	无
核生化条件	多用途机枪/狙击手野战射击靶场	无
夜间射击	多用途机枪/狙击手野战射击靶场	无
高爆弹药	多用途机枪/狙击手野战射击靶场	无
机枪保持性射击	多用途机枪/狙击手野战射击靶场	无
实弹演习	多用途机枪/狙击手野战射击靶场	无
合成兵种实弹演习	多用途机枪/狙击手野战射击靶场	无

（九）60 毫米迫击炮

训练内容	主用靶场	备用靶场
班组/分队/排训练	迫击炮靶场	无
经过评估的陆军训练与考核计划	迫击炮靶场	无
合成兵种实弹演习	迫击炮靶场	无

（十）81 毫米迫击炮

训练内容	主用靶场	备用靶场
班组/分队/排训练	迫击炮靶场	缩小型迫击炮靶场
班组/分队/排训练	迫击炮靶场	无
经过评估的陆军训练与考核计划	迫击炮靶场	无
合成兵种实弹演习	迫击炮靶场	无

（十一）120 毫米迫击炮

训练内容	主用靶场	备用靶场
班组/分队/排训练	迫击炮靶场	缩小型迫击炮靶场
外部评估	迫击炮靶场	无
合成兵种实弹演习	多用途靶场综合体	无

（十二）M1 系列坦克

训练内容	主用靶场	备用靶场
表一	部队射击操控教练	无
表二	部队射击操控教练	无
表三	缩小型射击靶场	机动区日间射击
表四	多用途训练靶场/数字多用途训练靶场	多用途靶场综合体/数字多用途靶场综合体
表五	多用途训练靶场/数字多用途训练靶场	多用途靶场综合体/数字多用途靶场综合体
校正	筛选/归零靶场	无
表六	多用途训练靶场/数字多用途训练靶场	多用途训练靶场/多用途靶场综合体
表七	多用途训练靶场/数字多用途训练靶场	多用途靶场综合体/数字多用途靶场综合体
表八	多用途靶场综合体/数字多用途靶场综合体	多用途训练靶场/数字多用途训练靶场
表九	多用途靶场综合体/数字多用途靶场综合体	多用途训练靶场/数字多用途训练靶场
表十	多用途靶场综合体/数字多用途靶场综合体	多用途训练靶场/数字多用途训练靶场
表十一	多用途靶场综合体/数字多用途靶场综合体	无
表十二	多用途靶场综合体/数字多用途靶场综合体	无

(十三)"布雷德利"战车

训练内容	主用靶场	备用靶场
表一～表四	多用途训练靶场/数字多用途训练靶场	多用途靶场综合体/数字多用途靶场综合体
	靶场	无
校正	靶场	无
表五	多用途训练靶场/数字多用途训练靶场	多用途靶场综合体/数字多用途靶场综合体
表六 – A/B	多用途训练靶场/数字多用途训练靶场	多用途靶场综合体/数字多用途靶场综合体
表七 – A/B	多用途训练靶场/数字多用途训练靶场	多用途靶场综合体/数字多用途靶场综合体
表八 – A/B	多用途靶场综合体/数字多用途靶场综合体	多用途训练靶场/数字多用途训练靶场
步兵班战斗演习	多用途靶场综合体/数字多用途靶场综合体	多用途训练靶场/数字多用途训练靶场
表九	多用途靶场综合体/数字多用途靶场综合体	多用途训练靶场/数字多用途训练靶场
表九 – A/B	多用途靶场综合体/数字多用途靶场综合体	多用途训练靶场/数字多用途训练靶场
表十 – A/B	多用途靶场综合体/数字多用途靶场综合体	多用途训练靶场/数字多用途训练靶场
表十一	多用途靶场综合体/数字多用途靶场综合体	多用途训练靶场/数字多用途训练靶场
表十二	多用途靶场综合体/数字多用途靶场综合体	无
合成兵种实弹演习	多用途靶场综合体/数字多用途靶场综合体	无

(十四)斯特赖克变型车

训练内容	主用靶场	备用靶场
乘员练习	战斗区域设施/数字多用途训练靶场/多用途训练靶场	数字化空地一体靶场/多用途靶场综合体/数字多用途靶场综合体

续表

训练内容	主用靶场	备用靶场
班实弹训练	步兵班战斗训练场	步兵排战斗训练场
乘员认证	战斗区域设施/数字多用途训练靶场/多用途训练靶场	多用途靶场综合体/数字多用途靶场综合体
排训练	战斗区域设施	多用途靶场综合体/数字多用途靶场综合体/本地训练区
排认证	战斗区域设施	多用途靶场综合体/数字多用途靶场综合体
合成兵种实弹训练	战斗区域设施	多用途靶场综合体/数字多用途靶场综合体

（十五）斯特赖克机动炮系统

训练内容	主用靶场	备用靶场
表一	本地训练区/车场	无
表二	缩小型射击靶场	高级射击训练系统
表三	数字多用途训练靶场/多用途训练靶场	缩小型射击靶场/高级射击训练系统
表四（CPC）	缩小型射击靶场/本地训练区	战斗区域设施/数字多用途训练靶场/多用途训练靶场
表五~表八	战斗区域设施	数字多用途训练靶场/多用途训练靶场
表九~表十	战斗区域设施	多用途靶场综合体/数字多用途靶场综合体
合成兵种实弹训练	战斗区域设施	多用途靶场综合体/数字多用途靶场综合体

四、数字化训练靶场

在部队部署前,进行有效的实弹训练是战斗力的倍增器,也是美国陆军制胜的关键一环。数字化训练靶场,又称为工具化训练靶场,这种技术先进的训练设施创造了逼真的实弹训练环境,为严格的训练标准、条令需求、考核标准提供了支撑。陆军现有 4 种数字化训练靶场,包括数字化多用途靶场设施综合体、数字化多用途训练靶场、数字化空地集成靶场、战斗区域设施,这些靶场地幅广阔、导调手段丰富、靶标系统完善、信息化程度高,是近二十年来美国陆军训练场地建设的重点。

（一）数字化多用途靶场设施综合体

1. 功能

数字化多用途靶场设施综合体可以训练装甲兵、步兵及航空兵的单兵、班组乘员及排分队，支持"艾布拉姆斯"主战坦克、"布雷德利"战车、航空兵射击训练和考核，可在战术背景下训练发现、确认、交战和击毁静止和运动的装甲、步兵目标，支持下车步兵班组独立进行战术实弹训练，也可与战斗车辆合训。图6-8为布利斯堡数字化多用途靶场设施综合体。

图6-8　布利斯堡数字化多用途靶场设施综合体

数字化多用途靶场设施综合体与多用途靶场设施综合体的布局及配置情况基本一致，区别在于前者安装了数字化靶场训练系统，靶场的数字化水平极大提升，该系统由洛克希德·马丁公司研制。数字化靶场训练系统项目是战术车辆训练靶场现代化的赋能器，提供一套系统架构和一系列信息化工具器材，用于艾布拉姆斯、布莱德利、斯特赖克和航空平台实弹射击训练和考核，也支持合成兵种实弹训练。数字化靶场训练系统能够提升实弹训练和考核的质量和效益，满足新条令要求，使用全套最新的现代化技术，利用先进的训练数据收集技术进行训练复盘能力，代替目前已过时的实弹训练架构的需求。新的训练系统代替了陈旧过时的手段及设备，实现了对新型武器系统的模拟，为士兵提供逼真的训练环境并嵌入数字化兵力，提供了先进的训练数据收集能力和训练复盘能力。

2. 配置组成

数字化多用途靶场设施综合体区域纵深8千米、宽2.5千米，占地约20平方千米，另有配套的靶场运行控制区。

靶场区域内所有靶标均是由计算机驱动的自动化靶标，可以通过部署在控制塔中的控制系统进行控制并记录成绩。靶标与控制塔可以交互数据，采集的数据汇总后用于训练复盘。靶场内设有6条机动通路、500余套靶标（12套移动装甲靶、80套静止装甲靶、294套静止步兵目靶、45套移动步兵靶、45套步兵编组靶，另外在目标区还有 10 套静止装甲靶、3 套移动装甲靶)、2 套城市设施、8 套城市外观设施、1 块直升机停机坪,以及靶楼等建筑设施,还包括大量的火焰发射、战场效果以及声效模拟器。

靶场后方的运行控制区设置 11 种配套功能设施,包括大型控制塔、大型复盘教室、器材设备安装台、大型操作存储房、厕所、露天看台、覆顶就餐区、弹药装载台、充电间、部队集结区和露营区。

配置组成具体信息见表 6 - 4。

表 6 - 4　多用途靶场设施配置表

序号	分类	名称	数量
1	靶标及工具器材	静态步兵目标	294
2		移动步兵目标	45
3		步兵组目标(6 静 1 动)	45
4		静止装甲目标	80
5		移动装甲目标	12
6		静态目标	12
7		目标框架(大)	2
8		城市外观(含 3 个静态步兵目标)	8
9		城市设施组(5 套/7 套)	2
10		发射火焰模拟器	339
11		战场效果仿真器	105
12		声效模拟器	4
13		射频设备	可选
14		WIFI 设备	可选
15		摄像头(日光、红外、热像)	待定
16	结构设施	反斜坡/仓促防御	12
17		主阵地/遮蔽	18
18		俯视火力点	6
19		机枪点	4
20		靶场标记(外部限制)	8
21		靶场通路标记	6
22		靶场标记(内部限制)	3
23		直升机停机坪	1
24		障碍物	2
25		堑壕设施	4

续表

序号	分类	名称	数量
26	目标区域(OA)	静止装甲目标	10
27		移动装甲目标	3
28		主阵地/遮蔽	6
29	控制中心设施	大型控制塔楼	1
30		大型运行存储库房	1
31		大型复盘教室	1
32		露营区	1
33		部队集结区	1
34		露天看台围墙	1
35		食堂帐篷	1
36		弹药装载台	1
37		车辆工具装载台	1
38		厕所(冲水或气压)	1
39		充电间	1

3. 建设部署情况

数字化多用途靶场设施综合体主要部署在得克萨斯州胡德堡、佐治亚州本宁堡、堪萨斯州莱利堡以及韩国罗德里格斯实弹靶场。

美国陆军第一套数字化多用途靶场设施综合体位于得克萨斯州胡德堡,该项目由两个独立的靶场(克拉伯溪和杰克山)组成,共有 8 条带有混凝土弯道的射击跑道、39 个遮蔽位、210 个固定步兵目标阵地、8 个装甲移动目标阵地和 140 个固定装甲目标阵地。其他设施包括中转区和停车区、直升机停机坪、界标、配电、光纤通信、电话线路、暴雨排水、低水位道口、便道和护堤。艾默生(Emerson)担任主承包商,项目建设自 2001 年开始,历时 4 年,耗资约 3580 万美元。另外,还建有数字化多功能训练靶场,耗资约 1620 万美元。

佐治亚州本宁堡的数字化多用途靶场设施综合体(图 6 – 9)于 2010 年底建成,训练场地总面积 737 平方千米,其中营区占地 51 平方千米、实弹落弹区域占地 65 平方千米、83 个实弹靶场及附属用地占地 53 平方千米,另外 251 平方千米属于安全过渡区,影响正常使用,其余 318 平方千米支持装甲兵和步兵的车上或下车战斗训练。场地日均训练吞吐量 15210 人,除此之外,驻地部队包括第 1 安全部队援助旅、任务力量 1 ~ 28 步兵、第 14 战斗保障医院,以及 75 骑兵团的部分力量在此依据部署准备标准开展训练。场地年度综合训练吞吐量为 66829 人(2018 财年),还包括不定量的海军、海军陆战队和空军力量。本宁堡还承担陆军新兵训练 24%的任务,以及大量陆军中尉、上尉、文员训练任务。

图 6 - 9　本宁堡数字化多用途靶场设施

　　韩国罗德里格斯实弹靶场是美军在韩国进行实弹训练的少数地方之一,位于临近朝鲜的抱川市,占地 3390 英亩(约 135.6 平方千米),美国军方耗资 1200 万美元进行安全性改进,包括对附近的掩体进行了修改。2017 年 11 月 28 日,韩国罗德里格斯实弹射击场第 8 步兵团第 A 营 A 连一组 M1A2"艾布拉姆斯"坦克开展训练,如图 6 - 10 所示。

图 6 - 10　韩国罗德里格斯实弹射击场

　　莱利堡是第一步兵师驻地,数字化多用途靶场设施综合体于 2011 年建成,占地 77 英亩(约 0.308 平方千米),耗资约 500 万美元,靶场为驻地部队完成实弹和机动训练提供保障,为作战人员提供无缝集成的训练保障,可用于小武器和机枪射击、手榴弹或步枪榴弹、火箭、迫击炮、火炮、航空兵和车辆射击、核生化训练、爆破、合成兵种演习和空投行动,如图 6 - 11 所示。

图 6 - 11　莱利堡训练靶场运行控制中心

(二) 数字化多用途训练靶场

数字化多用途训练靶场的功能与数字多用途靶场综合体、战斗区域设施类似，但面积稍小，作为相应的备选靶场。其区域纵深 3.5 千米、宽 1 千米，占地约 4 平方千米，另有配套的靶场运行控制区。

靶场区域内所有靶标均是由计算机驱动的自动化靶标，可以从部署在控制塔中的控制系统进行控制并记录成绩。靶标与控制塔可以交互数据，采集的数据汇总后用于训练复盘。靶场内设有 2 条机动通路、200 余套靶标 (6 套移动装甲靶、30套静止装甲靶、137 套静止步兵目靶、4 套移动步兵靶、18 套步兵编组靶)、1 套城市设施、1 块直升机停机坪，还包括大量的火焰发射、战场效果以及声效模拟器。靶场后方的运行控制区设置有 10 种配套功能设施，包括大型控制塔、大型复盘教室、器材设备安装台、大型操作存储房、厕所、露天看台、覆顶就餐区、弹药装载台、部队集结区和露营区。

靶场配套靶标、工具和建筑设施等具体信息见表 6 - 5。

表 6 - 5　多用途训练靶场组成表

序号	分类	名称	数量
1	靶标及工具器材	静态步兵目标	137
2		移动步兵目标	4
3		步兵组目标 (6 静 1 动)	4
4		步兵组目标 (7 静)	14
5		静止装甲目标	30

续表

序号	分类	名称	数量
6		移动装甲目标	6
7		城市外观(含3个静态步兵目标)	5
8		城市设施组(7套)	1
9		发射火焰模拟器	141
10		战场效果仿真器	36
11		声效模拟器	2
12		射频设备	可选
13		WIFI设备	可选
14		摄像头(日光、红外、热像)	4
15	结构设施	主阵地/遮蔽	6
16		反斜坡/仓促防御	4
17		机枪点	2
18		靶场标记(外部限制)	6
19		靶场通路标记	2
20		靶场标记(内部限制)	6
21		直升机停机坪	1
22		堑壕设施	4
23	控制中心设施	大型控制塔楼	1
24		大型运行存储库房	1
25		大型复盘教室	1
26		露营区	1
27		部队集结区	1
28		露天看台围墙	1
29		食堂帐篷	1
30		弹药装载台	1
31		车辆工具装载台	1
32		厕所(冲水或气压)	1

（三）战斗区域设施

战斗区域设施专门用于旅战斗队和其他作战单位的武器系统射击训练和考核需求,包括车载或下车行动。该设施用于训练和测试斯特赖克旅战斗队和步兵旅战斗队的乘员、班组、排、连以及下车步兵班,保持战术队形条件下,在开放和城市地形环境中,训练发现、确认、交战和击毁静止和运动装甲、步兵目标的技能。该设施也支持实弹战术训练,既可独立实施,又可与保障车辆合训,也支持开展合成兵种实弹射击训练。靶场主要模拟野战环境,也设有少量城市设施,使用热像靶标、夜间照明装置、敌方射击、靶标摧毁及视觉闪光模拟器,所有靶标是全自动化控制,由计算机驱动,可从靶楼记录成绩。靶标与靶楼交互数据,采集的数据汇总后用于复盘评估。包括复杂地形、掩体、战壕、近距射击场及射击类型外墙,主要用于训练斯特赖克旅和步兵旅的乘员、班组、排、连以及下车步兵班,支持车载武器射击或步兵下车行动,最大支持200个人及25辆车辆的训练规模。支持以步兵为中心的排/连合成兵种实弹演习与机动火炮系统班组资格鉴定训练。

战斗区域设施宽2.4千米、纵深4千米,占地面积约10平方千米,另有配套的靶场运行控制区。靶场区域内所有靶标均是由计算机驱动的自动化靶标,可以从部署在控制塔中的控制系统进行控制并记录成绩。靶标与控制塔可以交互数据,采集的数据汇总后用于训练复盘。靶场内设有2条机动通路、200余套靶标(6套移动装甲靶、43套静止装甲靶、234套静止步兵目靶、14套移动步兵靶、25套步兵编组靶)、8套城市设施、1块直升机停机坪,还包括大量的火焰发射、战场效果以及声效模拟器。靶场后方的运行控制区设置有9种配套功能设施,包括大型控制塔、大型复盘教室、器材设备安装台、大型操作存储房、厕所、露天看台、覆顶就餐区、弹药装载台和露营区。

靶场配套靶标、工具和建筑设施等具体信息见表6-6。

表6-6 战斗区域设施组成

序号	分类	名称	数量
1	靶标及工具器材	静态步兵目标	234
2		移动步兵目标	14
3		步兵组目标(7静)	25
4		静止装甲目标	43
5		移动装甲目标	6
6		目标框架(大)	2
7		城市外观(含3个静态步兵目标)	8
8		墙体突破口	4
9		发射火焰模拟器	248
10		战场效果仿真器	49
11		声效模拟器	2
12		支持射频设备	支持
13		WIFI设备	可选
14		摄像头(日光、红外、热像)	4

续表

序号	分类	名称	数量
15	结构设施	反斜坡/仓促防御	4
16		主阵地/遮蔽	4
17		机枪点	2
18		靶场标记(外部限制)	8
19		靶场通路标记	2
20		靶场标记(内部限制)	4
21		着陆区	1
22		直升机停机坪	1
23		堑壕设施	4
24		城市设施组(5套/7套)	1/1
25	控制中心设施	大型控制塔楼	1
26		大型复盘教室	1
27		露营区	1
28		露天看台围墙	1
29		食堂帐篷	1
30		弹药拆解点	1
31		弹药装载台	1
32		车辆工具装载台	1
33		厕所(冲水或气压)	1

（四）数字化空地一体靶场

1. 功能

数字化空地一体靶场(图6-12)占地面积100多平方千米,主要功能特点是可以支持地面机动部队航空兵部队在同一个战场空间内进行协同作战训练,可替代数字化航空射击靶场。适用于训练有人/无人航空乘员、小队、班排和连队级技能,包括针对战术编组中的静止和运动装甲、步兵目标的发现、识别、有效交战的技能,还可以开展连规模合成兵种实弹训练以及集成化的高级训练科目。这种设施也能提供基于子口径训练设备和激光训练设备,支持下车步兵排单独战术实弹或者同时与保障车辆训练。建有城市作战和护送实弹训练设施,具备支持俯冲射击所需的具体道路及大致地形,无人机系统可以使用三维工具化靶标训练,靶标掩体可经受航空乘员训练中要求的15°~30°的俯冲射击。另外,数字化空地一体靶场将支持关键的空地战术、技术、程序训练,保证空中和地面、陆军与联合作战平台的优化组合。靶场区域中也配置了中型和重型航空作战旅基地都有的飞机存放区、弹药存放区、控制塔、飞行射击位。

图 6-12　数字化空地一体靶场

2. 配置组成

数字化空地一体靶场区域纵深 12 千米、宽 8 千米,占地约 100 平方千米,另有配套的靶场运行控制区。靶场区域内所有靶标均是由计算机驱动的自动化靶标,可以从部署在控制塔中的控制系统进行控制并记录成绩。靶标与控制塔可以交互数据,采集的数据汇总后用于训练复盘。靶场内设有 6 条机动通路、200 余套靶标(8 套移动装甲靶、50 套静止装甲靶、225 套静止步兵目靶、35 套移动步兵靶、35 套步兵编组靶,另外在目标区还有 20 套静止装甲靶、4 套移动装甲靶、10 套步兵编组靶)、1 套由 7 座建筑物组成的城市设施、1 个模拟村庄、8 套城市外观设施、1 块直升机停机坪以及靶楼等建筑设施,还包括大量的火焰发射、战场效果以及声效模拟器。区域内的模拟村庄不支持实弹射击,是由 13 个高度为 1 ~ 3 层的模块化建筑组成。图 6-13 为数字化空地一体靶场配置组成。

(a) 观察塔　　　　(b) 停机坪　　　　(c) 宿营区　　　　(d) 连接路

图 6-13　数字化空地一体靶场配置组成

靶场后方的运行控制区设置有 11 种配套功能设施,包括大型控制塔、大型复盘教室、器材设备安装台、大型操作存储房、厕所、露天看台、覆顶就餐区、弹药装载台、充电间、部队集结区和露营区。设施具体信息见表 6-7。

表6-7 数字化空地一体靶场组成

序号	分类	名称	数量
1	靶标及工具器材	静态步兵目标	225
2		移动步兵目标	35
3		步兵组目标(6静1动)	35
4		静止装甲目标	50
5		移动装甲目标	8
6		静态目标	4
7		城市建筑群(7座建筑物)	1
8		城市外观(含3个静态步兵目标)	8
9		模拟村镇	1
10		发射火焰模拟器	330
11		战场效果仿真器	82
12		声效模拟器	4
13		射频设备	可选
14		WIFI设备	可选
15		摄像头(日光、红外、热像)	待定
16	结构设施	反斜坡/仓促防御	8
17		主阵地/遮蔽	12
18		机枪点	4
19		靶场标记(外部限制)	8
20		靶场通路标记	4
21		靶场标记(内部限制)	8
22		直升机停机坪	1
23		堑壕设施	4
24	目标区域A(额外靶标)	移动装甲目标	2
25		静止装甲目标	15
26		步兵组目标(6静1动)	10
27		城市建筑群	1
28	目标区域B(额外靶标)	移动装甲目标	2
29		静止装甲目标	5

3. 建设部署情况

2012年,美国陆军开始在第一装甲师驻地得克萨斯州布利斯堡开工建设第一套数字化空地一体靶场,靶场于2014年建成,洛克希德·马丁公司作为项目承包商。而后在肯塔基州诺克斯堡建造了第二个数字化空地一体靶场,占地3000英亩

（约 120 平方千米），于 2019 年 9 月动工、2023 年完工。BRECKON 公司完成设计，MSA Engineers 是项目的总承包商。图 6 – 14 为数字化空地一体靶场俯视图。

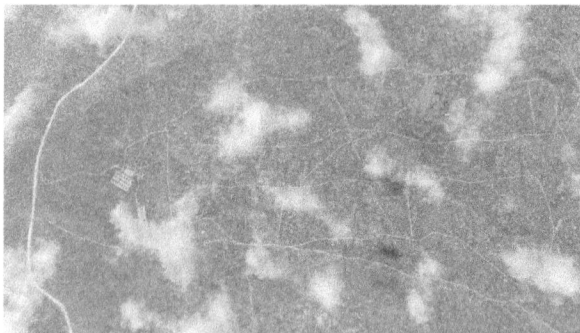

图 6 – 14　数字化空地一体靶场俯视图

（五）合成兵种集体训练设施

1. 功能与组成

合成兵种集体训练设施（图 6 – 15）主要用于保障营及以下各层级分队开展全谱作战训练，支持步兵、装甲兵、炮兵、有人/无人飞行器等装备的配置和机动。在一个方形范围内，构建了模拟的城市作战环境，长、宽各 1.5 千米，总占地约 2.25 平方千米，其中包括 20 ~ 26 处建筑，类型包括道路、小巷、停车场、地下污水管线、公园、运动场以及指挥控制建筑物等。合成兵种集体训练设施提供对抗交战和打靶训练模式，该设施支持开展激光交战模拟，以及使用橡皮子弹、彩弹等模拟弹，但不支持实弹射击。合成兵种集体训练设施的实际尺寸和配置，可根据本地现场实际情况调整。设施配备的所有靶标均为自动化靶标，由计算机驱动并通过靶场观察塔记录成绩。靶场操作系统可以为士兵提供直接的训练反馈，靶标命中与否以及命中位置等状态信息均被记录，向复盘教室传递，数据汇总编辑后，可供受训部队复盘和分析，总结训练经验教训。

图 6 – 15　合成兵种集体训练设施

可满足两个排的情景训练演习和两个连的野外训练演习。每种演习都可以采用空包弹、多用途综合激光交战训练系统/战术交战系统、9 毫米或 5.56 毫米的特效轻武器标识系统进行近距离精确目标交战（小于 50 米），或者进行硬碰硬式作战。每种演习都用来帮助指挥官培养、保持并评估其部队的作战熟练程度。图 6-16 为组成示意图。

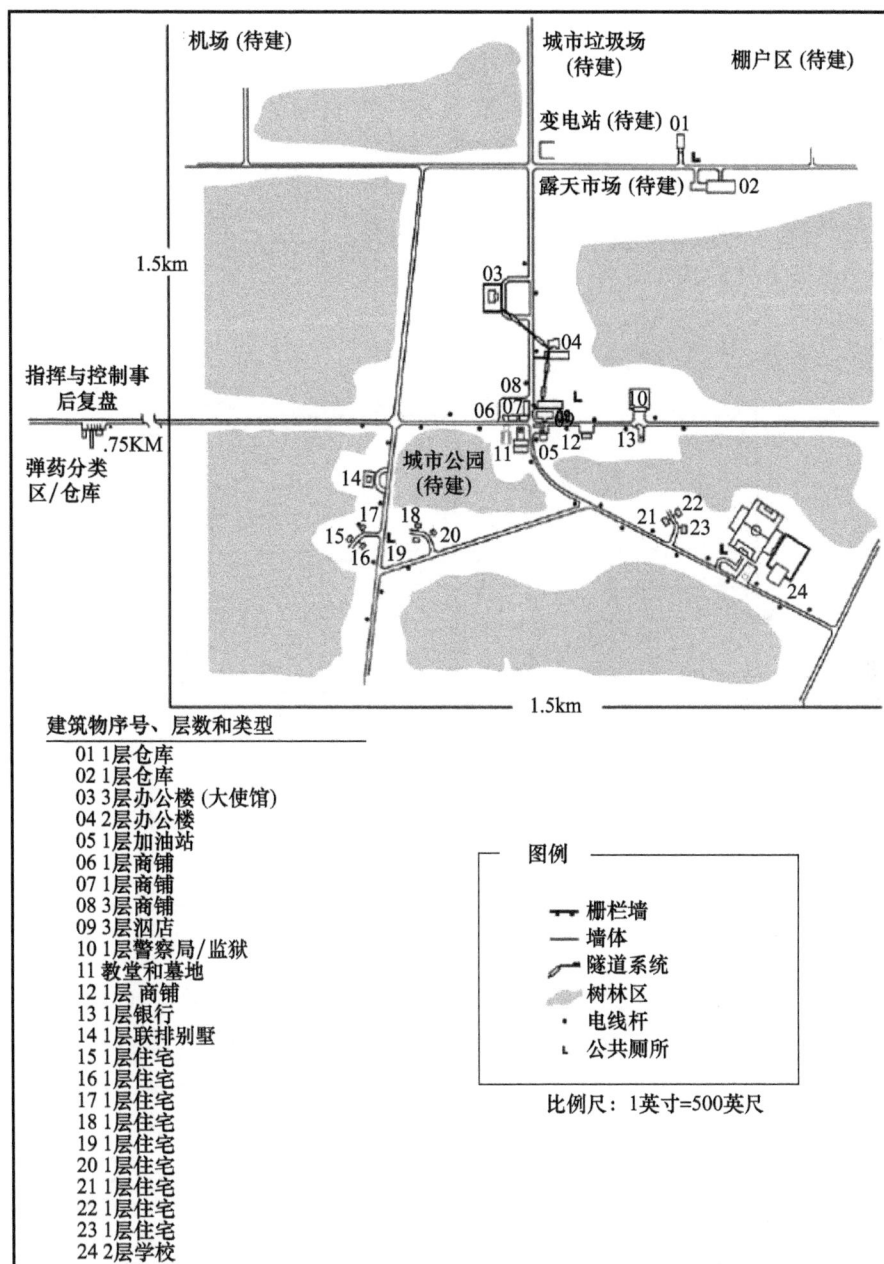

图 6-16 组成示意图

（1）建筑物。

建筑物的种类多种多样,其中一、二、三层都有,有些带有地下室,有些是坡屋顶,有些是平屋顶,使部队训练时在战术和技术方面充满挑战。建筑物具有以下特征:

• 与中央商务区的典型布局相同,酒店是训练场内最高的建筑。酒店内设有一个电梯井、消防通道和一楼大厅。

• 办公楼为两层,有很多房间,布局相同。

• 学校有一条长长的中央走廊,教室窗户很大,同时还有一个单独的大房间。

• 联排别墅分为多个部分,共用一个阁楼。

• 服务站的服务区可停放作战车辆。

• 在房间和楼层之间出入口,人员能够转移。

• 屋顶和外墙设枪眼,便于观察火力范围。

• 屋顶天窗通向多层建筑的顶层。

• 训练房间遍布监控如图 6 - 17 所示。

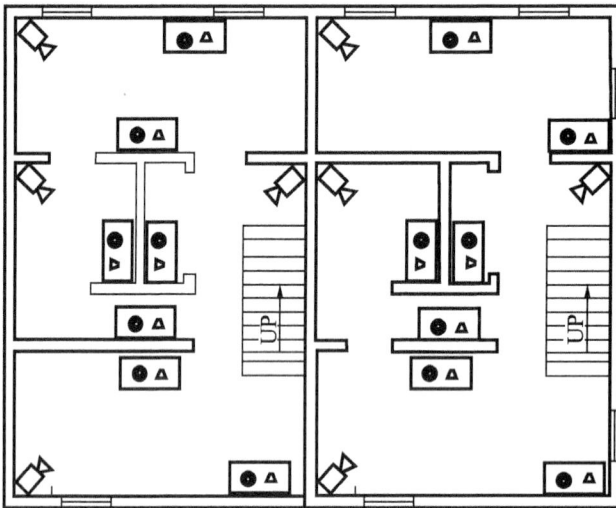

图 6 - 17　训练房间内的监控

房间大小不一,门窗的数量也各不相同。这些房间布置不同,分别设有适合使用陶式反坦克导弹、"标枪"反坦克导弹、"龙"式反坦克导弹和 AT4 反坦克武器系统进行室内发射的位置,士兵需要识别这些房间。街道网络包括单车道和双车道主要道路、次要道路、地方道路和辅路,组成了丁字路口、单转向路口以及十字路口。其他地物可以用来增强真实感,如指示牌、长椅、摆设、报刊亭、电线杆、路灯、花草树木、模拟瓦砾、战场中的平民,以及其他角色扮演者和敌军。训练场附近的空旷区域可用作机动区和集结区。

（2）靶场控制中心及复盘教室。

靶场控制中心及复盘教室提供了办公空间、休息房间和个人存储空间，还提供了观察房间，从中可以利用目光、监控看到靶场下区训练情况，还能看到靶场想定控制计算机的实时情况。预留了电子和通信设备所需的通信房间。一个机电房间提供给 HVAC、仪表板和其他设备。靶场控制中心及复盘教室一般尽量靠近基线，提供对靶场下区的最大观察空间。当视线达不到时，靶场控制中心及复盘教室将使用监控系统单独观察训练区域。控制房是靶场下区想定控制的核心。靶场控制中心及复盘教室设计使用深色屋顶和下遮荫等措施降低光照。靶场旗杆将有一个红色"靶场运行"标识，可以开关控制。

复盘教室提供一个可容纳大约 80 名士兵、2 块重型体育场席位区域。它包括一堵隔断墙，支持两边各 40 人复盘。每个区域前面的投影由讲台上笔记本电脑控制。投影从设施办公区域产生，投送到讲台上的便携式展示系统。图 6-18 是靶场控制中心及复盘教室示例。

图 6-18 靶场控制中心及复盘教室

2. 建设部署情况

美国陆军依据标准为每个旅级单位配备一套合成兵种集体训练设施，目前，已在本宁堡、胡德堡、罗伯茨兵营、印第安敦盖普堡、布莱登兵营、迪克斯堡、皮克特堡等多地完成部署。图 6-19 为本宁堡合成兵种集体训练设施。

胡德堡项目占地 40 多英亩（1 英亩 = 4046.86 平方米），包括一个新的 91827 平方英尺（1 平方英尺 = 0.0929 平方米）的训练设施，由靶场操作中心、复盘评估楼、作业和存储楼，以及 28 个复制的训练建筑物组成。配套设施包括信息系统、电力服务和场地设施，反恐措施贯穿始终。这些建筑有从地下室延伸出来的隧道，在路边的入口连接在一起。隧道由 48 英寸（1 英寸 = 0.0254 米）钢筋混凝土水管建造,Emerson 担任项目的主承包商。设施隶属于美国陆军工程兵部队。图 6-20 为胡德堡合成兵种集体训练设施。

图 6-19　本宁堡合成兵种集体训练设施

图 6-20　胡德堡合成兵种集体训练设施

　　罗伯茨兵营项目位于加利福尼亚州罗伯茨营地的现役国民警卫队训练场。工程包括 26 英亩场地的分级、重型混凝土铺路、地下电气和通信管道库、复合围栏、带有墓碑和墓穴的墓地、13 个新的训练结构和 3 个辅助设施。训练大楼有三层,面积从 1200 平方英尺到 13000 平方英尺不等。包括 1 座教堂、1 个带地下室和地下教练隧道的警察局、1 个带地下室的三层酒店、1 个一层的企业以及一层和二层的居民建筑,大部分建筑是钢筋混凝土砌石墙、钢筋混凝土楼板和中间楼层的预制空心混凝土板。图 6-21 为罗伯茨兵营合成兵种集体训练设施。

　　印第安敦盖普堡建设国一种缩小版的卡西迪联合武器训练设施(CACTF),包括 10~16 处建筑,称为集体训练设施(CTF),主要用于国民警卫队和预备役部队,如图 6-22 所示。

图 6 - 21　罗伯茨兵营合成兵种集体训练设施

图 6 - 22　位于印第安敦盖普堡的集体训练设施

　　佛罗里达陆军国民警卫队在布莱登兵营将他们原有的在城市化地形的军事行动设施升级和扩展为合成兵种集体训练设施。用新靶标、摄像机和训练工具的电源和数据改造该设施现有的 19 座建筑,增加了 18 座新的训练建筑、1 座新的综合靶场操作中心/事后评估/厕所建筑和 1 座作业/储存建筑物。图 6 - 23 为布莱登兵营合成兵种集体训练设施俯视图,图 6 - 24 为合成兵种集体训练设施建设施工场景。

图 6 – 23　布莱登兵营合成兵种集体训练设施俯视图

图 6 – 24　合成兵种集体训练设施建设施工场景

第七章　机动训练区

战术机动是作战行动致胜的关键,通过机动可以塑造态势,使敌人失去平衡,同时保护自身力量。不论进攻还是防御,战术机动都能够将兵力部署到正确位置,从而与敌人交战并消灭敌人。当前作战环境下,部队训练需要大型机动训练区,如果训练环境限制了部队训练,不能准确地反映战场情况,必将影响部队练兵备战质量。陆军根据训练与考核计划、任务训练计划以及合成兵种训练策略开展训练,在所有训练依据中,都确定了开展合成兵种训练所需的机动训练区需求,这些机动训练区是保证实现陆军训练目标的关键。

一、基本概念

(一)术语

1. 机动训练区

陆军部手册 415 – 28《不动产类别代码指南》中对陆军机动训练区进行了说明,将"机动训练区"定义为使用实弹进行实打实爆的训练区域或进行土地密集训练所需的区域,也可以翻译为演习训练区,一般可以分为轻型部队(轻型步兵)机动训练区、两栖部队(运输)机动训练区、重型部队(装甲和机械化步兵)机动训练区。在不同机动训练区,不同类型的部队可以相互共享使用,也可以单独训练一组特定的陆军训练与考核计划任务。其区域组成包括露营地、基地营地及其他各类训练区,落弹区被分为"未爆弹区"或"无未爆弹区",每个区域都用单独的设施编号和不动产记录加以说明。

2. 轻型部队(轻型步兵)机动训练区

依据陆军训练与考核计划,开展运动训练和战术训练的物理空间指的是,仅限于小型部队或只装备了轮式车辆的单位进行演习的区域。"重型"部队不得使用"轻型"部队机动训练区。

3. 两栖部队(运输)机动训练区

依据陆军训练与考核计划,在两栖(舰对岸)作战过程中进行运动训练和战术训练的物理空间既可以包括战斗类任务,也可以包括上岸后的后勤类任务。

4. 重型部队(装甲和机械化步兵)机动训练区

依据陆军训练和评估计划,进行运动训练和战术训练的物理空间,"重型"机动训练区是机动不受限制的区域,可承载所有类型的车辆和设备,包括履带式车辆,也可供"轻型"部队使用。

5. 未爆弹区

划定了边界的区域,用于承载会产生未爆弹的弹药。该区域可能含有作为火炮直接和间接射击靶标的车体。含有未爆弹的落弹区不得用于机动训练。

6. 无未爆弹区

划定了边界的区域,用于承载不会产生未爆弹的弹药。该区域主要由轻武器靶场的安全扇区组成。此类弹着区可用于机动训练,代价是降低了武器靶场的使用率。

(二) 影响因素

1. 作战环境变化

传统作战模式之下的战场都是明确的线性矩形方框,机动训练区与之相同,以关键地形和假想敌为导向模板进行设计。当前,作战环境一直处于变化之中,线性矩形方框形态的机动训练区将不复存在,影响机动训练区的因素比较广泛,需要进行分析研究。

2. 装备技术发展

随着装备技术的发展,功能性能大幅提升,将导致对机动训练区的需求不断增加。一是研制并使用具有视距、非视距和超视距功能的武器;二是态势感知能力的大幅提升,将传感器链接至指挥控制节点和武器系统;三是研制并使用新一代有人/无人空中及地面平台;四是在非线性作战空间中,非对称部队对远距离作战保障要素和勤务保障要素所构成的威胁有所增加;五是更具杀伤力的武器以及可提供态势感知、行动画面的新型数字信息系统。

3. 训练方式发展

未来指挥官将通过实训-模拟-构造(LVC)环境来使部队和人员达到并保持完成任务所需的作战能力水平,旅级部队更多地依靠模拟、构造性环境来达到并保持作战能力,虽然机动训练区域仍是重要依托,但在一定程度上将减少对机动训练区的需求压力。

二、需求分析

(一) 旅战斗队

陆军旅战斗队包括装甲旅战斗队、斯特赖克旅战斗队和步兵旅战斗队。装甲旅战斗队装备精良,但难以进行战略部署;步兵旅战斗队能在全球范围内迅速作出反应,但在对抗机械化或装甲部队时缺乏持久力;斯特赖克旅战斗队是一支全谱部队,适用于所有作战环境,能够对付所有类型的敌人,其首要任务是在复杂和城市地形中,与使用常规和非对称武器的中低端对手作战,并赢得小规模应急作战的胜利。

斯特赖克旅战斗队是美国陆军转型中诞生的一种新编制,其配套训练保障需求在部队建设论证过程中同步完成,这些需求经训练与条令司令部确定,在通过需求审查和优先级确定委员会的相关程序后被陆军部总部采纳,负责基地管理的副参谋长采纳这些需求纳入确定转型所需要的基础设施。斯特赖克旅战斗队的主要作战车辆是斯特赖克装甲车,该装甲车增强了战术机动性,并使斯特赖克旅战斗队能够使其预备队迅速转移阵地、打击敌人纵深的安全通信线路,并进行非毗连战斗、侦察及安全行动。按照标准训练斯特赖克旅战斗队需要复杂的毗连及非毗连机动训练区,这些场地是全数字化训练环境的一部分。斯特赖克旅战斗队的合同兵种及机动能力训练需要地幅广阔且具有复杂地形的训练区域,用以保障斯特赖克旅战斗队机动训练、部队集结、完成纵深打击以及进行必要的侦察监视行动。依据 TC 25 – 1《训练场地》,营规模训练土地地幅要求 600 平方千米,旅规模训练土地地幅要求 2500 平方千米。

旅战斗队按照全谱作战的标准进行训练,包括进攻、防御、维稳及支援行动。指挥官根据对部队熟练程度和任务、敌军、地形和天气、可用部队和支援、可用时间、民事考虑的评估,在这些行动范围内对部队进行不同形式的机动或防御类型训练。装甲旅战斗队开展进攻训练对机动训练区的需求示例如图 7 – 1 所示。

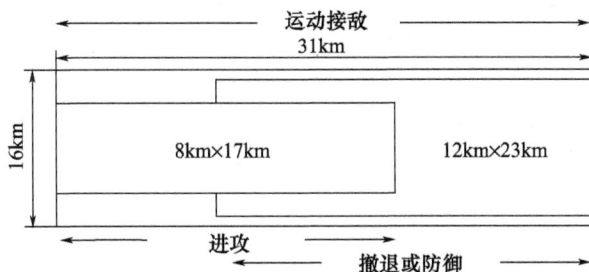

图 7 – 1 "独立"式训练—机动训练区需求

图 7 – 1 示例对机动训练区的需求(或称"方框")约为 12.25 万英亩,比大多数陆军基地都大。旅战斗队可以在这个更大的"方框"内对每一项机动任务进行单独训练,在每次演习后重新布署部队。这可能会分散部队训练注意力,并浪费宝贵的训练时间,在同一地形上重复训练也无法加强部队基本的战术技能。

另一种"自由"式训练模式,不需要额外时间来重新布署部队,但需要增加 5 万英亩场地面积。图 7 – 2 为"自由"式训练—机动训练区需求。

"独立"式与"自由"式训练示例都假设调用的三支特遣队("两前一后")、大多数战斗保障和战斗勤务保障部队都在"方框"内,并且安排了适当规模的对抗部队。

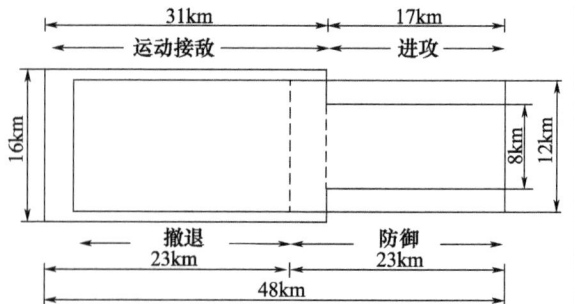

图 7-2 "自由"式训练—机动训练区需求

（二）前方支援营

前方支援营将建立旅支援区，为旅战斗队及其作战单元提供战斗勤务保障，通常协同旅的机动演习来完成机动训练。其机动训练区需求应作为旅战斗队需求的一部分，最好在旅战斗队覆盖范围内。前方支援营对机动训练区的需求约为 2.4 万英亩，在独立训练时可在旅支援区开展战术行动。

（三）未来部队

未来部队的作战距离将更远、作战范围将更广，区分为关注区、影响区和行动区，需要依据"先观察、先理解、先行动"的作战原则，因此，未来陆军将需要面积足够大的机动训练区，并具有包含各种复杂地形的实战化训练条件。未来部队的作战单元针对进攻性作战进行了优化，可以进行维稳和支援行动，具有无与伦比的态势感知能力、机动性及传感器至枪炮的功能，最多可以指挥控制 6 个合同营，并可以得到额外支援和加强。作战单元一般行动措施包括制造出脱离接触的态势、快速敏捷的机动、在敌军武器射程以外的区域与其交战，最终在自身选择的时间和地点从意想不到的方向发起攻击，这些都需要扩展对战场空间和机动训练区的需求。

在实兵训练环境中训练一个旅级作战单元对驻军指挥官和基地场地主任提出了两种截然不同的挑战。首先，作战单元的作战区和影响区面积广阔，甚至远远超过目前国防部除少数几个基地之外所有基地的规模。其次，机动训练区必须在全天候和所有天气条件，提供丛林、山地、开阔起伏地带及城市等全方位的地形条件。为了进一步加强作战单元的小型部队和单兵在多种地形维度上的使命基本任务清单训练，机动训练区应该包括简易和损毁的基础设施（如被毁坏的桥梁）、城市废墟，以及地下地形（如隧道和洞穴）。未来部队的作战区域区分为关注区、影响区和行动。关注区是指挥官关注的区域，包括影响区及其邻近区域，以及可能危及任务完成的敌占区，一般相当于两级以上指挥部的影响区；影响区是指挥官可以通过机动或通常由其指挥或控制的火力支援系统直接影响作战的地理区域，围绕并包括相关的作战区;行动区是指由联合部队指挥官为陆地部队划定的作战区域,面积应该足以使作战单元指挥官能够最大程度地利用行动区所属的作战系统。

作战单元包括多层级系统,每个单元的影响区通常不大于表 7 – 1 所列的半径,在复杂地形或城市地形中可能还要小得多。

表 7 – 1　作战单元战斗空间

部队	作战区半径/千米	影响区面积/平方千米	关注区半径/千米
排	8	16 × 16	16 ~ 30
连	16	32 × 32	30 ~ 50
营	30	60 × 60	50 ~ 75
旅	75	150 × 150	75 ~ 150/175

作战单元训练策略正在制定中,其中将包括实训 – 模拟 – 构造相混合的训练模式,高度依赖于嵌入式训练和训练效能反馈的系统。作战单元仍将在训练靶场和机动训练区进行训练,但它们将会如何演变及其使用方式都是新兴概念。

(四) 预备役及屯兵需求

陆军必须准备好履行国家的战略承诺,在完成这些全球性使命所需的作战力量中,预备役部队占有相当大的比例。这包括为预备役部队配备最新的武器和战术装备系统,为预备役部队提供排级训练经费,一些预备役部队需要按照美国陆军司令部或其他陆军主要司令部的指示,开展连级至旅级训练。预备役部队作战营和其他规模的部队将按照指示,在作战训练中心和国家联合训练中心进行训练,以确保他们的战备状态达到要求。预备役部队面临着地理分散和训练时间有限等独有的挑战。由于对预备役部队依赖性日益提高,因此需要更多的机动训练区来保障他们的训练。机动训练区位于预备役部队主要训练区,其面积可能不够大或不足以模拟作战环境。预备役部队机动训练区的备选方案:一是根据协议备忘录或谅解备忘录,在现役部队基地进行训练;二是采办或租赁机动训练区。

动员时期武装部队将处于战备状态或其他国家紧急状态,动员工作需要考虑对机动训练区的需求。当现役和预备役部队都到达基地同时动员起来,预备役部队到达并开始进行部署前训练时,就需要考虑动员对场地的需求。短期内可能需要增加机动训练区,需要通过对基地设施进行升级、使用其他联邦或州场地、执行长期机动权协议以及租赁场地等措施,满足动员训练需求。具体包括:

(1) 集结和组织人员、物资及装备加入现役。

(2) 激活或联合预备役部队。

(3) 延长服役期。

(4) 采取其他行动来转入战时态势。

（5）开展超出平时要求的个人和集体任务训练。

指定作为动员驻地力量投送平台和力量支援平台的基地,必须保障预备役部队的训练,并使这些部队做好部署准备。指定作为陆军训练中心的基地将被扩大,同时必须迅速应对重要动员对训练需求激增的挑战。这些基地需要提供基本作战训练、高级单兵训练、部队驻地训练、指挥训练等各层级训练,内容包括军官指挥员基础课程、基础士官课程以及高级士官课程。

（五）部署待战部队需求

陆军向位于世界各地的前方一线派驻或部署了大量部队。根据条约协定,已向前方派驻的陆军具有对机动训练区的控制权,以保持部队的个人和集体训练准备状态。随着陆军考虑增加海外训练区,需要评估潜在机动训练区的数量和实战化训练条件。部署在前方的作战部队通常至少需要驻扎 6 个月,他们不需要与常驻前方部队配有同样数量和质量的机动训练区。已部署部队的指挥官,需要对训练因素进行考虑。遵循训练 – 戒备 – 部署 – 参战的理念,任务部队的指挥官自行决定对已部署部队的任务演练训练。训练的重点是保持单兵和班组易生疏的技能,主要是武器资格和班组射击技能。指挥官必须评估其部队的准备情况,并制定训练计划以保持这些技能。战斗勤务保障部队还必须根据他们的使命基本任务清单和战术任务来训练和演练关键性的单兵与集体技能。另外,需要为保障训练需求提供相应的训练装备器材,依据部队的训练需要和部署后可用的训练资源,指挥官可以制定班组和高层级机动训练计划。

（六）训练教学机构

陆军学校和训练中心属于训练教学机构,为终身学习提供了条件,同时培养出了有能力、有自信、有纪律和有适应能力的士兵和指挥员,使他们能够在未知情况下取得胜利。机构训练包括初始军事训练、军官教育系统、准尉教育系统、士官教育系统,以及功能性训练。学校利用教学计划来确定达到标准训练所需的资源,其中包括机动训练区。

随着新设备、训练策略及课程设计的引入,同时每年讲授的课程数目将因学生人数和训练空间的可用情况而有所变化,但教学方法是完善的,能够适应这些变化。目前的教学计划信息可以直接从训练与条令司令部学校网站获取,据此,制定出各训练教学机构的机动训练区需求(见附录二),学校提供的数据进行了以下换算和假设:将最低土地需求计为 1 平方千米;天数等于小时数除以 8,小数位计为半天;在营区内包括车辆调配场、阅兵场、体能训练区进行的训练活动未被计算在内;"课程"是指对教学计划的实施;"训练活动"是指需要在机动区开展的训练;"面积"是指开展训练所需的场地平方千米数;"持续时间"是指进行训练所需的天数,每年的重复次数取决于学校的承载能力和当地条件。

（七）测试靶场

陆军试验与鉴定司令部还需要陆地、靶场、空投区和弹着区来支持研发、测试与评估以及试验，此类设施大部分位于陆军试验与鉴定司令部基地，当前尚未制定关于支持这些任务的确切要求，尽管也为未来部队潜在训练需求留出了大片测试用土地，但目前还无法用于机动训练。

第八章　作战训练中心

美国陆军作战训练中心,主要承担大型检验性演习任务,作为连接部队驻地与部署地之间的桥梁,其为部队提供逼真的战场环境,经历作战训练中心淬火之后最终能够满怀信心地部署到世界各地。作战训练中心训练对象多元化,基本涵盖了所有作战力量,同时作为领导力培养机构,专注于训练和培养自信、适应能力强、自我意识强的领导。陆军作战训练中心是联合国家训练能力(JNTC)实施的一部分,通过使用集成 LVC 训练环境接入联合训练环境,为所有作战能力训练提供联合训练环境。

一、基本情况

美国陆军建有四个作战训练中心,包括欧文堡国家训练中心、波克堡联合战备训练中心、多国联合战备中心和任务式指挥训练中心,前三个中心统称为机动作战训练中心或野外作战训练中心场地。这些作战训练中心设施完善、功能齐全、技术含量高,训练资源实行共享机制,主要承担大型检验性演习任务,配备先进的组训系统,可以全过程、全方位监控部队演练过程,为讲评提供"证据"。

(一)欧文堡国家训练中心

欧文堡国家训练中心位于加利福尼亚州南部巴斯托市东北 60 千米处,建于1980 年,占地 2576 平方千米,训练场面积为 2250 平方千米。为驻美本土的部队提供一种高标准、高强度的部队对抗训练环境,训练对象以旅、营级部队为主,该中心每年可训练 14 个旅,每期为时 28 天。为了增强训练的对抗性和真实性,国家训练中心根据可能的作战对象建立假想敌部队,现在由陆军第 11 装甲骑兵团充当,还设有诸如伊拉克村镇的典型作战地域环境。在国家训练中心轮训期间,各营特遣队还将在进攻性和防御性实弹射击靶场进行训练,使用直接和间接火力武器系统、火炮、武装直升机,还可以得到美国空军近距空中支援。

(二)波克堡联合战备训练中心

波克堡联合战备训练中心位于路易斯安那州西部利斯维尔镇南 15 千米处,占地 803 平方千米,训练场面积约 400 平方千米。波克堡建于 1941 年,具备丛林、沼泽地、开阔地等多种地形条件,内设机场,假想敌为第 509 步兵团 1 营,同时还有将近 500 人的补充部队,装备有第 2 装甲骑兵团改装过的装甲车。该中心是美国陆军轻型部队的主要训练场所,每年轮训 10 波次,每次 1 个营特遣队。据美国《陆军》杂志报道,联合战备训练中心从成立以来共轮训 176 个营级部队、12.8 万名官兵,近年主要进行维和任务训练。与欧文堡国家训练中心在一个联合想定中训练陆军旅战斗队,训练是在艰苦且逼真的实战化条件下进行,训练各种可能的战术行动和任务推演演习,这些行动和任务推演演习完全能够集成到更高层次的演习和想定中。为了保障陆军部队的战备和力量生成的可持续性战备过程,联合战备训练中心通常将聚焦旅战斗队的决定性行动能力。然而,在全球力量管理分配需求之下,联合战备训练中心也可能负责执行重点轮训,以支持旅战斗队的任务准备进程。

(三)多国联合战备中心

多国联合战备中心是美驻欧陆军最大的训练区,分为实弹训练区和机动训练区两部分,实弹训练区位于德国格拉芬沃尔训练区,机动训练区位于霍恩费尔斯训练区。为美军及其盟军支持全球反恐战争进行训练,每年支持 10 次轮训。格拉芬沃尔的实弹训练区具有多用途靶场综合体、多用途训练靶场和步兵班战斗训练靶场,霍恩费尔斯训练区支持带有热像系统的战术交战模拟训练。联合跨国战备中心的假想敌由第 4 步兵团第 1 营组成,该营由 3 个步兵连、1 个坦克连和 1 个指挥部组成,可以根据训练场景需求变化而灵活配置,同时接受过相应的威胁战术和理论训练,可提供从低强度冲突到全面战斗的实战演习机会。作战机动训练中心工具化训练系统支持演习控制,同时可采集实时定位及交战数据,可用于行动后复盘和编制训练汇编包。为了支援陆军部队的战备和力量生成的可持续战备过程,多国联合战备中心通常将重点放在支援美国陆军欧洲司令部下属旅战斗队的综合训练任务上。为了保持每年 10 次轮训的能力,多国联合战备中心每年为作战训练中心管理委员会提供资源,该管理委员会每年在霍恩费尔斯和格拉芬沃尔一带进行决定性行动轮训,并部署到相应的机动区域。多国联合战备中心还会在上级指示之下,支持作战训练中心计划之外的活动,如北约编制内的快反部队、欧洲轮训部队和地区联合部队的训练,充分利用战区提供的资源和作战训练中心的装备设施。

(四)任务式指挥训练中心

任务式指挥训练中心位于堪萨斯州利文沃思堡,是陆军主要的指挥训练中心,实施或保障模拟全球各地作战环境下的统一地面行动训练,为陆军各级指挥员创造了训练环境,锻炼任务指挥能力。其保障的演习包括"勇士演习"、陆军军种组成司令部演习、任务战备演习、应急行动、"旅级勇士演习"、联合特遣部队勇士演习。训练对象包括国民警卫队旅战斗队、多功能支援旅、功能支援旅、远征持续司令部、师、战区持续司令部、集团军、陆军军种司令部、特种作战联合特遣部队、联合特种作战特遣部队和联合部队陆上分队司令部。另外,通过与联合参谋部J7协调,可以为联合特遣部队的司令部和参谋人员提供训练。

二、功能作用

作战训练中心训练是以使命关键任务清单为重点,为统一地面行动和决定性行动任务进行训练,突出进攻行动、防御行动、稳定行动和支援民事行动等四类行动训练。作战训练中心是陆军训练变革的引擎,持续推动着全军训练。从作战训练中心轮训取得的知识和经验将为后续维持性训练及改进性行动确定新的目标,指挥员在评估总体作战部署及检验特定任务准备情况时,将充分考虑在作战训练中心的轮训情况。作战训练中心的地位作用体现在七个方面:一是为指挥员、参谋人员和部队提供作战经验;二是提升部队战备能力;三是创造紧张作战训练环境,培养敢于大胆创新的领导者;四是推动在全陆军范围内贯彻落实条令;五是为改进作战能力提供反馈;六是服务于能力建设,从条令、编制、训练、物资、领导力和教育、人员、设施和政策(DOTMLPF – P)方面,提供数据来源;七是推动新战术、技术和程序的实践应用。

(一)机动作战训练中心

机动作战训练中心包括国家训练中心、联合战备训练中心和多国联合战备中心,为地面机动旅战斗队提供每年最多10次轮训,能够提供联合兵种实弹射击、部队对抗训练和城市作战训练。这里提供的是陆军训练策略中的顶级集体实兵训练项目,为在作战训练中心取得最大化训练效益,部队在驻地阶段即着手积极准备。轮训的预期结果是,常规陆军旅战斗队将达到营级机动和实弹演习级别熟练程度,预备役旅战斗队将达到连级机动和实弹演习级别熟练程度。常规和预备役旅战斗队应在作战训练中心轮训中完成指挥员和参谋人员的任务式指挥训练。为加强指挥员训练而进行的特定任务训练和演习,并将部队置于接近部署战区的条件下,进行任务推演演习,也可嵌入上级司令部(师或军)的任务准备演习中。任务推演演习从机动作战训练中心的接收、集结、前送和一体化演习的第一天开始,在部队主体完成机动作战训练中心计划并返回其驻地时结束。

(二)任务式指挥训练中心

任务式指挥训练中心侧重于提高部队的战备状态和领导层的能力水平,为各师、集团军、陆军军种司令部、特种作战联合特遣部队、联合特种作战特遣部队、特种作战指挥与控制分队、陆军国民警卫队旅战斗队、多功能支援旅和单功能支援旅的指挥员和参谋提供所需训练。指挥训练中心执行标准、非标准两类军、师级规模轮训。标准轮训,训练对象包括 1 个军和 1 ~ 2 个师,以及 11 个其他训练对象。考虑地理位置和任务独特性,驻扎在美国本土以外部队的任务式指挥训练在部队海外驻地进行,其他所有任务式指挥训练主要在堪萨斯州利文沃思堡进行。非标准轮训反映了特殊情况,需要特殊的经费和人员保障。轮训经费将用于满足由平时指挥关系组成的标准部队名单的需求,标准部队名单以外人员、费用和设备等资源,由轮训部队提供。非标准任务式指挥训练计划轮训必须在轮训的初始计划会议之前获得批准,与美国陆军部队司令部协调的 G - 3/5/7 副参谋长是所有非标准任务式指挥训练计划轮训的批准机构。

具体训练内容如下:

(1)指挥训练每年计划开展 5 个军或师联合特遣部队任务准备演习及作战演习活动,最多 13 个部队(1 个军和 1 个师或 2 个师,最多 8 个嵌入式功能旅、多功能旅,或最多 1 个远征保障司令部/战区保障司令部和 1 个保障旅或 2 个保障旅,或最多 1 个特种作战部队司令部)。军师作战演习的主要训练对象是作战部队的指挥员和参谋,次要训练对象包括主要的下级司令部指挥员、独立指挥员和参谋。多功能支援旅和功能支援旅作战演习轮训,包括旅指挥组和旅参谋(个人、协调和专业参谋),嵌入在军和师作战演习中。

(2)保障 5 次陆军军种司令部训练活动,每个陆军军种司令部每年进行一次任务式指挥训练计划活动,包括美国陆军太平洋司令部、美国北部陆军、美国陆军欧洲司令部、美国中央司令部和美国陆军非洲司令部训练,并根据可用性和优先级安排任务式指挥训练。联合特遣部队和陆军军种司令部演习包括联合特遣部队和陆军军种司令部小组、参谋(个人、协调和专业参谋)以及根据指挥员训练目标确定的主要下级指挥所指挥员。演习指挥员确定陆军国民警卫队和美国陆军预备役部队编组、重型和轻型部队的混合、进行联合和合成行动的决定以及适当的陆军特种作战部队编组也将根据演习目标决定。

(3)保障陆军国民警卫队旅战斗队 6 个“旅级战士演习”,如果所在州和现役部队都没有训练场地,默认的解决方案是使用陆军国民警卫队的任务式训练中心,位于堪萨斯州利文沃斯。场地的优先次序为:所在州/常驻地设施;陆军国民警卫队任务式训练中心(例如,位于宾夕法尼亚州印第安镇堡的阿特伯里营地,或堪萨斯州利文沃斯堡);现役部队的地区任务式训练中心。

三、基本组成

作战训练中心由五个要素组成,如图 8 - 1 所示,包括受训部队、运行组、作战环境和假想敌、训练装备器材、训练设施,这些要素相互依存、相互影响、相互制约,通过对这些要素的优化配置、组合、运用,可以确保作战训练中心有序且高效地运行。

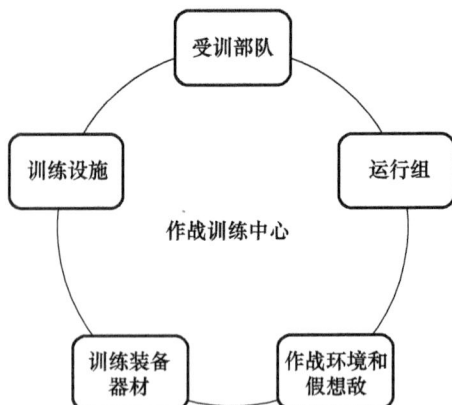

图 8 - 1　作战训练中心要素组成

（一）受训部队

受训部队是参加作战训练中心轮训的部队,一般每五年会制定一个轮训计划,并由 G - 3/5/7 副参谋长负责审批,形成受训部队名单。机动作战训练中心(多国联合战备中心、联合战备训练中心和国家训练中心)的训练范围将集中在旅战斗队、营两级,任务式指挥训练计划范围将根据需要进行调整,包括旅战斗队、战区持续司令部、远征保障司令部、功能/多功能旅,还包括支援旅、特种作战部队、师、集团军和作为作战陆军或联合部队陆上分队司令部的陆军军种司令部。不同作战训练中心的职能各不相同,承训部队也不相同。参加机动作战训练中心轮训的部队需要一定门槛,常规陆军旅战斗队需要完成并达到连级机动和实弹演习熟练级别,预备役旅战斗队需要完成并达到排级机动和实弹演习熟练级别,两类旅战斗队都需要完成营指挥员和参谋人员的任务式指挥训练。作战中心训练计划支撑陆军持续战备模型,通过演习训练推动战备工作,使指挥员能够进行战备评估。在资源和日程允许的情况下,不在陆军部队战备和力量生成管理过程内的部队也可在作战训练中心计划进行训练。

（二）运行组

运行组由高素质的观察员、教练员、训练员组成,根据特定作战训练中心和演习情况为训练制定想定,同时对部队和领导的表现进行复盘分析:一类是训练结束后全面系统的复盘讲评,强化陆军的条令标准;另一类是在训练期间针对发现的训练问题,在不打乱训练活动的前提下进行随机讲评。运行组配备有数字化任务式指挥信息系统和通信手段,可与部队指控系统无缝行动,这些能力包括但不限于21 世纪旅及旅以下部队作战指挥系统、假想敌追踪器、联合能力释放软件和陆军任务式指挥信息系统、联合网络节点、全球广播服务、保密的互联网协议路由器、非保密的因特网协议路由器网络和其他成熟的系统。

机动作战训练计划的观察员、教练员、训练员具体配置如下：

（1）旅战斗队参谋部：由主要领导、指挥组、基本指挥所、战术指挥所、后方指挥所以及参谋/作战职能集成部门组成。

（2）营参谋：由主要领导、基本指挥所、战术指挥所、后方指挥所以及参谋/作战职能集成部门组成。

（3）连队：3个观察员、教练员、训练员组分别配置在指挥员、火力支援官和司令部处（执行官、军士长、连队训练和航空警戒）。

（4）排：每个排设置1个观察员、教练员、训练员组（机动、武器、侦察、炮兵、工兵、宪兵、核生化侦察、防空、医疗、维修、支援、运输、油料）。国家训练中心、联合战备训练中心和多国联合战备中心的每个迫击炮排设置2个观察员、教练员、训练员组；联合战备训练中心和多国联合战备中心的每个步兵排设置1个观察员、教练员、训练员组；联合战备训练中心和多国联合战备中心的每个宪兵排设置1个观察员、教练员、训练员组。

（5）分排/组：每个关键资产和系统（如侦察、狙击、作战观察和激光引导小组、爆炸物处理、信号情报、电子战、反情报、联合网络节点、无人机系统、作战武器、心战行动、雷达和部队牧师）班设置1个观察员、教练员、训练员组；联合战备训练中心和多国联合战备中心的所有步兵、武器、侦察和狙击班设置1个观察员、教练员、训练员组。

任务式指挥训练中心观察员、教练员、训练员需求规定要涵盖13个受训对象，具体配置如下：

（1）陆军军种司令部或指定受训对象的参谋部：由主要领导、指挥组、指挥所和陆军军种司令部演习的参谋/作战职能集成部门组成。

（2）集团军、师、战区持续司令部、远征持续司令部、功能/多功能旅、特种作战部队司令部和支援旅参谋部：由主要领导、指挥组、指挥所、参谋部/参加作战演习的旅战斗队参谋部的作战职能集成部门组成。任务式指挥训练计划运行组还需要高级指导人员具备应有的专业知识，以便在执行任务式指挥和参与训练过程中训练、教授和指导高级部队指挥员。高级指导人员的保障将根据国防部和陆军部指示获得。

（三）作战环境和假想敌

为提高训练的真实性，需要复现作战环境中的假想敌，假想敌是训练有素的对抗力量，能够在交战中击败轮训部队，这将为轮训部队提供最艰难、最具挑战性的战斗。假想敌必须具备模拟现代威胁部队的能力，并影响想定中的政治、军事、经济、社会、基础设施、信息、物理环境和时间等作战变量，以此强化轮训部队的领导和部队能力。

为了复现作战环境中的社会环境,作战训练中心的环境将包括战场上的平民。战场上的平民是由众多角色组成,扮演的角色类别定义如下:

(1) 一般角色扮演者。指定这些人员在战场上扮演普通平民和非战斗人员,如无辜的旁观者、店主和家庭成员。他们没有特殊技能,但应该能够在特定任务中复现出作战环境(一定数量的男性、女性以及不同年龄)的真实情况。

(2) 特殊技能角色扮演者。这些人员具有适合训练环境的独特知识、专长或经验。例如语言角色扮演者、文化角色扮演者、地方重建小组经验。

语言角色扮演者,即说外语的人。他们支撑以地理位置的情景为中心的训练目标,并要求语言或方言的复现。语言角色扮演者通常是说母语的人,但也可能包括国防语言能力测试等级为 3/3 或同等水平(大学水平)的语言学家。特别是在任务推演演习期间,语言角色扮演者提供现实可行的训练条件是十分必要的。

文化角色扮演者。他们是为目标国家或地区雇佣的具有特定文化经验的人员,他们为友军提供现实的文化经验,这些经验被认为对部队训练目标的成功至关重要。他们通常也是说母语的人,这些人通常在训练想定中扮演重要角色(如州长、市长、警察局长、宗教领袖和关键社区人士)。文化角色扮演者是提供现实可行训练条件所必要的角色扮演者,尤其是在任务推演演习期间。

此外,作战训练中心模拟的作战环境还包括其他因素,如媒体、非政府组织、私人志愿组织、难民、恐怖分子、联合国、叛乱分子、大规模毁灭性武器、网络空间作战、信息作战、电子战和其他各种复杂因素。

(四) 训练装备器材

训练装备器材包括工具器材、训练辅助设备、激光交战模拟器和仿真系统,简称为"I-TADSS",是实现作战训练中心训练目标的基本物质条件。陆军将推动作战训练中心训练装备器材的通用性和融合性,以实现最大化的规模效益,并支撑训练复盘,为陆军研究提供标准数据收集和分发能力,使得信息和经验交流更加流畅。机动作战训练中心将在实弹训练和城镇作战中使用训练装备器材,仿真系统将支撑所有作战训练中心的训练需求。训练装备器材和仿真系统将最大程度与陆军任务式指挥信息系统融合,必要时可以在高等级保密模式下运行。所有装备开发人员、项目执行官和项目主管将在系统部署计划和能力文件中纳入作战训练中心的训练需求。

(五) 训练设施

作战训练中心的基础设施在保障日常工作和轮训任务方面发挥着至关重要的作用,资源支持是否充足直接影响作战训练中心任务的成败。支持日常行动的建筑物包括但不限于训练装备器材相关维修保障、复盘研讨、假想敌、通用战术交战仿真系统存储、车辆停放,以及后勤保障等业务设施。作为基地运行、维护保养和现代化任务经费的一部分,驻军指挥员有责任提供这些设施,负责保障轮训部队和加强人员住房和补给设施,以及训练场区外的相关公用设施、通道、安全和支援的基础设施,并负责建筑物、土地以及土地改良的维护和维修。

第九章　训练系统与配套设施

一、训练导控系统

导控系统用于演习训练的导演调理、控制管理、裁决评估、态势显示,可与激光交战系统、靶标系统配套使用,可以追踪士兵和车辆并收集实时伤亡评估信息,通过收集大量交战数据,监控并记录参与者的位置和谁在什么时间、什么地点、击中了谁、后果是什么,提供有效的训练反馈,便于训练复盘。

靶场运行中心是仪器化靶场的中心,提供了一个综合管理系统,可从一个单个工作站控制所有功能。可以根据需要将多个工作站连接至网络,以控制或访问数据。靶场运行中心体系结构基于所有数据都存储在关系数据库中的理念。这包括实时靶场数据、人工输入的用户数据、数据命令、用户角色与模拟、靶标数据和总体结果数据。靶场运行中心将使用一个独立于平台的关系数据库。靶场运行中心具有多重功能,可作为收集到的所有数据及控制靶场设施所有组件的中央控制点。靶场运行中心可提供控制靶标的能力、靶标数据收集的接口,以及将从靶标收集的数据输入靶场数据库。该数据库不仅能够提供靶标信息的集中处理,而且还能收集来自参训单元装备、视频设备和音频组件的信息。靶场运行中心可提供一个高级体系结构接口,用于接入外部模拟系统,如近战战术训练系统或"两面神"模拟系统。情境显示器可为靶场运行中心操作员提供参训单元状态的视图,以及演习安全与管理方面的靶场信息。此外,靶场运行中心还能提供总体任务场景创建能力,以同步所有数字靶场组件。

(一) 作战训练中心工具系统

该系统主要部署在美军机动作战训练中心,为参加轮训的部队进行对抗训练提供一种逼真的作战环境,并能够收集大量交战数据,用于研究分析和生成复盘效果,提供有效的训练反馈,提升作战训练中心的训练能力,如图 9-1 所示。

作战训练中心工具系统是一种基于通信、数据分析、音视频记录的组训信息系统,可收集、上报、存储、管理、处理、展示训练数据,支持训练复盘分析,包括软件、硬件、工作站、基站设备、通信设施、语音电台、数据器材和接口设备。系统使用了先进的模块化组件技术,基于 CTIA 协议,能够与其他外部系统通过 DIS、HLA、TENA协议交互,支持 1 万个工具化的人员及车辆等训练实体以及 10 万个虚拟兵力,属于"实兵训练转型"训练系统体系(LT2 – FTS)的关键部分。

　　作战训练中心工具系统被美国、澳大利亚、加拿大、意大利等十多个国家广泛使用,其中美国于 2017 年和 2018 年分别在国家训练中心和联合战备中心部署,用于旅规模交战训练。

图 9 – 1　作战训练中心工具系统

(二) 作战训练中心航空分系统

　　该系统的使命任务是部署在三个机动作战训练中心,为观察员、教练员及组训人员提供工具,为假想敌 UH – 72A 勒科塔飞机加装战术交战仿真系统,使飞机具备合成武器能力,并从假想敌飞机收集位置信息和战术交战系统事件数据,反馈给机动作战训练中心工具系统。

　　作战训练中心航空分系统项目工作分两个阶段实施:第一阶段为观察员、教练员、组训人员、假想敌飞机提供基本战术交战系统工具套装;第二阶段为假想敌飞机增加进攻能力,可提供仿真导弹、火炮、火箭弹模拟。另外,两个阶段能力已被集成入三个机动作战训练中心的工具系统之中,训练反馈分析人员可以监控假想敌飞机、地面车辆、空中飞机的近实时定位和三者间的 MILES 事件,利用数据形成复盘讲评资料,给受训单位提供训练反馈。该系统与航空通信网络、观察控制通信系统一起,在三个机动作战训练中心部署。

　　合同商为空中客车及 InterCoastal 电子,于 2010 年 12 月完成了第一阶段部署,2016 年第 2 至第 4 季度完成了第二阶段部署,2016 年 2—8 月部署第 1 架飞机,改型 11 架。

(三) 联合太平洋多国战备能力工具系统

　　该系统为太平洋战区提供固定式和机动式训练设施,为陆军、联合力量和多国部队驻地训练提供全谱冲突训练所需的逼真环境,满足作战指挥员的需求,增强士兵、领导、部队的战备能力。图9-2为太平洋战区工具系统。

图9-2 太平洋战区工具系统

这是一种以陆军战场指控系统为中心的信息体系,包括集成的计算机软件、硬件、工作站、数据库、音视频记录设备、展示设备和接口设备,提供了一种类似作战训练中心的训练模式。它支持训练计划、训练管理准备、训练效果反馈、战术交战仿真数据收集以及观察者/控制者通信系统,是"实兵训练转型"训练系统体系(LT2-FTS)中的关键部分,应用了先进的基于模块化组件技术。

合同商为通用动力任务系统公司,2013年系统部署在夏威夷斯科菲尔德兵营,2015年能力生产文件获得批准,2016年开展了持续的技术更新及软件升级,并成为官方正式记录项目。

(四)驻地工具化训练系统

驻地工具化训练系统(图9-3)用于营及以下分队在驻地开展实兵实装交战训练,为训练单位提供一种自动化工具,可满足在驻地开展工具化实兵对抗训练,可对集体训练效果进行中等逼真度的因果关系分析。使用模式类似于部署在国家训练中心、联合战备中心等大型训练系统,一般需要与战术交战系统共同使用,它为组训者和受训者提供收集、分析、展现训练表现的工具。在营规模交战训练过程中,驻地工具化训练系统能够追踪战士和车辆,同时收集他们的实时伤亡评估信息。支持组训者实施训练监控并记录参与者的位置和谁在什么时间、什么地点、击中了谁、后果是什么。训练结束后,系统自动形成多媒体训练资料,形成训练记录包,供训练结束后受训者参考。另外,系统还具备器材资产自动化统计功能。

驻地工具化训练系统包含了大量自动化技术工具,是一套综合了计算机软硬件、工作站、数据库、音视频和数据的记录、加工和展现设备、接口设备和通信网络的集成化信息系统。它提供了LVC集成训练环境的实兵交战空间,是LT2-FTS(LT2训练系统协议)项目的一部分,并基于统一训练工具体系结构协议。

图9-3 驻地工具化训练系统

（1）驻地工具化训练系统依托车载运输平台，能够快速部署支持现地训练。

（2）操作简便，1小时内可部署完毕，仅需4人保障。

（3）可与1162个装配有工具化多用途激光交战系统（I-MILES）的人员车辆交互，可与8000个虚兵交互，应用范围20千米×20千米。

（4）能够捕捉可编辑和嵌入的视频，用于复盘评估展示。

（5）支持操作员监控和记录受训单位的四路话音空中和地面信道。

（6）战场管理程序支持操作员执行火力任务、使用地雷和简易爆炸装置，允许自主裁定这些攻击造成的伤亡和毁伤效果。

系统主要由训练控制子系统和网络子系统组成，系统运行一般还需要与MI-LES等战术交战系统配合使用。

训练控制子系统区分为营、连级，营级训练控制子系统可支持2000个节点，由工作站、计算机架、复盘屏幕组成，占地面积为32英尺×5英尺；HITS连级训练控制子系统由计算机架、复盘屏幕组成，占地面积为7英尺×3英尺，可支持450个节点。

网络子系统由3套通信方舱车组成，每个方舱占地面积为15英尺×18英尺，工作时厢板可展开,天线高度最大为 110 英尺。图 9 - 4 为驻地工具化训练系统(HITS)通信方舱车及天线展开效果。

图 9 - 4　HITS 通信方舱车及天线展开效果

　　该系统由 CUBIC 公司为美国陆军研制,2012—2017 年在了坎贝尔堡、胡德堡、布利斯堡、鼓堡、莱利堡、韩国、夏威夷、阿拉斯加等地部署了 15 套,计划于 2016 年再部署 4 套。2014 年 CUBIC 公司又中标了下一代 HITS 的研制项目,该项目称为陆军移动式工具化训练系统(AMITS),包括战术指控中心、移动网络节点,与上一代相比,操作使用更方便高效、通信能力更强。

二、靶标系统

　　靶标系统是敌情在训练场上的实体映射,是开展射击训练必备的物质条件。目前,美国陆军使用的靶标主要由洛克希德·马丁、Meggitt、萨博等公司研制,可分为静止靶标、运动靶标、战术靶标、智能靶标、城市作战靶标等。静止靶标主要用于模拟静止步兵和装甲靶,起倒靶属于静止靶的一种,通过控制靶的抬起和放倒,实现目标的显示与隐蔽,能够升降各种姿势的步兵靶标。运动靶标是一种利用轨道系统,依据想定中的射击需求,可调节速度和移动方向,可模拟人员走路和奔跑以及车辆的快速移动。战术靶标中有一种编组靶标,可以特定编组和阵形样式呈现潜在威胁,为简化靶标布设需求,各种阵形和编组可以被标准化地使用。还有一类战术背景更强的战术靶标,置于轨道系统之上,能够支撑和移动三维车辆靶标,另配有多种静态步兵靶模拟车载人员,具备攻击能力,车载的额外传感器还可以模拟爆炸物。靶标一般与声、光与烟雾模拟器配套使用,命中后产生相应战场效果。命中传感器可以调节敏感度,感知适应各类武器弹药进行实弹射击或激光交战系统进行模拟射击。美国陆军靶场使用"靶标自动控制记录软件"进行射击训练记录,这是一套政府货架产品软件,具有标准化的接口,可兼容各类靶标。

（一）静止靶标

静止步兵靶是一种独立升降机械结构,用于升降步兵轮廓,这些机械结构能够升降各种步兵目标轮廓,每一个靶标占了单独的位置,也可使用多个靶标,如图 9 - 5 所示。

(a) 步兵靶

(b) 步兵靶

(c) 双臂靶

(d) 装甲靶

图 9 - 5 静止靶标

双靶臂是一套安装在静止步兵起倒靶标机械结构上的支架系统,这种设备支持用户在一套起倒装置上面放置两套靶廓。它增加了靶标区域,用于某些机枪交战需求,如两套靶通过附件连接,一颗子弹击中任一靶则触发命中传感器,表示射击成功。静止装甲靶标是一个单独的提升机制,能够提升一个全尺寸侧面和前面的车辆目标,具有激光交战系统的接口。另外,还有一种旋转单兵靶标,可向受训者以 360°任意旋转展示。

（二）运动靶标

运动靶标(图 9 - 6)一般分为运动步兵靶标和运动装甲靶标。运动步兵靶标是由静止步兵靶标及配套轨道载具组成,能够沿特定路径移动,模拟移动的人员目标,依据移动速度区分为四种模式,其中:慢走模式时速 1 ~ 3 千米,快走模式时速 4 ~ 6 千米,慢跑模式时速 8 ~ 10 千米,奔跑模式时速 2 ~ 14 千米。为满足想定中的射击需求,能够调节移动方向、控制显示和隐藏靶标,配套了热像设备,可自动记录击中次数。这种靶标由 Meggitt 训练系统公司研制,用户除美军外,还包括德国、加拿大、意大利、俄罗斯、韩国、沙特、日本、澳大利亚、埃及等国军队。运动装甲靶标利用轨道系统模拟运动的装甲车辆,能够支撑和移动任意标准侧面轮廓。为满足想定中的射击需求,时速可在 4 ~ 32 千米之间设置,具备调节移动方向的能力,可称为具有"躲避"能力。这种靶标由 Meggitt 训练系统公司研制,用户除美军外,还包括德国、韩国、沙特阿拉伯等国军队。

(a) 步兵靶

(b) 步兵靶

(c) 装甲靶

(d) 装甲靶

图 9 - 6　运动靶标

(三) 战术靶标

入口关卡移动靶用于响应美国陆军应对伊拉克维稳行动需求,由 Meggitt 公司研制,可以模拟安全检查控制点等环境中的威胁,于 2010 年开始使用。移动靶由 1 套 3D 车辆靶标载具、2 个静态步兵靶标以及轨道系统组成,静态步兵靶标用于模拟车辆驾驶员和乘员,并具有攻击能力,车载的额外传感器还可以模拟爆炸物。图 9 - 7是入口关卡移动靶的实例。

图 9 - 7　入口关卡移动靶

编组靶标以特定编组和阵形形式呈现潜在威胁,满足各种战术训练需求。图9-8是编组靶标的实例,在开发靶场过程中可作为一种借鉴。

图9-8　编组靶标

(四) 智能靶标

智能靶标(图9-9)一般采取全地形底盘设计,可模拟作战人员和机动装备,具备自主移动和路线轨迹设置功能,替代现有有轨移动靶标,通过智能化技术,增强目标逼真度,提高实战条件下的训练效果。智能靶标自身具有智能化特点,人机交互生动逼真,诸如击中后倒地、未击中后加速躲避甚至能自折叠后隐藏;控制形式多样,可通过遥控杆、手机或计算机控制;机动方式灵活,可按设置的路线,也可自主运动,并具备一定避障能力。

图9-9　智能靶标

（五）城市作战靶标

城市作战靶标(图 9 – 10)主要以室内外训练使用的人形靶标为主,一般与美国陆军合成兵种集体训练设施、射击房等各类城市作战设施配套使用。这种靶标的机械控制机构设计灵活,可在门窗内切换显隐状态,也可 360°旋转模拟转身动作,满足室内外多种训练场景需求;人物设置生动,可以模拟敌方人员、友军和平民,双人靶可用于人质解救训练场景。

图 9 – 10　城市作战靶标

三、激光交战系统

工具化多用途激光交战系统(I – MILES)是美军最著名的激光交战系统,自 20 世纪 80 年代至今,大量装备部队,目前已是第四代产品,前三代分别是 MILES、MILES 2000、MILES XXI。利用激光技术模拟直瞄武器射击,依靠部署在人员或装备上的传感器接收激光,通过分析模型计算毁伤效果。系统支持在驻地、工具化训练场、作战训练中心训练,包括基于单兵种或合成兵种的直接火力兵力对抗交战训练。依据安装对象区分为单兵、作战车辆、战术车辆三种产品,遵循统一的技术协议,各产品之间可实现交互。

（1）单兵版(IWS 2)。

单兵版是一种单兵穿戴式系统,可培养士兵的战术机动、防护、交战技能,支持班组至旅级训练系统套件由士兵身上的绑带、头盔环以及士兵武器上的小型激光发射器组成,如图9-11所示。最新产品使用了个人区域网络技术,并形成了工业标准,使用无线传输方案替代了原有士兵身上的背带和线缆。

图9-11 激光交战系统(单兵版)

(2)作战车辆版(CVTESS)。

作战车辆版主要安装于"艾布拉姆斯"坦克、"布莱德利"步战车、敌坦克等,用于训练乘员的交战技能和战术机动能力,支持新型武器、弹药,既可进行人员训练,也可用于武器效果评估,如图9-12所示。

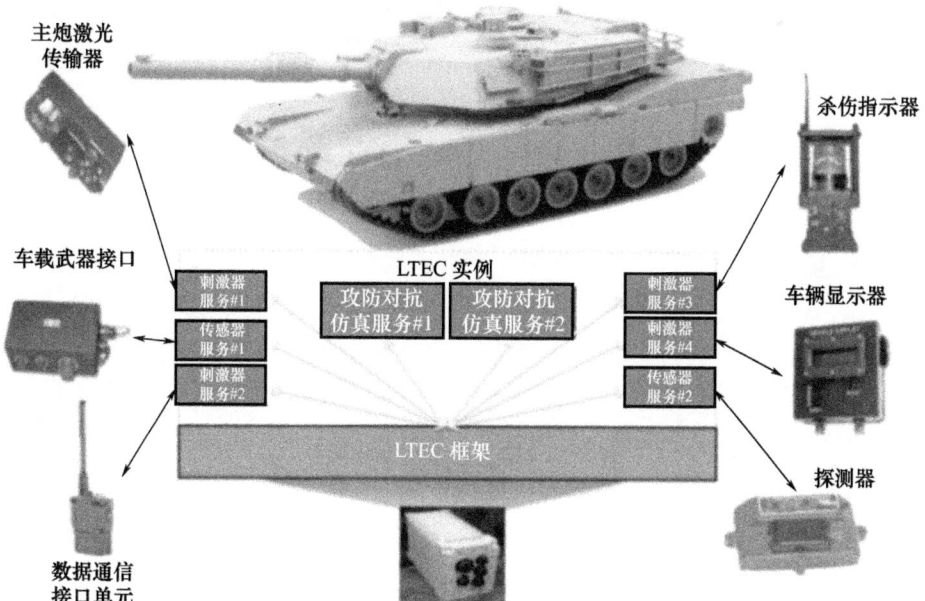

图9-12 激光交战系统(作战车辆版)

（3）战术车辆版（TVS）。

战术车辆版可安装于轮式战术车辆，包括斯特赖克车族、防雷反伏击防护车，也能独立用于桥、建筑物等结构，如图9-13所示。通过模块化开放架构设计，便于陆军各类车辆平台使用。战术车辆版激光交战系统由乘员控制模块、车辆击毁警示灯、车辆命中控制器、轻武器发射模块、串行模块射频接口，以及车辆探测模块组成。车辆击毁警示灯具备1800米的可视性，1赫的闪烁频率；乘员控制模块实现基本控制功能，具备丰富的图形化用户接口，提示各种系统事件，内置电池可支持100小时操作；车辆命中控制器是系统主要的协调部件，使用内置数据执行毁伤评估，记录用于复盘评估的各种系统事件，提供与用户单元工具之间的数据通信接口以及实时监控；探测模块使用无线互联，兼容PMT-90激光编码，接收角度大于120°，使用AA电池，支持使用900小时以上；轻武器发射模块与单兵版一致，支持与车辆的同步毁伤，使用AA电池，支持使用600小时以上；串行模块射频接口提供车内外射频通信。

图9-13 激光交战系统（战术车辆版）

单兵版、战术车辆版激光交战系统由Cubic公司生产，作战车辆版由Saab公司生产。截至2016年，单兵版部署了88681套，战术车辆版部署了6717套，作战车辆版部署了2959套。另外，这些激光交战系统也部署到了英国、加拿大、澳大利亚、韩国、克罗地亚、科威特、斯洛文尼亚、罗马尼亚、拉脱维亚、格鲁吉亚等地。

四、训练监控系统

训练监控系统用于训练过程中各类音视频信息的获取、检索、传输和显示,系统组训者可以依托数字资源管理系统对音视频信息进行标记、搜索、检索和回放,便于行动后复盘以及靶场安全监控。在训练复盘时,可以同步回放视频和音频,也可以将情景资料与多媒体数据一起导出到幻灯片演示文稿、网页、印刷材料或CD/DVD中,形成训练汇编包提供给训练部队,供其能够回到驻地后进行复盘。

监控系统主要包括场地视频监控系统、训练音频监控系统以及装备监控系统。场地视频监控系统分布于训练场地之中,在场地各个角度记录训练过程中的视频信息。训练音频监控系统将对战术无线电传输、观察员/管制员无线电系统和有线系统的音频信息进行记录。图9-14为场地视频监控系统。

图9-14　场地视频监控系统

装备监控系统安装在武器装备平台上,用于记录装备射击和战术交战训练过程中的音视频信息,为训练评估提供依据。典型设备如通用监控设备,一般安装于"艾布拉姆斯"坦克、"布雷德利"战车上,用于记录装备训练过程中的射击瞄准视频。由车辆接口部件、记录部件子系统、复盘子系统组成。车辆接口部件提供设备的集成框架,包括接口盒、电源线、音视频线、操作手册、便携箱;记录部件子系统提供手持线缆控制器、带防尘罩的双/三层记录仪、便携箱;复盘子系统是独立部件,支持单通道全屏幕展示,可以在任何有110/220V电源的地方安装,用于乘员、车长、训练管理人员查看记录部件子系统生成的射击视频。图9-15为车载监控设备。

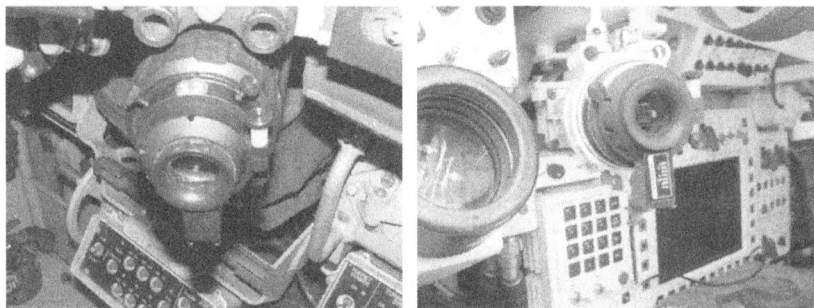

图9-15　车载监控设备

五、战场效果模拟系统

战场效果模拟系统,通过模拟战场上各种音效、烟雾、弹药发射的火光等效果,为训练创造逼真的战场环境,主要包括音效模拟器、烟雾发生器、火焰发生器,通过集中统一控制,与可激光交战设备、导控系统、靶标集成交互使用,增强训练效果。图 9 – 16 为战场效果模拟器材。

图 9 – 16　战场效果模拟器材

（1）音效模拟器。

音效模拟器可提供有代表性的战场声音,可以播放预先录制的声音,声音可以由用户提前录入,能够模拟枪械、火炮射击、弹药爆炸、坦克装甲车辆行驶的声音,能够通过无线和有线方式实施控制。音效模拟器用于训练靶场,提供有代表性的战场声音,可模拟超过 100 种不同的声音,可以播放预先录制的声音,声音可以由用户提前录入,能够模拟枪械、火炮射击、弹药爆炸、坦克装甲车辆行驶的声音,能够通过无线和有线方式实施控制。此种音效模拟器可与靶标集成使用,增强训练效果。

（2）烟雾发生器。

烟雾发生器用于模拟化学袭击、烟雾遮蔽,也可配合坦克装甲车靶标使用,当靶标被击中后可模拟爆炸后效果,不仅可用于训练,在军事行动中可作为信号弹、烟雾弹。除了军事用途,还可用于影视节目制作、通风效果评估等民用领域。

（3）火焰发生器。

火焰发生器用于模拟真实炮口火焰或模拟下车步兵的枪口火焰。不需要额外的烟火,这些系统一般依靠电控声光技术,类似电子鞭炮,主要用于模拟各种轻武器射击,可远程通过线缆控制,依据待模拟的轻武器发射速度和间隔,生成声光效果。这些效果模拟器材需要额外的烟火弹药,训练单位应在训练弹药管理信息系统中预估需求。训练单位必须准备合理烟火弹药,保证为训练设施提供所需目标指示,满足陆军标准。

烟雾及火焰发生器用于模拟化学袭击、烟雾遮蔽,也可配合坦克装甲车靶标使用,当靶标被击中后可模拟爆炸后效果。不仅可用于训练,在军事行动中可作为信号弹、烟雾弹。除了军事用途,还可用于影视节目制作、通风效果评估等民用领域。发烟罐手动开启,可持续 1 ~ 3 分钟;发烟桶,手动开启,可持续 5 分钟以上;火焰发生器,可模拟炸弹及大中口径炮弹等爆炸效果。

六、假想敌装备

假想敌装备能够极大地提升对抗环境的逼真度和训练的沉浸感。美国陆军开展了假想敌轮式车辆、技术车辆、战场平民车辆研制,通过对现有车辆或老旧装备进行加改装,可以模拟假想敌作战平台的性能、外观和目标特性,一般配备激光交战系统,此外还有对单兵武器的模拟,还开发了假想敌防空系统模拟器,配备给假想敌士兵使用,可以瞄准空中平台用于训练乘员对导弹警告系统的反应。

(一)假想敌车辆

为提供真实的训练环境,需要在作战训练中心对假想敌各类车辆进行模拟,这是轮训部队必须在训练中面对的,要对这些环境提供准确的复制模拟。为此,美国陆军开展了假想敌轮式车辆、技术车辆、战场平民车辆研制。假想敌轮式车辆(图 9 - 17)包括扮演威胁车辆用于辅助训练的一系列轮式车辆,包括战术车辆、技术车辆。这些训练辅助产品有助于增强模拟能力,在基地作战训练中心轮训中,可模拟假想敌机动力量对抗陆军统一陆上行动。每一种假想敌轮式车辆由车辆本体、车辆外观改造、战术交战仿真系统三部分组成。

图 9 - 17　假想敌车辆

(二)假想敌单兵武器

1. 模拟反坦克火箭发射器

模拟 RPG - 7 型反坦克火箭发射器是全比例三维复制品,具有与实装一样的尺寸和外观,在发射器组件中安装有带可折叠弹翼的可拆卸式 85 毫米火箭弹模型,便于教官在课堂或实地教学中针对其部件和特性进行教学,可用于在战术训练中提高假想敌部队的真实性。图 9 - 18 为模拟反坦克火箭发射器。

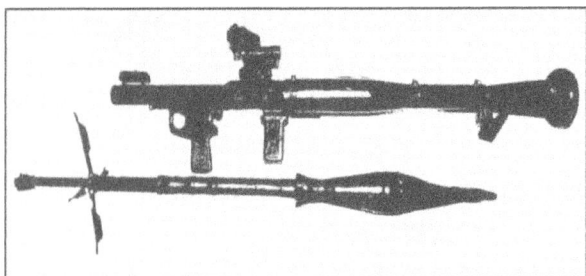

图 9 - 18 模拟反坦克火箭发射器

2. 假想敌部队用轻武器

假想敌部队用轻武器用于模拟国外手枪、步枪、机枪等轻武器,是全尺寸的三维静态塑料复制品,可用于课堂或实地识别教学,也可在战术演习中使用,以增加假想敌部队的真实性。图 9 - 19 为模拟假想敌轻武器。

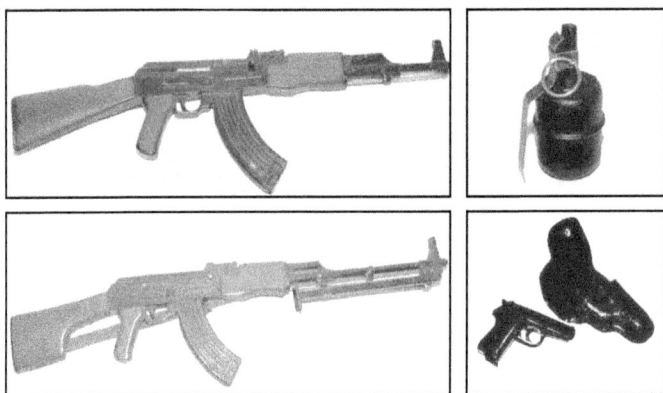

图 9 - 19 模拟假想敌轻武器

3. 模拟防空导弹系统

模拟防空导弹系统是模拟 SA - 7 型防空导弹系统的全尺寸三维塑料或金属复制品,包括发射器和可拆卸式弹体,可用于课堂和实地教学,展示外国防空武器的杀伤力。假想敌部队在战术演习中也可使用该系统,以增强自身的真实性,并将防空相关内容引入战场情报场景。图 9 - 20 为防空导弹系统。

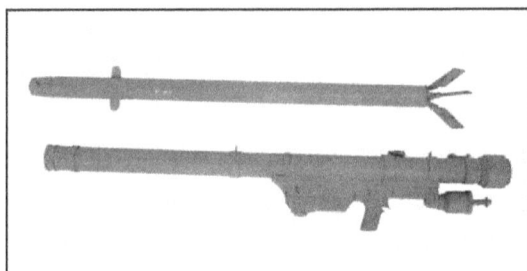

图 9 - 20 防空导弹系统

（三）其他训练装备器材

1. 手提箱炸弹

手提箱炸弹是一个内置了惰性钢管炸弹的公文包,并加入了钉子和螺母作为破片。公文包里放置有一个用于引爆的假手机和一个警报器,当公文包被打开时,警报器会提醒学员。该器材可以在教室内或室外使用,让学员学会如何将简易爆炸装置放置到目标区域,如图 9 – 21 所示。

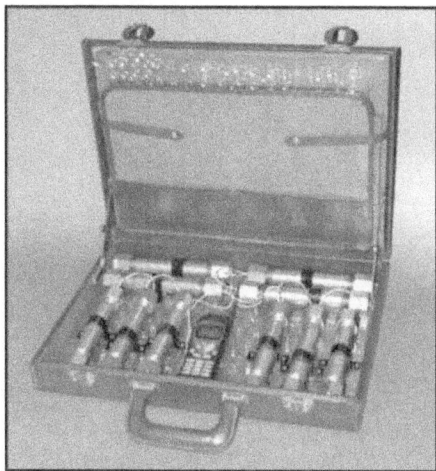

图 9 – 21　手提箱炸弹

2. 内置钢管炸弹的假想敌部队用背心

内置钢管炸弹的假想敌部队用背心是一件全尺寸仿制背心,内置惰性钢管炸弹、钉子和螺母破片,以及一个警报器。当按下触发装置时,该装置会向学员发出警报。该装置可在教室内或室外使用,让学员了解自杀式炸弹手是如何进入到目标区域的,如图 9 – 22 所示。

图 9 – 22　内置钢管炸弹的假想敌部队用背心

3. 假想敌部队男性全套服饰

这是由涤纶棉制成的灰白色长袖衬衫和抽绳裤,有中号和大号备选。黑白相间的围巾为棉质,头带为尼龙材质。士兵在实战演练中穿着西南亚服饰以增加真实感,陆军训练与评估程序中所有涉及假想敌部队的训练科目都应使用这些服饰,如图9-23所示。

图9-23 假想敌部队西南亚服饰

七、技术与标准

(一) 统一训练工具体系结构

"统一训练工具体系结构"协议旨在提供一套基于"产品线"的体系结构,支持陆军实兵训练工具系统的发展和演化。在陆军及联合军种范围内,提供与新、老体系结构的集成和互操作的解决方案,如 LVC-ITE。训练设备产品经理机构提供的训练能力是由大量训练产品支撑,这些产品由可重用、互操作软件组件和服务组成,遵循"统一训练工具体系结构"标准开发,其中软件体系结构由陆军"实兵训练转型"(LT2)产品线定义。十多年来,基于"统一训练工具体系结构"的"实兵训练转型"产品线广泛应用,已为美国陆军节约了 7 亿美元,相关技术资产归美国陆军所有。基于"统一训练工具体系结构"的系统已部署在陆军作战训练中心、驻地以及 200 多个实弹训练靶场。系统合同商为通用电气任务系统公司,当前正在推动"统一训练工具体系结构"体系服务功能适应面向服务体系及云架构技术。

（二）"实兵训练转型"产品线

为高效开展实兵训练系统采办,聚焦实兵训练系统领域的共同需求,美国陆军仿真训练与工具项目管理办公室(PEO STRI)启动"实兵训练转型"(LT2)项目。这是一个产品系列采办策略,其目标是最大化、统一化、系统化地重用组件,确保在LVC 全领域的互操作性,通过 LT2 可以缩短系统部署时间、减少采办经费、提高士兵训练效益。项目承包商是通用动力任务系统公司,但所有技术成果归美国陆军所有,是一套成熟的并被验证的产品线,"实兵训练转型"项目由 PEO STRI 下属的训练器材产品经理具体实施。

1. 发展历程

LT2 项目自 2001 年开始,2004 年开始定义标准并开发核心内容,2006 年开始首次部署并开设了门户协作网站,2011 年投资回报率达到 3.5 亿美元,2013 年开始实施基于服务架构转型,2016 年开始提供 LT2 信息框架、自动化软件测试框架以及用于开发和保障技术数据包和后勤文档。

2. 功能目的

LT2 项目实施之前,陆军实兵训练产品均由不同厂商分别开发,造成巨大浪费。LT2 旨在为实训系统提供一个基础,通过构建通用架构下的通用数据、标准、过程、组件,提高重用性,加速新产品的快速开发,确保新产品能与体系内产品互联、互通、互操作,节约建设开发成本。具体如下:

（1）生成一套产品线体系结构,全面支持实兵训练工具、战术交战仿真系统、靶标、具体领域服务以及实兵训练相关装备,涵盖陆军基于条令的训练全过程。

（2）对产品线开发过程及相关标准、工具、规则、指导等内容进行工程化,培育组件和产品的开发过程与产品线体系结构相一致。

（3）生成一套统一的应用程序,实现在产品线体系结构中"即插即用",在 LT2 范围内所有项目中应用。

（4）提供一套灵活的体系结构环境,能够支持体系结构的演化,支持陆军实兵训练仿真系统,并能实现与新型陆军或联合体系结构的集成,包括 LVC – ITE。

3. 产品线体系框架

LT2 并非一种技术标准或协议,而是由基于 CTIA、OneTESS、FASIT 等协议开发的各类软件模块构成的产品开发框架。LT2 产品线体系框架(PLAF)包括四个层次:系统范围层,依据系统部署地分为驻地系统、作战训练中心系统、部署地三大类;功能应用层,分为计划管理、训练控制、系统控制、数据收集、战场效果模拟等七类功能组;软件模块层,由 100 多个具体软件模块组成;体系服务层,包括 CTIA 框架、CTIA 服务、数据分发、LT2 数据库、服务路由、安全管理、操作系统共七种服务。

4. 应用情况

基于 LT2 已开发了 13 套训练系统,广泛用于部队驻地、作战训练中心、部署地,已在美国陆军及海军陆战队范围内部署200多处。驻地工具化训练系统(HITS)开发过程中选用了LT2统一软件模块35个,新开发模块5个,减少了80%工作量,节约经费3500万美元以上;海军陆战队工具化训练系统,在HITS基线基础上,重用代码831万行,新开发6个新模块代码125万行,实现87%的重用;靶场靶标自动控制与记录系统实现了100%重用。据统计,2006—2015年之间,LT2产品线的应用已为陆军节约了7亿美元。

(三)嵌入式训练技术

该技术旨在创建一套嵌入式训练技术框架,在装备平台上提供训练功能的接入点,使士兵"像作战一样训练"。合同商是通用电气任务系统。嵌入式训练是陆军训练的优先项方案,这在各类规章中有规定,包括AR 70-1、AR 350-1、AR 350-38、TR 350-70。训练设备产品经理机构正在创建和管理嵌入式技术框架,以保证在车载及非车载平台项目中可以开发和部署嵌入式训练方案。这套框架使用LT2产品线和CTIA,对支撑嵌入式训练解决方案的标准和统一、可重用的软件服务进行开发、使用、管理。嵌入式训练不是一个立项的在研项目而是一系列措施,支持各个已立项项目进行开发或部署嵌入式方案,当前的关键措施如下:

(1)多功能车辆接口标准(MFVP)。

MFVP定义了一个统一接口,用于实现与TADSS以及地面作战车辆系统测试工具之间的交互。训练设备产品经理机构正在与斯特赖克项目经理、艾布拉姆斯主战坦克项目经理在开发过程中密切合作,在各平台上实现MFVP集成。

(2)实兵交战训练组件(LTEC)。

LTEC是一种技术倡议,提供一套支持实兵交战对抗训练(车载及车下)的可重用核心能力。LTEC是基于开放的接口和标准,提供政府所有权的软件,可用于嵌入式、外挂式、混合式应用模式。它是嵌入式训练的关键赋能器,允许一个基于组件的体系结构,使战术装备可用于训练。

(3)车辆C^{4}ISR/EW集成互操作能力(VICTORY)。

仿真训练器材工具计划执行办公室正在与地面作战系统项目管理办公室(PEO GCS)密切合作,以确保试验和训练需求,能够在VICTORY体系结构和规格说明中进行明确的体现。随着具有VICTORY功能的车辆实现部署,训练系统将能够使用车辆共享资源,降低未来训练系统的全寿命周期费用。其技术发展历程如下:

- 2012年8月29日,发布MFVP接口标准;
- 2012年11月,演示LTEC软件用于实兵实装训练解决方案;
- 2014年5月23日,在VICTORY体系结构中明确表述训练与测试需求;
- 2015年,更新MFVP接口标准;

● 2016 年与斯特赖克项目经理合作，嵌入 LTEC 能力，与 PEO GCS 合作，更新 VICTORY 规格。

（四）靶标技术标准

自从 19 世纪 80 年代中期开始，增强型远程装备靶标系统作为美国陆军靶标标准已逐步衰弱，而后的 20 多年中，由于技术标准的缺失，陆军应用了大量规格标准不一的靶标，造成了巨大的成本浪费。为此，陆军设立靶标现代化项目，启动了"未来陆军集成靶标系统"建设，为在所有实弹靶场进行陆军打靶训练模式提供一套标准化解决方案，实现靶标产品的兼容性、通用性和互操作性，便于进行靶标产品线的全寿命周期保障。未来陆军集成靶标系统包括基于 LT2 协议开发的靶场数据编辑器、靶标想定准备和执行所需的开发工具、靶标状态数据收集、自动化维护保障以及测试组件等功能组件，还包括与原有"增强型远程装备靶标系统"的适配器接口。时任合成兵种中心训练部副司令官 Lundy 准将，批准在陆军部队司令部位于鼓堡的第 10 山地师，进行未来陆军集成靶标系统的技术效果展示。

"未来陆军集成靶标系统"项目的成果之一是通过统一的靶标控制软件，实现对陆军所有靶标的统一控制。该软件称为"靶场靶标自动化控制记录系统"，由 Riptide 公司研制，集成了图形化用户接口，并遵循 LT2 协议的统一样式和 CTIA 协议，它是贯彻执行 LT2 协议的典范，100% 采用 LT2 产品。美国陆军可免费下载软件，目前应用于陆军 32 个基地的 140 个靶场。另外，项目成果还包括一套接口控制文档及靶标开发和技术嵌入方法。通过接口控制文档，保证了一套靶标控制器既能与原有靶标（如远程装备靶标系统）的兼容，也能控制"未来陆军集成靶标系统"等新型靶标，还能支持商用货架系统集成。

随着靶标现代化项目的推动，陆军靶标系统持续发展，靶标均采用了脱靶和命中定位技术能力，并集成到 LT2 之中，广泛应用在轻武器靶场。陆军关注的靶标技术还将包括非接触式命中传感器、标准装甲靶廓、战斗识别赋能、热像模拟、油料单元集成、智能移动靶等，这些将逐步统一应用于"未来陆军集成靶标系统"之中。美国陆军未来司令部于 2019 年 4 月启动了未来陆军集成靶标系统采办项目，旨在统一陆军实弹靶标建设与升级维护需求，涉及作战训练中心、部队的驻地、部署地的各类靶场 659 个，靶标数量 7 万余套，公布了"未来陆军集成靶标系统"的能力生产文件，突出强调了 20 年的后勤保障需求，这是对 1996 年发布的"下一代陆军靶标系统作战需求文档"的升级。

八、配套设施

功能齐全、体系完备的训练场地配套设施，保障着训练场地的正常运行，是发挥训练保障效能的基础条件。美国陆军训练场配套设施种类丰富、体系完备，标准化程度高,体现出了较高的训练场地建设水平。配套设施可以分为训练配套、后勤保障、装备保障等类别。训练配套设施是满足开展训练活动的所需设施,包括复盘教室、指挥控制塔、靶标掩体、射击位和通信网络等基础设施;后勤保障设施用于满足训练人员日常生活所需,包括餐厅、营房、厕所、集结区、观摩台等,以及训练场地道路、供水、供电等基础设施;装备保障设施用于装备保障相关活动,包括训练器材安装台、弹药装载台、车库、器材库、充电间等。图 9 - 24 为配套设施的基本组成。

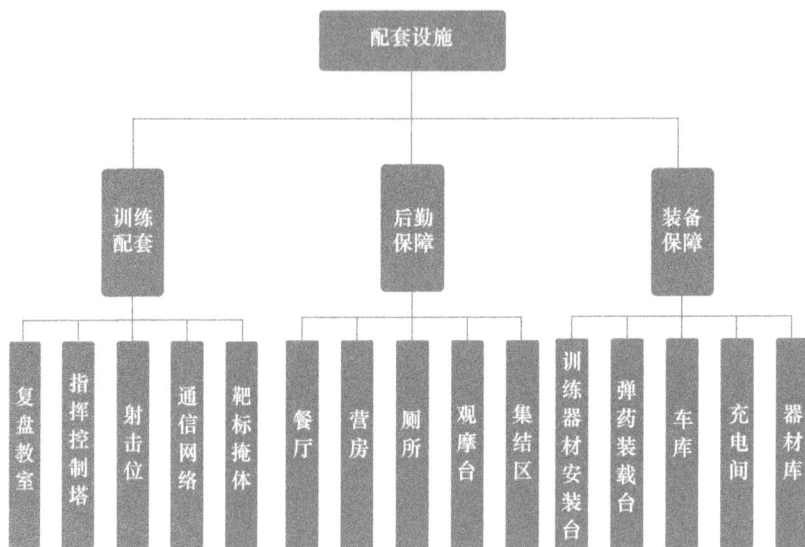

图 9 - 24　配套设施基本组成

(一) 指挥控制塔

指挥控制塔是保障靶场运行与管理的中枢,必须具有对靶场的较好通视性,选址时应尽量选择能够通视射击线和基线的合理位置,还要能尽可能多地看到靶场下区,一般位于场地基线附近的后方区域,控制塔与基线之间不能建任何设施。控制塔将设计使用深色屋顶和下遮荫等措施降低光照影响,控制塔一般较高,为了安全考虑,控制塔可能需要在屋顶安装一个美国联邦航空管理局批准的飞机警告光照系统。

控制塔可以分为小、中、大三型,分别用于轻武器靶场、非工具化靶场、工具化靶场,每种控制塔分别安装具有各种保障功能的靶场自动化控制系统。小、中控制塔内安装靶场靶标自动控制与记录系统,大型控制塔内安装数字化靶场训练系统。图 9 - 25 为控制塔内效果。

图 9 – 25　控制塔内效果

　　靶场靶标自动控制与记录系统,是陆军标准的靶场操作系统,用于在轻武器靶场、非工具化靶场中进行训练准备、展示和反馈。这种系统兼容陆军范围内各种靶标,提供了一套统一的靶标控制系统,它具有统一的图形化人机界面。数字化靶场训练系统,应用于大型数字化靶场中,通过各种信息化技术替代传统落后的训练手段,可以大幅提升训练质量效益,能够在实战化环境中满足新型武器装备训练需求,并且嵌入了计算机生成的模拟兵力,提供增强化的训练数据收集和复盘评估能力。

　　(1)轻武器靶场(小型)控制塔。这是轻武器靶场的标准控制塔,其高度最小为一层楼高,便于观察射击线,地形复杂时高度可以提高。图 9 – 26 是轻武器靶场控制塔示例图。

图 9 – 26　轻武器靶场控制塔

（2）非工具化靶场（中型）控制塔。这种塔用于非工具化的车辆机动靶场，为靶场观察指挥员提供靶场操作管理的工作区域，还可用于想定执行、靶场管理与维护。控制塔配置有计算机工作站和编辑设备，用于控制想定，靶场下区部署有白光和热像摄像头，以及靶场效果模拟器等附件。图9-27展示了非工具化靶场（中型）控制塔示例图，图9-28为位于坎贝尔堡基地的靶场控制塔。

图9-27　非工具化靶场（中型）控制塔

图9-28　位于坎贝尔堡基地的靶场控制塔

(3) 工具化靶场(大型)控制塔。这种塔类似于非工具化靶场(中型)控制塔,但它包含了额外的数据中心机柜、观察水准仪,采用全封闭式结构。控制塔包括所有计算机工作站和编辑设备,用于控制训练想定,靶场下区部署有白光和热像摄像头,以及靶场效果模拟器等附件。控制塔能够接收所有射击车辆数据、靶场下区监控图像和射击想定指挥控制命令。图9-29展示了工具化靶场(大型)控制塔示例图。

图9-29 工具化靶场(大型)控制塔

(二)复盘教室

复盘教室包括一个演播大厅,根据不同需求,可满足40~80人进行训练复盘,也为演示和控制所需的电子通信设备提供空间,还可为靶场管理提供所需的办公空间。所有复盘信息通过光纤从靶场操作中心收集,在工具化训练过程中,为辅助复盘检讨(AAR)编辑和开发提供了监视器、计算机、打印机和其他相关设备。地势条件允许时,应该可沿靶场方向进行观察。

复盘教室可以分为小、中、大三型,分别用于轻武器靶场、非工具化靶场、工具化靶场,另外还有合成兵种城市作战训练设施专用复盘教室,每种复盘教室都提供各种保障功能,可按基地要求配置衣帽间和屏风门,满足部队需要。

(1) 小型复盘教室。它提供一个容纳40名士兵就座的复盘检查和演示区。演示由位于观众席前方的指挥控制台上的笔记本控制,演示内容在办公区域生成后,以电子形式传递到控制台上的展示系统。图9-30展示了一个小型复盘教室示例。

图 9 - 30　小型复盘教室

（2）大型复盘教室。大型复盘教室提供了一个容纳 80 名士兵就座的复盘检查和演示区，包括 2 块耐用的体育场座位区域。演示由位于观众席前方的指挥控制台上的笔记本控制，演示内容在办公区域生成后投送到控制台上的展示系统。图 9 - 31 展示了一个大型复盘教室示例。

图 9 - 31　大型复盘教室

（3）中型复盘教室。中型复盘教室标准面积是 1776 平方英尺（约 165 平方米），教室区域可容纳 80 人，可用隔断把空间分为两部分，各容纳 40 人。包括两个独立的办公室，教室外设有存放个人物品的空间。中型复盘教室虽然没有任何自动化设备需求，但具有下拉式投影屏，天花板上设有电源插座，具有相应的接线盒，连接教室前方的投影仪。

（4）合成兵种城市作战训练设施复盘教室。这种复盘教室提供了办公空间、休息房间和个人存储空间，还提供了观察房间，可以通视或利用监控看到靶场下区训练情况，还能看到靶场想定控制计算机的实时情况；预留了电子和通信设备所需的通信房间；一个机电房间提供给 HVAC、仪表板和其他设备。复盘教室应尽量靠近基线，提供对靶场下区的最大观察空间。当视线达不到时，可使用合同商提供的监控设备独立观察训练区域。设计使用深色屋顶和下遮荫等措施降低光照，靶场旗杆将有一个可以开关控制"靶场运行"的红色标识。这个设施提供一个复盘教室可容纳大约 80 名士兵，两块重型体育场席位区域，它包括一堵隔断墙，支持两边各 40 人复盘。每个区域前面的投影由讲台上笔记本电脑控制，投影从设施办公区域产生，投送到讲台上的便携式展示系统。图 9 - 32 为合成兵种城市作战训练设施复盘教室示例。

图 9 - 32　合成兵种城市作战训练设施复盘教室

（三）操作存储房

操作存储房主要用作小型靶场办公室和维修设备、零件、工具和物资供应存储区，为靶场工作人员进行操作、维护工作提供空间。操作存储房的配置因建筑用途需求不同而有所区别，为保障靶场设备的维修和测试，设计中应包含 110 伏和 220 伏交流电插座。

1. 标准操作存储房

标准操作存储房主要保障轻武器靶场，为维修保养起倒靶组件等靶场附件提供了充足的空间。图 9 - 33 是标准操作存储房示例。

图 9-33　标准操作存储房

2. 大型操作存储房

大型操作存储房主要保障车辆机动靶场和集体训练设施,支持工具化训练能力,包括 1 个标准办公室、1 个卷帘门和 1 个通风门。图 9-34 是大型操作存储房示例。

图 9-34　大型操作存储房

（四）厕所

厕所配置在主要靶场设施附近,应离人群至少 30 米(100 英尺)外。最小需求是为靶场设施的最多人数提供足够空间,分为气压厕所和冲水厕所。气压厕所能保障 190 名男性和 35 名女性使用,如果没有供水,将使用气压或旱厕收集器,在偏远地区,可能使用堆肥厕所。有水源时,可以建设冲水厕所,视情连接下水道。图 9-35 为气压厕所及冲水厕所示例。

图 9 - 35　气压厕所及冲水厕所

（五）棚顶看台

棚顶看台可用于在训练前后指导士兵,也可用于训练观摩,这是所有场地必备的保障设施。看台的配置必须遵守基地的安全保密要求,不能影响控制塔对射击线和基线的观察,至少可容纳 200 名士兵。图 9 - 36 是看台示例。

图 9 - 36　看台

（六）棚顶就餐区

这种建筑结构用于为训练人员就餐和消费提供区域,属于支持各类项目的保障结构,图 9 - 37 是就餐区示例。

（七）弹药分发房

弹药分发房用于将轻武器弹药和弹夹发给部队,遵循 DA PAM 385 - 64,配置位置取决于靶场使用的弹药种类和数量。与靶场射击线、靶场保障设施以及其他暴露设施的距离不少于15米,距离主要道路不少于23米。该建筑只用于分发弹药,不能存储弹药,不需要爆炸安全区域计划。图9-38是弹药分发房示例。

图9-37 就餐区

图9-38 弹药分发房

(八) 弹药装载台

弹药装载台是一块4英尺高的强化水泥平台,用于将弹药装载进坦克或其他车辆。弹药由卡车输送并卸载在这个平台上,作战车辆可以从两边进行装载。该设施宽15英尺、长20英尺,一端有带把手的楼梯,边界装有木桩,两侧区域安装有电灯杆。所有金属物品(把手等)必须接地,弹药装载台的配置位置取决于弹药数量和类型,必须遵循 DA PAM 385-64。图9-39展示了弹药装载台的实例。

图 9 - 39　弹药装载台

（九）器材安装台

器材安装台提供一个安装顶棚的平台区域,用于靶场人员存储、安装、测试激光交战器材中的车辆终端设备,占地 20 英尺 × 50 英尺,同时支持 4 台战术车辆进行安装作业。它还包括一个 10 英尺 × 10 英尺的封闭间,用于存储和测试激光交战器材终端设备。图 9 - 40 是器材安装台示例。

图 9 - 40　器材安装台

（十）充电间

这种建筑是一种保障性设施,用于存储靶场充电所需设备。它必须具备足够的供电能力,用于充电和设备测试,同时应包括电池充电所需的环境和安全组件。

设施设计者应与靶标器材提供方共同确认具体的设计需求。图 9 - 41 是充电间示例。

图 9 - 41　充电间

（十一）部队集结区

部队集结区包括一块砂石路面的战术车辆停车场,可容纳 40 辆旅战斗队车辆。区域大小为 70 米 × 17 米,路面厚 0.3 米。区域四周有安全防护围栏,保护车载武器和其他敏感物品,可以选装电线杆。如果坦克使用该区域,需要对入口转弯处路面进行加固。集结区一般位于露营地和道路附近。图 9 - 42 是部队集结区示例。

图 9 - 42　部队集结区

（十二）露营区

露营区提供 6 块混凝土平台,平台之间间距 10 英尺,设有帐篷金属框架,便于搭建中型帐篷,每一个帐篷长度为 25 英尺,宽度为 15 英尺,可容纳 15 ~ 20 名士兵。每块混凝土平台经过防水材料密封并预留地线接口,外部照明灯将安装在金属柱上。露营区一般位于道路入口附近,临近部队集结区。图 9 – 43 是露营区示例。

图 9 – 43　露营区

（十三）靶标掩体

靶标掩体又称为靶挡或靶位,是用于保护靶标避免被火力击中的设施,靶标需要对直接火力、间接火力、跳弹充分防护,掩体可能是永久、临时或携带的,取决于场地实际和用户需求。靶标掩体与靶场设施之间由供电和信息基础设施连接,具有电源和数据的标准接插接口,图 9 – 44 为靶标掩体示例。

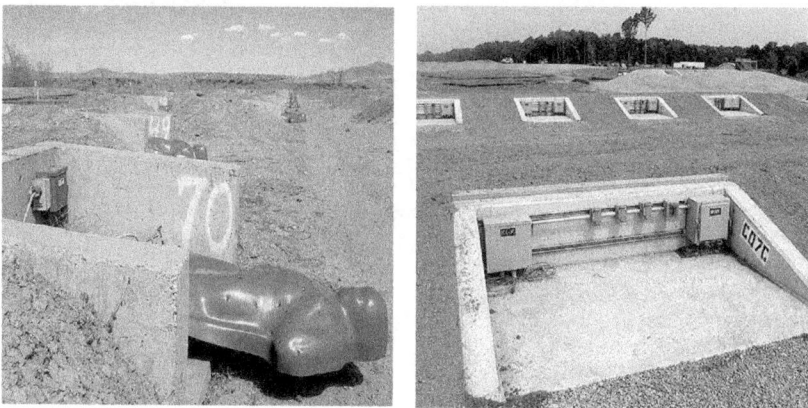

图 9 – 44　靶标掩体

（十四）射击位

为满足各种训练通告和野战手册中的个人、乘员和集体射击需求，在单兵和战斗车辆的射击点位修建必要设施，可以提升训练效益。单兵设施包括射击位、隐蔽坑、机枪位，用来模拟战场上的工事掩体；车辆训练设施包括仓促防御战斗射击位、防御战斗射击位、反斜面战斗防御射击位，在射击位置修建必要的硬化路面，可以提高车辆射击时的稳定性，便于战术机动。如图 9-45 为各种射击位示意图。

(a) 射击位

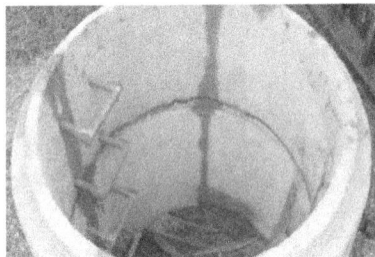
(b) 隐蔽坑

(c) 机枪位

(d) 防御战斗射击位

(e) 反斜面战斗防御射击位

(f) 仓促防御战斗射击位

图 9-45　各种射击位

第十章 城市战训练设施

城市是陆军未来的主战场,目前我军现有城市作战训练设施建设水平不高、数量规模不足,影响练兵备战质效,制约作战能力生成。创新城市作战训练方法手段,加快构建贴近实战、技术先进的训练设施,已成为陆军面临的一项急迫任务。美国陆军成体系地建设了布局合理、数量充足的标准化城市作战训练设施,将城市作战环境从战场搬到了训练场,其经验对我陆军具有重要借鉴意义。

美国陆军开展城市战训练有三种方式:一是构造推演训练,通过 WARSIM 作战仿真系统训练作战指挥流程,并进行军、师级演习推演,运用联合冲突与战术仿真软件或者旅级以下版半自动兵力生成软件,进行参谋业务训练、指挥所演习、联合训练演习;二是模拟训练,运用近战战术训练器、航空合成力量战术训练器、交战技能训练器等模拟训练系统,进行连、排、乘员级训练;三是实兵实装训练,这是最传统有效的训练方式,为模拟城市环境而专门设计了城市作战训练设施,主要由各类建筑物、街道等基础设施以及训练装备器材组成,用于单兵、分队、部队进行技术、战术、程序训练。依托这些设施,组训人员可以设计各种想定训练条件(有限可视条件、不同进入技术、不同进入点、使用作战力量和非作战力量、假想敌、激光交战系统、实弹火力训练),遵循"爬、跑、走"的传统训练模式开展各级各类训练,训练结束后,可依托信息化系统采集的训练数据,进行训练复盘分析评估。

一、基本组成

美军城市作战训练设施包括作战训练中心城市战训练设施、部队驻地城市战训练设施以及其他设施,这三类设施的建设方式、训练规模、功能用途各不相同,实现了科学布局和功能衔接,形成了较为完整的训练设施体系,如图 10 – 1 所示。

作战训练中心城市战训练设施,主要部署在欧文堡国家训练中心、波克堡联合战备中心、联合多国战备训练中心,用于满足旅级和营级规模实兵训练。各大训练中心均建有多个模拟城镇,围绕自身训练任务定位和自然环境特点,有针对性地进行设计开发,设施采取了非标准化设计,可灵活调整以满足多样化训练需求。部队驻地城市战训练设施,用于保障日常个人、班组至营规模城市作战训练,设施均为标准化设计,包括实弹破障训练设施、实弹射击练习房、城市进攻路线、合成兵种集体训练设施四种类型。按编配标准为每个旅战斗队配建 1 套,这四类设施数量规模最庞大、应用最广泛。除了上述两类之外,还有一些非专用城市作战训练设施,主要用于装备论证、战法研究等,如归属国防部的 Muscatatuck 城市训练中心,除军事训练之外,还用于保障警务消防、应急救灾等训练任务;位于弗吉尼亚州希尔堡的非对称作战训练中心,建有模拟城市环境,用于快速采办装备的需求论证和试验;另外,试验评估司令部所属的装备试验场也建有城市作战装备试验设施,可用于训练。

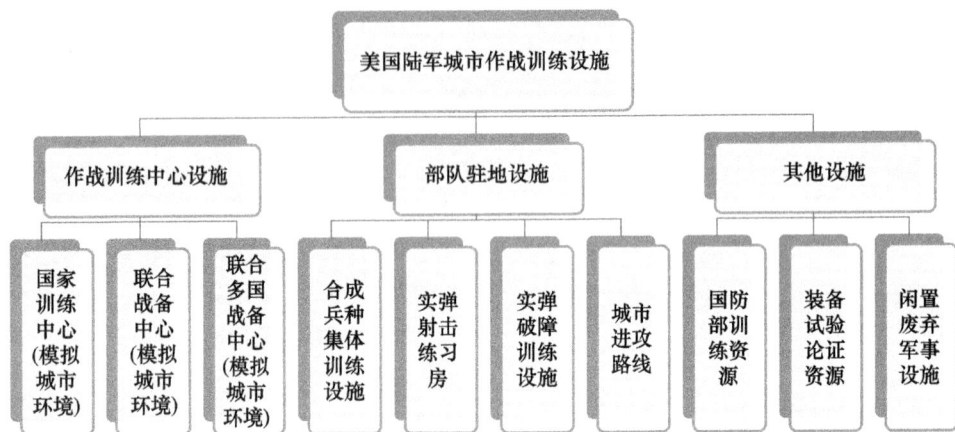

图 10-1 城市作战训练设施体系组成

二、作战训练中心城市战训练设施

这类设施可保障班组至旅各级训练,属于最高水平的城市战训练环境,包括国家训练中心、联合战备中心和联合多国战备中心,三个作战训练中心训练环境各不相同,采用非标准化设计。

(一)国家训练中心

美军欧文堡国家训练中心是美国陆军三大训练中心之一,位于加利福尼亚州南部巴斯托市东北 60 千米处,建于 1980 年,占地 2576 平方千米,其中训练场地 2250 平方千米。其训练区划分为三个部分,即北区的实弹演练区、中区和南区的对抗演练区,整个训练区域均处于莫哈维沙漠地带,荒无人烟,地形复杂,气候干燥,风沙大,夏季高温,既有高低起伏的沙丘,又有山地,自然环境非常恶劣,是美国陆军进行作战训练和演习的理想场所。为了增强训练的对抗性和真实性,国家训练中心根据美军可能的作战对象建立假想敌部队,80 年代初,为应对苏军威胁,由陆军第 11 装甲骑兵团作为假想敌部队扮演苏军。

国家训练中心的任务是轮训驻美本土的各个师、独立旅和装甲骑兵团。该中心每年可训练 14 个陆军旅,每期训练 4000～5000 人,每次轮训时间为 28～35 天。

在训练区内的行动是全天候的。除轮训部队外,参与训练人员还包括750位观察协调员(教练员)、第11个装甲骑兵团的2500名战士,以及进行供应保障维护的1300名战士。

据维基百科介绍,2001年9·11事件后,国家训练中心开始转向应急反恐作战训练。大约在2006年,随着美军部队部署到伊拉克,国家训练中心建设了12个模拟伊拉克和阿富汗的村庄,Medina Wasl、Ertebat Shar、Razish、Medina Jabal(图10-2)具备宗教场所、旅馆、交通标示等。最大的两个村庄分别是Razish和Ujen,包含585处建筑物,可支持旅级规模战斗训练。

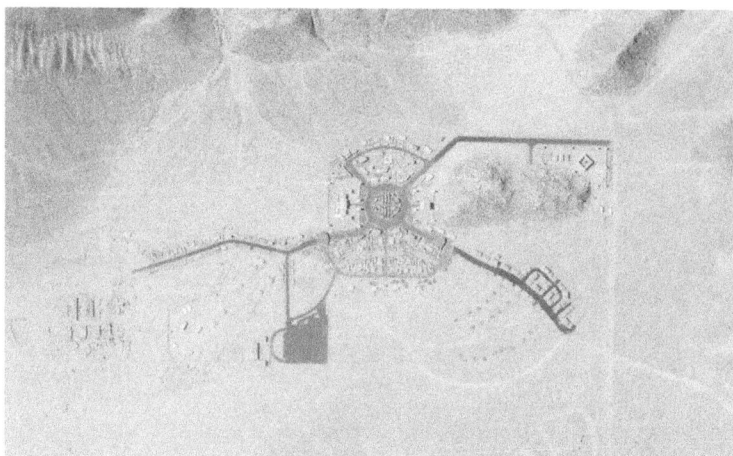

图10-2　Medina Jabal村庄

这些模拟村庄大多是使用船用集装箱快速堆叠而成,而后,陆军继续投资改进模拟效果。这些村镇不仅建筑结构仿真度高,而且在标识、垃圾、装饰、羊圈等社会环境等细节都完全模拟美军在伊拉克和阿富汗所面对的真实村镇。通过在集装箱表面辅以石雕贴花工艺,使得"材质"在视觉上更接近真实,具有非常逼真的效果。在这些训练村镇的地下还挖了纵横交错的隧道,目的是复制伊拉克村镇里的洞穴或下水道系统,在实战中,反美武装常常利用这些洞穴或下水道来机动或隐藏兵力。截至2018年,模拟村庄还剩9个,同时为满足超大城市作战训练需求,已开始构建大型城市训练环境,甚至具备4车道的高速公路,预计建设周期将为10年。图10-3为集装箱式训练设施示例。

为营造逼真的中东社会环境,在每次2~3周的轮训中,作战训练中心一般都会引入好莱坞电影特效技术和化妆技术,招募150人左右的中东移民作为群众演员,扮演商贩、路人等平民,他们穿着民族服饰按照训练想定要求进行日常生活,甚至还招募残疾人扮演血腥战斗场景中的断手断脚的"伤员",在好莱坞特效师和化妆师的配合下,设计营造出逼真血腥的战斗场景,对训练者造成强大的心理震撼。训练房间室内环境完全遵循作战地区特点,室内外物品摆放和装饰细节都进行了精心设计,并设置了大量烟火、气味、声音发生系统,结合室内投影等手段,充分刺激着受训者感官,创造出全维度的训练沉浸感。图 10 - 4 为逼真血腥的战斗场景。

图 10 - 3　集装箱式训练设施

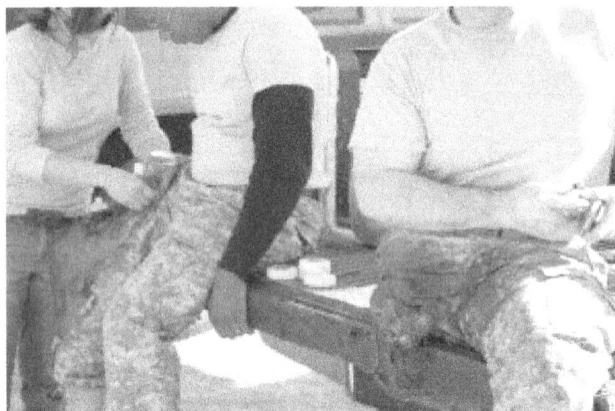

图 10 - 4　逼真血腥的战斗场景

(二) 联合战备中心

波克堡联合战备训练中心位于路易斯安那州西部利斯维尔镇南 15 千米处,占地 803 平方千米。波克堡建于 1941 年,具备丛林、沼泽地、开阔地等多种地形条件,内设机场,假想敌为第 509 步兵团 1 营。该中心是美国陆军轻型部队的主要训练场所,每年轮训 10 次左右,每次 1 个营特遣队。据美《陆军》杂志报道,联合战备训练中心从成立以来共轮训 176 个营级部队、12.8 万名官兵,近年主要进行维和任务训练。

1994 年,陆军在波克堡联合战备中心构建了 8 千米 × 7 千米规模的城市训练环境,支持兵力对抗训练和实弹训练,还支持空袭训练。该训练环境由三个区域组成:一是"Shughart – Gordon"模拟小镇;二是"Self Airfield"模拟机场;三是"Word Military Compound"模拟军事基地。训练环境中安装了全套工具化训练系统,700 多个室内房间均配有音视频监控系统,训练环境中部署了大量音效模拟器,可以播放出城市中可能有的各种声音。雷声公司负责开展训练场的技术升级项目。20 多年来,大量部队在此参加了为期 2 周的轮训。图 10 – 5 为联合战备训练中心图例。

图 10 – 5　联合战备训练中心

1. "Self Airfield"模拟机场

该机场具有一条支持 C130 和 C17 降落的飞机跑道,6 个建筑设施用于模拟机场指控设施,共有 53 个房间,配套真实家具和训练道具,每处设施由 1 ~ 2 层结构组成。

2. "Shughart – Gordon"模拟小镇

模拟小镇位于中心区,由 32 处建筑组成,占地近 3 万平方米,以在索马里首都摩加迪沙被杀害的 2 名英雄"Shughart"和"Gordon"命名,如图 10 – 6 所示。小镇位于 Self Airfield 东南 3.5 英里,最大规模可支持营级进攻训练,包括 27 个多层建筑,总计 295 个房间,每个房间均配套了真实家具、训练道具。模拟小镇包括了城市中的各种典型建筑,如城市大楼、邮局、警察局、电视台、工厂、库房、行政和民用建筑等,建筑具备供水和供电设施,监控设施覆盖所有街道,宾馆楼顶可起降直升机,部分建筑支持快速索降行动,建筑中集成了音视频网络系统、战场效果模拟器、MILES逆向靶标、灯光控制、烟雾生成器,以及各种城市作战训练靶标。训练区域内支持使用近距离训练弹药,包括5.56mm和7.62mm橡皮子弹。各种建筑可通过地下通道连接。道路和交叉口已被加固,可支持各种履带装甲车。位于水塔处的监控设施可以监控整个城镇,并连入复盘控制中心。

图 10 – 6 "Shughart – Gordon"模拟小镇

3. "Word Military Compound"模拟军事基地

模拟军事基地位于"Shughart – Gordon"模拟小镇南部 900 米处,包括 2 座营房、1 处栅栏、1 座司令部大楼和 1 条支持直升机起降的阅兵道。

(三) 联合多国战备中心

联合多国战备中心位于德国霍恩费尔茨,隶属于美国陆军欧洲司令部下属第7 训练司令部,是美国欧洲陆军最大的机动训练区,也是美国本土之外唯一的作战训练中心,第 4 步兵团第一营("武士")作为假想敌部队驻扎在此。联合多国战备中心占地 163 平方千米,拥有 1345 处建筑、319 千米道路,每年超过 60000 名士兵(美军及其盟军)在这里轮训。

这里建有 6 个模拟阿富汗和伊拉克的村庄,为将要部署的部队提供 3 周轮训,通过训练使士兵熟悉当地文化,提高适应能力,基础训练包括如何与当地人打招呼,如何对待女性,判断是否应接受当地人赠送的咖啡等。在城市训练环境中,有一个完全模拟了阿富汗北部小镇 Kanday 的村庄,建有诊所、学校、清真寺等建筑,还有一个 2 层的窑洞,另外还雇用了 66 名群众演员充当阿富汗民众,他们穿着民族服饰,这些人按照训练想定要求扮演商贩等角色进行日常生活,还有一些特定行动,如婚礼现场向天上开枪等紧急情况,考察士兵的处置能力。

三、部队驻地城市战训练设施

部队驻地城市战训练设施,主要部署在部队驻地,用于保障日常个人、班组至营规模城市作战训练,这类设施应用广泛、数量规模庞大,按标准每个旅战斗队配建 1 套,各种训练设施均为标准化设计,依据图纸统一建设,包括实弹破障训练设施、实弹射击练习房、城市进攻路线、合成兵种集体训练设施四种,各类设施之间功能相互衔接,训练内容各有侧重。

实弹破障训练设施,主要训练士兵和班组使用机械工具、武器和爆炸物突破门、窗、墙体等进入建筑物的基本技能;实弹射击练习房,训练个人、火力小组、班和排,主要训练目标识别和交战能力;城市进攻路线,主要训练单兵和小分队,接近并进入一座建筑物而后肃清房间内的威胁,提高士兵射击能力,并验证地下作战的战术、技术和程序。

(一)实弹射击练习房

1. 主要功能

实弹射击练习房是为指挥员提供通过实弹训练方式对部队进行训练和评估的一种标准化城市作战训练设施,主要针对个人、火力小组、班和排,围绕在城市环境中进行战术机动、攻击目标、建筑物攻占与清剿、实施破障、目标识别及交战的能力训练和评估。

在建筑物内部区域开展的战斗通常具有碎片化、战果小的特点。因此,部队高度依赖于其下属作战单元指挥员和士兵的主动性、技能和纪律。指挥员必须对自身城市作战能力充满信心,要有勇气在脱离上级支援情况下独立完成任务。部队可以根据自身使命任务必训科目清单和上级的训练要求,依托该设施开发自己的训练内容。该设施设有专门建造的区域,用于实施机械或爆炸破障技术训练,但不支持使用碎片手雷/震荡手雷实弹、40 毫米高射机枪、反坦克武器、迫击炮、火炮或空投弹药。班组操纵的武器系统、M2 和 M1 坦克以及机枪可以用来射击位于设施外面的补充标靶。图 10-7 为实弹射击练习房(韩国罗德里格斯)。

2. 基本组成

实弹射击练习房(图 10-8)由射击房间和复盘评估室两部分组成,射击房间占地约 200 平方米,复盘评估室占地约 150 平方米。

图 10 - 7　实弹射击练习房(韩国罗德里格斯)

图 10 - 8　实弹射击练习房

　　射击房间(图 10 - 9)是一栋单层建筑物,有谷仓式顶棚、简易过道和 8 个相邻的房间。训练结束后进入复盘评估室进行训练复盘。每个房间都安装了视频监控摄像头和自动化靶标,设备由计算机驱动,可自动记录成绩,用于支持复盘评估。墙体是防弹的,可以防止跳弹,每面墙都有一个入口。在训练爆炸和机械破障行动之前,训练员应在每个入口放置可移动的外部挡板或安全壳墙,以防止子弹和爆破效果扩散,影响到训练之外的区域。为了安全起见,射击场未设置窗户。

　　训练员可以借助安装在屋顶上的起重机设备,有选择地用实心墙体替换门洞和吹塑板,让部队能够有多样的训练方案,如图 10 - 10 所示。

　　训练房间内广泛采用了可更换的吹塑板,这种材质可以承受爆炸效果削弱过的模拟器冲击波,吹塑板容易拆卸,支持调整移动,如图 10 - 11 所示。

图 10 - 9　射击房间

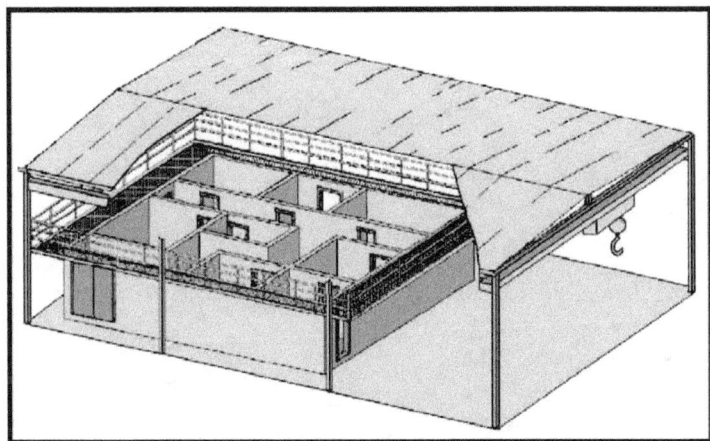

图 10 - 10　起重机设备可调整房间布局

图 10 - 11　吹塑板墙体

　　屋顶下吊装了照明灯,训练房间与屋顶之间架设了简易过道,便于组训人员查看训练情况,调整设施布局,图 10 - 12 为实弹射击练习房的观察走廊。

图 10 – 12　实弹射击练习房的观察走廊

　　复盘评估室(图 10 – 13)占地约 150 平方米,包括 1 间可以容纳 1 个排建制单位的复盘评估会议室、1 间设备和标靶控制室、1 间复盘评估编辑与投影室,训练结束后可以在此进行复盘评估活动。

图 10 – 13　复盘评估室

(二)实弹破障训练设施

1. 主要功能

　　实弹破障训练设施,主要用于训练士兵和班组突破建筑物中的门窗、墙体等坚硬结构所需的技能,如在城市作战中运用机械、弹道、热能和爆炸等破障技术。开展城市作战训练之前,首先应在实弹破障训练设施中进行基础性训练,为城市环境中的作战、维稳、支援等战术行动奠定基础。

2. 基本组成

　　实弹破障训练设施分为三块场地,分别设有破门、破窗、破墙训练设施。

（1）破门训练设施。

破门训练设施（图10－14）由一个高8英尺、宽88英尺的建筑物立面组成,包括四个部分,每部分有2扇门,一半的门能够从外侧打开,另一半的门能够从内侧打开。受训士兵可以在门上进行机械、热能、射击和爆破等破障技能训练。

图10－14　破门训练设施

（2）破窗训练设施。

破窗训练设施（图10－15）由高10英尺、宽88英尺的建筑物立面组成,包括四个部分,每部分有2扇窗户。士兵们可以在这块场地的窗户上进行机械和爆破的破障技能训练。

图10－15　破窗训练设施

（3）破墙训练设施。

破墙训练设施（图10－16）由高8英尺、宽28英尺的建筑物立面组成,共有三个部分,每部分都由面积为8平方英尺的预制板填入,用于热能破障和爆破破障技能训练。预制板可以由混凝土、混凝土砌块、石头、砖、木材或其他材料制成。

图 10 - 16　破墙训练设施

（三）城市进攻路线

1. 主要功能

城市进攻路线主要用于训练单兵和小分队,接近并进入一座建筑物而后肃清房间内的威胁,提高士兵射击能力,验证战术、技术和程序。训练对象包括步兵、工兵、宪兵、装甲兵等专业的个人、小组、班、排,支持个人和集体任务,用于单兵科目和小分队集体科目训练,训练的战术行动包括维稳作战和支援任务,不能开展乘车训练。城市进攻路线使用两类标靶:一是三维精确标靶,用于 50 米范围内交战,精确标靶支持短距离交战传感器,这些传感器位于精确标靶内部,只对致命的射击位置做出反应,躯干致命区宽18 英寸、高 8 英寸,头颈致命区宽 4 英寸、高 8 英寸;二是二维非精确标靶,用于 50 米范围外交战,非精确标靶支持射程超过 50 米的交战,为二维弹出式标靶。

2. 基本组成

城市进攻路线由单兵和小组技能训练设施、班排技能训练设施、榴弹射击训练设施、建筑物攻防训练设施、地下训练设施五部分组成,如图 10 - 17 所示。

(a) 单兵和小组技能训练设施　　(b) 班排技能训练设施　　(c) 榴弹射击射击训练设施

(d) 建筑物攻防训练设施　　(e) 地下训练设施

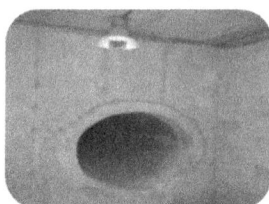

图 10 - 17　城市进攻路线设施组成

（1）单兵和小组技能训练设施。

单兵和小组技能训练设施(图 10－18)主要用于训练单兵和小组,训练内容主要是针对进入建筑物、肃清房间内的危险和攻击目标的相关战术、技术和程序。单兵和小组技能训练设施是一栋独立的木结构建筑,包含 3 个房间,每个房间有 1 个或多个敞开的门和窗户,还有 1 个一人大小的洞,队长和班长在这里对进入建筑物、肃清房间等相关基础知识进行讲解指导。

设施内设置的标靶能够模拟 0～15 米范围内的近距离实战化战斗场景,标靶模拟了六个精确目标,既有可能的战斗目标,也有非战斗目标,可以训练目标识别能力,也可以提供能见度受限的训练条件。这种设施内只能使用烟雾手雷、练习手雷或 M84 闪光手雷进行训练。

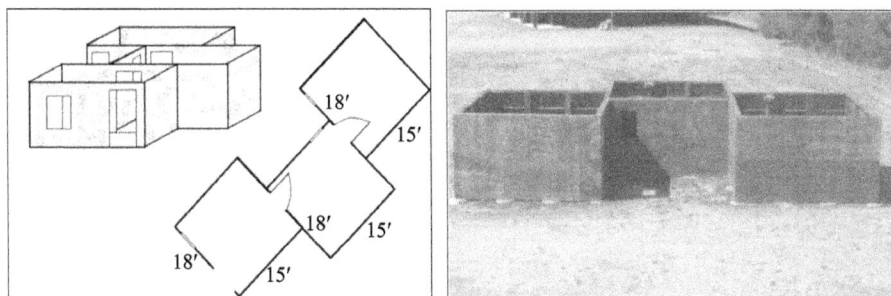

图 10－18　单兵和小组技能训练设施

单兵和小组技能训练设施可以开展的训练课目如表 10－1 所列。

表 10－1　单兵和小组技能训练设施支持的训练课目

编号	名称
071－311－2007	使用 M16 系列步枪/M4 卡宾枪攻击目标
071－315－2308	使用 AN/PVS－4 夜视瞄准器,用 M16 系列步枪/M4 卡宾枪攻击目标
071－010－0006	用 M249 机枪攻击目标
071－325－4407	使用手雷
071－326－0503	越过、穿过或绕过障碍物(雷区除外)
052－193－1013	解除陷阱装置
071－326－0501	作为火力小组成员机动
071－326－0541	城市作战中的机动技术
071－326－0557	在城市作战中选择仓促开火位置
071－326－5605	控制火力小组的机动
071－326－5611	执行班机动
071－710－0008	操作 AN/PVS－7B 夜视镜

（2）班排技能训练设施。

班排技能训练设施（图 10 – 19）主要用于训练单兵和班排,训练内容主要是针对沿街道（走廊）战术移动、进入建筑物、肃清房间内的危险以及攻击目标等相关战术、技术和程序,在单兵和小组技能训练设施基础上增加了指挥、控制和机动的复杂性。班排技能训练设施包括 4 栋正面朝内的独立建筑、1 条街道和 1 栋二层建筑物。以单兵和小组技能训练设施的训练成果为基础,开始学习肃清多个建筑物的概念方法。班排技能训练设施既可以用于狭窄街道上的独立建筑,也可以用于有长走廊的建筑内的房间,部队可通过使用布或其他材料在设施结构中加装隔断墙,从而增加房间的数量和训练的复杂性。

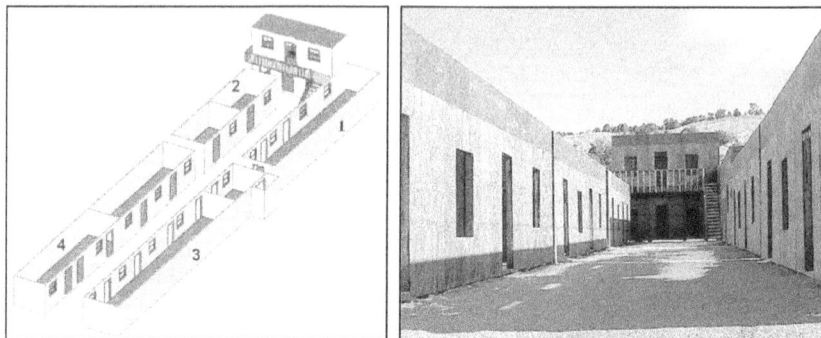

图 10 – 19　班排技能训练设施

设施内设置的标靶能够模拟 0 ~ 15 米范围内的近距离实战化战斗场景,标靶模拟了 10 个精确目标,既有可能的战斗目标,也有非战斗目标,可以训练目标识别能力,目标传感器只对致命的射击位置作出反应,也可以提供能见度受限的训练条件。这种设施内只能使用烟雾手雷、练习手雷或 M84 闪光手雷进行训练。

班排技能训练设施支持的训练课目内容如表 10 – 2 所列。

表 10 – 2　班排技能训练设施支持的训练课目

课目	编号	名称
单兵训练课目	071 – 311 – 2007	使用 M16 系列步枪/M4 卡宾枪攻击目标
	071 – 315 – 2308	使用 AN/PVS – 4 夜视瞄准器,用 M16 系列步枪/M4 卡宾枪攻击目标
	071 – 010 – 0006	用 M249 机枪攻击目标
	071 – 325 – 4407	使用手雷
	071 – 326 – 0503	越过、穿过或绕过障碍物（雷区除外）
	052 – 193 – 1013	解除陷阱装置
	071 – 326 – 0501	作为火力小组成员机动
	071 – 326 – 0541	城市作战中的机动技术
	071 – 326 – 0557	在城市作战中选择仓促开火位置

课目	编号	名称
单兵训练课目	071 – 326 – 5605	控制火力小组的机动
	071 – 326 – 5611	执行班机动
	071 – 710 – 0008	操作 AN/PVS – 7B 夜视镜
	113 – 571 – 1022	执行语音通信
	191 – 377 – 5250	处理敌方人员和设备
	071 – 326 – 0608	使用视觉信号技术
集体训练课目		进行合并整编(连/排)
		治疗伤员
		伤亡人员后送
		城市地形下的建筑物防御
		执行战术机动
		进入并肃清房间

（3）榴弹射击训练设施。

榴弹射击训练设施(图 10 – 20 和图 10 – 21)是一块宽 50 米、纵深 150 米的实弹射击场地,榴弹发射器射手在这里学习如何在城市地区攻击目标、实施战术移动和响应射击命令。支持使用 40 毫米枪榴弹和 5.56 毫米实战弹药,可用于训练 M203 两用武器射手,使他们掌握在城市地区对 50～150 米处 M203 和 M16 点状目标的攻击,这块场地也用来训练战术移动和火力指挥。

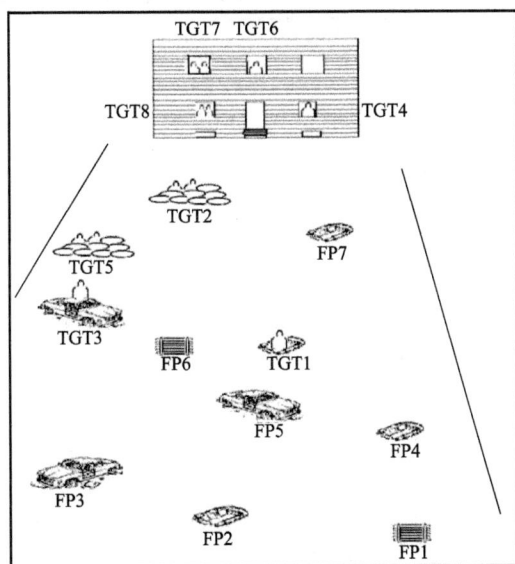

图 10 – 20　榴弹射击训练设施示意图

图 10 - 21　榴弹射击训练设施

场地由两个主要部分组成:第一部分是木质的建筑物立面,外观类似于二层建筑物的木质立面墙,高约 20 英尺、宽 30 英尺,它有 1 扇带外台阶的门、2 扇下层窗户和 3 扇上层窗户,在地面高度还有 2 扇地下室窗户;第二部分是目标和射击位,场地内有 7 个开火位置,每个开火位置有车辆、沙袋、圆木墙和碎石等掩蔽物,建筑物内设有 4 组标靶,场地内设有 4 组标靶,这些标靶是为了训练射手判断使用哪种弹药,可对目标和射击位进行调整,以支持各种训练场景,但需要考虑实弹射击对建筑物立面的影响以降低损毁程度。

榴弹射击训练设施支持的训练课目内容如表 10 - 3 所列。

表 10 - 3　榴弹射击训练设施支持的训练课目

编号	名称
071 - 311 - 2007	使用 M16 系列步枪/M4 卡宾枪攻击目标
071 - 311 - 2130	用 M203 榴弹发射器攻击目标
071 - 326 - 0608	使用视觉信号技术
071 - 326 - 0557	在城市行动中选择仓促开火位置
071 - 326 - 0541	城市作战中的机动技术
071 - 326 - 0503	越过、穿过或绕过障碍物(雷区除外)

(4) 建筑物攻防训练设施。

建筑物攻防训练设施用来训练排级兵力对建筑物进行攻击或防御,训练内容包括集体和单兵的战术、技术和规程。排级作战单元在这里练习进攻和防御任务的任务步骤,并对进攻和防御任务进行表现评估。该场地增加了指挥、控制和机动的复杂性,也可以划分成更小的训练场地,组织强化训练。它还用于训练尚未在其他场地开展的训练任务,如高级建筑突破技能。建筑物攻防训练设施图纸、实拍图、设计效果图分别如图 10 - 22 ~ 图 10 - 24 所示。

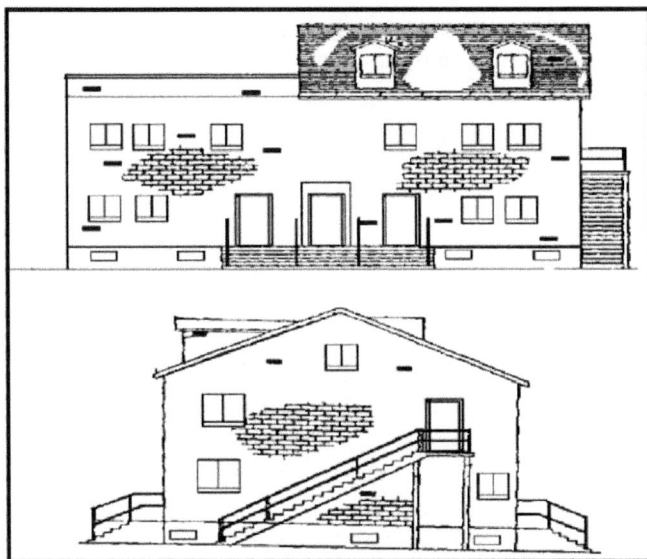

图 10-22 建筑物攻防训练设施图纸

图 10-23 建筑物攻防训练设施实拍图

图 10-24 建筑物攻防训练设施设计效果图

建筑物攻防训练设施主要由 1 座带地下室的两层建筑物组成,建筑物的每个楼层都有几个房间,设有窗户、门、射击孔和通风口。山形墙屋顶有窗户,有通往下面阁楼的舱口,屋顶的一半是平的,该建筑物有内外楼梯。设施内设置有 10 套机械标靶,不支持实弹训练,只能使用烟雾手雷、练习手雷和 M84 闪光手雷,也可使用 5.56 毫米空包弹、战术交战系统、特效轻武器标识系统进行训练。

班组技能训练设施支持的训练课目如表 10 - 4 所列。

表 10 - 4　班排技能训练设施支持的训练课目

课目	编号	名称
单兵训练课目	071 - 311 - 2007	使用 M16 系列步枪/M4 卡宾枪攻击目标
	071 - 315 - 2308	使用 AN/PVS - 4 夜视瞄准器,用 M16 系列步枪/M4 卡宾枪攻击目标
	071 - 010 - 0006	用 M249 机枪攻击目标
	071 - 325 - 4407	使用手雷
	071 - 326 - 0503	越过、穿过或绕过障碍物(雷区除外)
	052 - 193 - 1013	解除陷阱装置
	071 - 326 - 0501	作为火力小组成员机动
	071 - 326 - 0541	城市作战中的机动技术
	071 - 326 - 0557	在城市作战中选择仓促开火位置
	071 - 326 - 5605	控制火力小组的机动
	071 - 326 - 5611	执行班机动
	071 - 710 - 0008	操作 AN/PVS - 7B 夜视镜
	113 - 571 - 1022	执行语音通信
	191 - 377 - 5250	处理敌方人员和设备
	071 - 326 - 0608	使用视觉信号技术
集体训练课目	07 - 3 - 9018	肃清建筑物(排/班)
	07 - 6 - 1216	城区防御(营/旅战斗队)
	19 - 3 - 3100	在收容点处理战俘
	07 - 2 - 1342	进行战术移动(连/排)
	07 - 2 - 1189	进行徒步战术道路行进(连/排)
	07 - 2 - 1198	进行乘车战术道路行进(连/排)
	战士作战演习	进入并肃清一个房间
		进行合并整编(连/排)
		治疗伤员
		伤亡人员后送
		城市地形下的建筑物防御
		执行战术机动

（5）地下训练设施。

地下训练设施（图 10 - 25）为班以下作战单元提供地下作战训练,特别是地下环境中的肃清和机动战术训练科目。这是一个不规则的下水道系统,有 4 个井盖,2 条进出隧道从外部隧道通向下水道环路。整个场地完全被泥土覆盖,只有井盖和地面入口暴露在外。

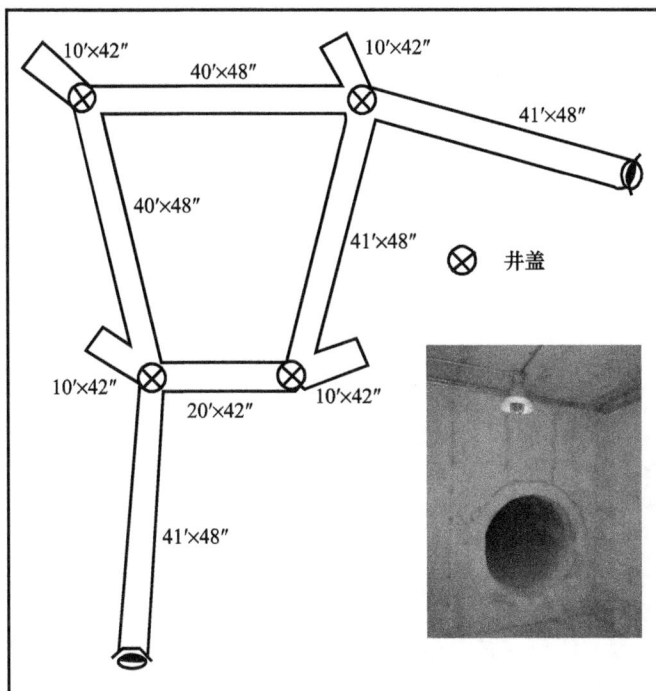

图 10 - 25 地下训练设施

地下训练设施只能开展兵力之间的对抗训练,没有训练标靶。在下水道系统中士兵需要一直佩戴头盔,以免头部受伤。地下训练中不得使用烟雾弹或 M84 闪光手雷。

地下训练设施支持的训练课目如表 10 - 5 所列。

表 10 - 5 地下训练设施支持的训练课目

课目	编号	名称
单兵训练课目	071 - 311 - 2007	使用 M16 系列步枪/M4 卡宾枪攻击目标
	071 - 315 - 2308	使用 AN/PVS - 4 夜视瞄准器,用 M16 系列步枪/M4 卡宾枪攻击目标
	071 - 010 - 0006	用 M249 机枪攻击目标
	071 - 326 - 0503	越过、穿过或绕过障碍物(雷区除外)
	052 - 193 - 1013	解除陷阱装置
	071 - 326 - 0501	作为火力小组成员机动

课目	编号	名称
单兵训练课目	071 – 326 – 0541	城市作战中的机动技术
	071 – 326 – 0557	在城市作战中选择仓促开火位置
	071 – 326 – 5605	控制火力小组的机动
	071 – 326 – 5611	执行班机动
	071 – 710 – 0008	操作 AN/PVS – 7B 夜视镜
	113 – 571 – 1022	执行语音通信
	191 – 377 – 5250	处理敌方人员和设备
	071 – 326 – 0608	使用视觉信号技术
集体训练课目	07 – 2 – 1270	治疗伤员
	08 – 2 – 0003	伤亡人员后送
	07 – 2 – 1270	进行渗透(连/排)
		城市地形下的建筑物防御

四、其他设施

(一)地下城市战训练设施

纵观历史,地下作战一直是战争的一部分。在第二次世界大战中,德国人在发达的地下设施中生产、装配和测试了大量的 V – 2 火箭,保护他们免受盟军的轰炸。越共游击队成功利用战场战术隧道对抗美军,尤其是在 Cu Chi 地区附近。隧道类型既有简陋的洞穴,还有绵延几英里的大型复杂多层复合体,入口隐藏得很好,而且经常设置陷阱。到战争结束时,经统计,越共使用的隧道超过 4800 个。1978 年 10 月,在朝韩南北边界发现了一条隧道,隧道长 1.1 英里,高 6.6 英尺,宽 6.6 英尺,位于地下 240 英尺深的基岩下。这条隧道用于朝鲜对首尔的突然袭击,每小时可转移 3 万名全副武装的士兵。朝鲜曾计划建造 5 座南部出口和隧道,用于常规战争和游击队渗透。除此之外,朝鲜还在花岗岩山体中建造了一个空军基地。

在现代战争中,许多国家都使用了类似的地下战略。在叙利亚冲突中,反对派部队通过挖掘破坏隧道,摧毁叙利亚政府和军事设施。2001 年入侵阿富汗后,塔利班和基地组织的战士逃到了阿富汗巴基斯坦边境上的多山洞穴群,以逃避侦察捕捉,这些建筑群原是为抵御苏军建造的。在持续的巴以冲突中,哈马斯利用隧道走私货物,从埃及进入加沙地带,以避开以色列的封锁。哈马斯也挖掘隧道,以保护高级领导人免受以色列空袭和渗透到以色列进行攻击。

随着美国陆军过渡到大规模作战行动,理解地下设施的复杂性至关重要。对手通过扩大地下设施的使用,打击美军弱点。此外,世界范围内日益增长的城市化,增加了城市地下系统的规模和复杂性。今天,世界各地已知有超过一万个地下设施,有的是用于保护重要战略资产的军事目的,有的是用于民用运输,地下系统在世界范围内不断扩展和被依赖。面对朝鲜、伊朗等对手的地下核设施威胁,随着城市化发展,地下停车场、地铁站等也将成为战场,因此,美国陆军认为士兵和领导者必须为此做好准备,大量开发建设地下城市作战训练设施,包括阿拉斯加州 Wainwright 堡(图 10 - 26)、印第安纳州 Atterbury Seymour 兵营、Muscatatuck 城市作战训练中心、犹他州 Dugway 试验场、新墨西哥州 Sandia 国家实验室、韩国 Stanley 兵营。

图 10 - 26　Wainwright 堡

隧道作战训练中心位于加利福尼亚州的中国湖,由美国海军海空系统司令部负责建设,于 2001 年 10 月启用。该训练中心着眼于阿富汗反恐作战中遇到的隧道、山洞、燃料库等作战环境需求,利用中国湖的沙漠环境与阿富汗的类似性。设施周边有 300 多个废弃矿井,这是 19 世纪 50 年代加利福尼亚淘金潮的产物,利用这些废弃设施,隧道作战训练中心进行装备、战术、训练的开发工作。

胡德堡地下训练设施(图 10 - 27)是由废弃军用设施改建而来,这些设施始建成于 1947 年,主要由士兵在山中挖掘出的一系列隧道组成,由空军管理使用。用于存放原子弹的地下武器库,于 1949 年建成,工程代号"76 号工程",是美国 7 个核设施之一。1969 年退役后归陆军使用,作为仓库和办公地,直到 1979 年废弃。地下设施分为两部分,目前一处于 2003 年改建用于训练,另一处仍处于保密未开放状态。地下廊道宽 20 英尺、高 30 英尺,距离山顶 80 多英尺,纵深约1000 英尺。

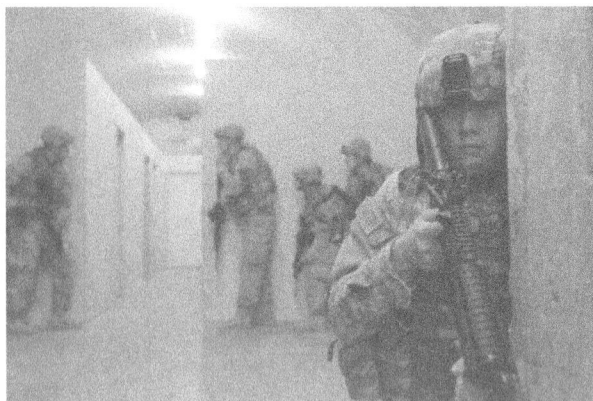

图 10 - 27　胡德堡地下训练设施

　　多年来,一直用于在部署前训练部队。近年来,陆军非对称战争小组开始在此使用夜视谷歌眼镜以及地面无人系统进行地下环境作战装备论证与训练工作。2008 年 4 月,第 1 骑兵师 3 旅战斗队在部署到伊拉克之前,在胡德堡地下训练设施进行了为期 1 周的训练。2013 年 11 月,第 1 装甲师 2 旅第 6 步兵团的士兵与非对称战争小组共同开展了进入和清缴地下设施的技战术研究。2018 年 10 月,机动训练团队 Alpha 小组、第 16 骑兵团的 Bravo 小组,还有来自佐治亚州本宁堡的卓越机动中心人员,共同开展了地下作战培训。Alpha 小组主要训练密集城市地形中的连级至旅级的战斗计划能力,Bravo 小组则主要针对连级及下级指挥员,参训人员包括步兵、军医、工兵、防化、通信等要素。图 10 - 28 所示为防化侦察机器人在地下设施中巡逻。

图 10 - 28　防化侦察机器人在地下设施中巡逻

韩国 Stanley 兵营利用一条长约 0.5 英里闲置的弹药库隧道进行训练,其中有很多凹室,适合在黑暗和有限空间中进行清缴训练,防化侦察机器人进入隧道后,通过传感器采集音视频及核生化信息,并回传给远程操作手。

(二) 城市战训练中心

位于印第安纳州东南部的 Muscatatuck 城市战训练中心(图 10 – 29),是国防部所属最大的城市战训练中心,号称可支持多域战训练,除军事训练外还可用于保障警务消防、应急救灾等多样化训练任务。该设施曾是 Muscatatuck 国家开发中心,2005年由陆军承租,授权印第安纳国民警卫队负责管理,建设急需的城市训练场。训练中心占地 1000 英亩,包括至少 120 处建筑,其中 1 处 7 层建筑、1 处 5 层建筑、20 处 3 层建筑、16 处 2 层建筑,还有水池、长 1 英里的管道系统,以及 9 英里道路。

图 10 – 29　Muscatatuck 城市战训练中心

(三) 非对称作战训练中心

非对称作战训练中心位于弗吉尼亚州鲍灵格林镇附近的希尔堡,训练资源包括 1 个模拟城市区域、1 个 12 英里的可移动靶场、1 个 800 米确定距离靶场、1 个爆破场和1个室内靶场。非对称作战训练中心占地300英亩,于2014年1月投入使用,历时2年建成,耗资9600万美元,用于保障非对称战争小组论证和快速采办装备或非装备需求。非对称战争小组隶属于作战条令司令部,于2006年成立,最初职能是负责研究如何应对简易爆炸物袭击,目前主要研究应对非对称战争中出现的新威胁,地下作战也是其研究内容之一。非对称作战训练中心是非对称战争小组开展论证和试验的主要设施,还有大使馆、清真寺、足球场等设施,与其他城市战设施使用简单真实的建筑相比,这里大量使用胶合板搭建简易建筑,具有逼真的地铁站和管线等丰富的地下训练设施资源,可以支持地下城市作战训练,这是其重要特点。图10-30所示为希尔堡非对称作战训练中心。

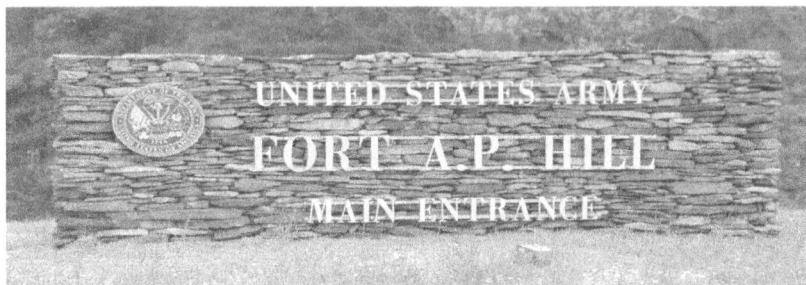

图 10-30　希尔堡非对称作战训练中心

五、经验与启示

(一) 经验做法

1. 依据标准,统一建设

训练设施标准化建设既能提高建设效益,也能确保训练标准统一,这是美国陆军训练场地建设的基本做法。城市作战训练设施均为标准化配置,设施的占地面积、空间布局以及配套设施、靶标器材种类和数量均进行了标准化规范,配套库房、观摩看台、复盘教室甚至厕所,都是有统一编码的标准化设施。健全的建设管理体制为标准化的统一实施提供了体制保证,各级具体职责分工由训练场地建设条例明确。陆军训练条令司令部牵头负责依据作战需求进行训练场地论证;陆军设施管理司令部负责设计开发并依据图纸施工建设;陆军仿真训练器材项目管理办公室负责采办靶标、监控、导控等系统并统一配发。通过司令部之间的密切协作,实现需求统一论证、建设统一标准、系统统一采办,形成训练设施的统一建设。

2. 依据作战需求,不断调整适应

美军坚持"仗怎么打,兵就怎么练,环境就怎么建",强调训练环境与作战环境的一致性,随着美军城市作战需求的不断变化,其训练环境也在随之快速调整。

1993年,在索马里首都摩加迪沙一场城镇战斗中,美军死伤百人,付出了巨大代价,为吸取教训,立即在波克堡联合战备训练中心建设了一个近3万平方米的模拟小镇,并以在战斗中牺牲的两人"Shughart"和"Gordon"命名。9·11事件后,军事战略转向反恐,欧文堡国家训练中心迅速建成12个模拟伊拉克和阿富汗的村庄,为加快速度甚至采用了船用集装箱堆叠的方式。近年来,为应对朝鲜、伊朗等地下核威胁,美军将自身废弃的地下核武器仓库改造成训练设施,并结合进行夜视装备、地面无人装备等论证试验工作。当前,为应对特大城市作战问题,其已开始构建大型城市训练环境,将具备4车道高速公路以及大量高层建筑。

3. 多样化的建设途径

按一般途径构建逼真的城市作战训练环境,必然需要巨大的经费投入和较长的建设周期。美军采取了废弃军用设施改建、民用设施征用改造、集装箱模块化搭建等多种方法,大大加快了建设速度,节约经费,实现了高效建设。胡德堡地下训练设施,主要由一系列山体隧道组成,是原美国空军于1947年建设用于存放原子弹的地下武器库,冷战结束后废弃,后经改造用于地下设施清缴训练。Muscatatuck城市作战训练中心原址是一个精神病院,遗留设施包括120处建筑、1个池塘、1英里地下管道,以及9英里道路,医院废弃后被陆军征收改建,充分改造利用了这些遗留设施,将其打造成美军最大的城市作战训练中心。欧文堡国家训练中心,为满足应急反恐作战训练需求,提升部署部队的适应能力,使用船用集装箱堆叠出了多个模拟伊拉克和阿富汗的村庄,并在集装箱表面辅以石雕贴花,营造出了非常逼真的视觉效果。

4. 突出社会环境模拟

模拟建筑、道路等硬件设施只能实现"形似",为达到"神似"效果,需要配套的社会环境模拟,这是构建逼真城市训练环境的画龙点睛之笔,对于提升训练的沉浸感至关重要。为模拟逼真的中东环境,作战训练中心一般都会引入好莱坞电影特效技术和化妆技术,招募中东移民扮演商贩、路人等平民,他们穿着民族服饰,按照训练想定要求扮演商贩等角色进行日常生活,甚至还请残疾人扮演血腥战斗场景中的伤员,对训练者造成强大的心理震撼。训练房间室内环境完全遵循作战地区特点,室内外物品摆放和装饰细节都进行了精心设计,并设置了大量烟火、气味、声音发生系统,结合室内投影等手段,充分刺激受训者感官,创造出了全维度的训练沉浸感。

(二)启示建议

1. 体系化建设,一体化设计

当前,我陆军城市作战训练设施资源匮乏、整体布局失衡、使用效益不高,亟待加强顶层设计,坚持体系化建设理念,采取需求论证、功能设计、技术集成一体化的建设方法。一是突出需求论证一体化,立足军事训练大纲分解城市作战训练需求,区分合同(联合)战术、分队战术、专业技术训练需求,以集体训练为主、单兵训练为辅,统筹考虑各层次、各类型训练需求;二是突出功能设计一体化,当前训练场地资源非常有限,而且城市作战设施建设投资巨大,为实现建设效益的最大化,除了训练功能之外,还应考虑武器试验、战法论证等功能,力求实现"一场多用";三是突出技术集成一体化,在建设实施过程中统筹各类技术,形成稳定统一的技术架构和标准,集成建设监控、靶标、声光电模拟等系统,可借鉴美军训练系统建设总承包商制度,利于打通信息链路以实现数据共享统管,提升建设使用效率。

2. 整合力量形成合力

建设城市作战训练设施,涉及作战训练、信息技术、设计施工等众多专业领域,是一项复杂工程,需要统筹陆军机关、院校、基地、部队力量,还应吸纳地方力量。当前,应抓住军改契机,发挥军种主建优势,打破体制部门之间的利益壁垒,破解训练领域管理的体制顽疾,集聚各方力量优势形成建设合力。陆军机关主导顶层设计,参、装、后机关分别负责统筹需求论证、系统研制、施工建设工作;研究院发挥承上启下的智囊作用,对上辅助机关决策,对下服务训练设施各类用户,负责具体需求开发、立项论证等工作;各类院校、基地、部队作为一线用户,负责提出使用需求以及验证评估训练效果;地方力量是工程建设的主力军,应借助军委后勤保障部推行的军事设施工程总承包制,引导民营企业进入训练领域,探索"军方研需求、定标准,地方做支撑、总承包"的训练设施军民融合建设的方法路子。

3. 探索创新建设方法

我军现有城市作战训练设施建设,主要采取传统的建筑施工方法,通过修建医院、办公楼、住宅等城市建筑,利用"真材实料"实实在在地模拟城市环境,这种方式虽然具有较高的逼真度,但模拟环境固定、难变化,成本高、周期长,难以推广,实现大规模建设,因此,亟待在建设方法上进行创新探索。为满足反恐训练需求,美军使用大型集装箱快速搭建了大量中东模拟村庄,通过集装箱吊装进行组合摆放,可灵活配置训练环境,这种方式虽然模拟效果有限但建设成本低、速度快,值得我们参考借鉴。另外,在抗击新冠肺炎疫情斗争中,火神山、雷神山医院的快速建设,彰显了中国速度,其采用的模块化建筑技术功不可没,这种技术也可以服务于训练设施建设。模块化建筑技术是基于标准化思维,将建筑物分解为可拼接的标准化模块,在工厂预制生产模块,运输至现场拼插焊接后,即可组装成建筑整体,可极大地压缩整个建造周期,满足迫切的城市作战训练需求。

4. 紧贴作战对手,设置训练环境

随着美军作战对手不断变化,城市作战训练设施发展也历经几个阶段,由冷战时期主要模拟欧洲城市村庄,到反恐战争时期主要模拟中东城镇,当前,随着其战略方向转向大国对抗又启动了大型城市训练环境建设。长期以来我军训练没有设置明确的对手,练兵备战没有明确指向,长期制约训练质效。为此,我陆军编组了多支模拟蓝军部队,立起了实战化训练的现实"靶标"。在城市作战训练中,"模拟蓝军＋模拟城市"共同组成未来城市作战场景,因此训练中"跟谁打战"的问题逐步解决之后,模拟"在哪打仗"是又一个现实问题。城市作战训练设施建设,要依据主要战略方向作战任务,紧贴作战地域城市环境特点,模拟建筑设施风格,反映社会人文环境。这方面可借鉴美军借力"好莱坞"的经验,探索走开训练设施社会化保障路子,依托装修装饰公司甚至影视传媒公司等专业力量,将电影场景搬入训练场,通过"硬装修、软装饰",灵活变换室内外环境,创建生动逼真的训练场景。

附录一 训练场地区域保障责任

区域性基地		陆军司令部/陆军军种司令部/直接报告单位	责任范围(仅限美国和领地设施)
东部地区	马里兰州乔治·C.米德堡	陆军训练与条令司令部/设施管理司令部	马里兰州:所有县
	A.P.希尔堡	陆军训练与条令司令部/设施管理司令部	弗吉尼亚州:阿尔伯马尔县、奥古斯塔县、汉诺威县、威廉王县、国王与王后县、兰开斯特县、路易莎县、米德尔塞克斯县和诺森伯兰县以北的县
	佐治亚州班宁堡	训练与条令司令部/设施管理司令部	佛罗里达州:哥伦比亚县、迪克西县、加兹登县、汉密尔顿县、杰斐逊县、拉斐特县、莱昂县、麦迪逊县、苏万尼县、泰勒县和瓦库拉县; 佐治亚州:贝克县、本希尔县、比伯县、布莱克利县、贝林县、布鲁克斯县、卡尔霍恩县、查塔胡奇县、克莱县、克林奇县、科尔奎特县、库克县、克劳福德县、克里斯普县、迪凯特县、道奇县、杜利县、多尔蒂县、厄尔利县、埃科尔斯县、格雷迪县、哈里斯县、休斯敦县、欧文县、琼斯县、拉马尔县、拉尼尔县、李县、朗兹县、梅肯县、马里恩县、梅里韦瑟县、米勒县、米切尔县、门罗县、马斯科吉县、皮奇县、派克县、普拉斯基县、奎特曼县、伦道夫县、施莱县、塞米诺尔县、斯图尔特县、萨姆特县、泰勒县、特雷尔县、托马斯县、塔尔伯特县、蒂夫特县、特鲁普县、特维格斯县、阿普森县、韦伯斯特县、威尔科克斯县和沃思县
	北卡罗来纳州布拉格堡	部队司令部/设施管理司令部	北卡罗来纳州:所有县
	宾夕法尼亚布坎南堡	部队司令部/设施管理司令部	波多黎各:所有县; 古巴:关塔那摩湾
	肯塔基州坎贝尔堡	部队司令部/设施管理司令部	肯塔基州:艾伦县、埃德蒙森县、哈丁县、米德县和沃伦县以西的所有县; 田纳西州:所有县

区域性基地		陆军司令部/陆军军种司令部/直接报告单位	责任范围(仅限美国和领地设施)
东部地区	马萨诸塞州德文斯堡(迪克斯堡的卫星基地)	陆军预备役司令部/设施管理司令部	康涅狄格州:所有县; 缅因州:所有县; 马萨诸塞州:所有县; 新罕布什尔州:所有县; 罗得岛州:所有县; 特拉华州:所有县
	新泽西州迪克斯堡	陆军预备役司令部/设施管理司令部	特拉华州:所有县; 新泽西州:所有县; 纽约州:奥尔巴尼县、布朗克斯县、哥伦比亚县、特拉华县、达奇斯县、格林县、金斯县、拿骚县、纽约县、奥兰治县、普特南县、皇后区、伦斯勒县、里奇蒙县、罗克兰县、斯科哈里县、萨福克县、沙利文县、阿尔斯特县和韦斯特切斯特县; 宾夕法尼亚州:大费城地区,包括雄鹿县、蒙哥马利县、切斯特县、特拉华县和费城县
	纽约州德拉姆堡	部队司令部/设施管理司令部	纽约州:奥尔巴尼县、特拉华县、伦斯勒县和斯科哈里县北部和西部的所有县
	弗吉尼亚州尤斯蒂斯堡	陆军训练与条令司令部/设施管理司令部	弗吉尼亚州:阿可麦克县、格洛斯特县、怀特岛县、詹姆斯城县、兰开斯特县、马修斯县、米德尔塞克斯县、北安普敦县、诺森伯兰县、南安普敦县、萨里县和约克县,切萨皮克、汉普顿、纽波特纽斯、诺福克、普克森、朴次茅斯、萨福克、弗吉尼亚海滩和威廉斯堡等城市
	佐治亚州戈登堡	陆军训练与条令司令部/设施管理司令部	佐治亚州:布洛赫县、坎德勒县、埃芬汉县、琼斯县、拉马尔县、梅里韦瑟县、门罗县、蒙哥马利县、派克县、图姆斯县、特鲁普县和惠勒以北的所有县,布莱克利县、道奇县、琼斯县和特威格县以东的县
	宾夕法尼亚印第安敦加普堡	陆军预备役司令部/设施管理司令部	宾夕法尼亚州:除大费城地区(包括雄鹿县、蒙哥马利县、切斯特县、特拉华县和费城县)
	南卡罗来纳州杰克逊堡	训练与条令司令部/设施管理司令部	南卡罗来纳州:所有县
	肯塔基州诺克斯堡	训练与条令司令部/设施管理司令部	肯塔基州:布雷肯里奇县、巴特勒县、格雷森县、洛根县和辛普森县以东的所有县; 印第安纳州:所有县; 俄亥俄州:所有县

区域性基地		陆军司令部/陆军军种司令部/直接报告单位	责任范围(仅限美国和领地设施)
东部地区	弗吉尼亚李堡	训练与条令司令部/设施管理司令部	弗吉尼亚州:卡罗琳县、埃塞克斯县、格林县、奥兰治县、罗金厄姆县和斯波西瓦尼亚县以南的所有县,以及格洛斯特县、詹姆斯城县、南安普敦和萨里县以西的所有县
	马里兰州乔治·C.米德堡	美国陆军华盛顿军区/设施管理司令部	马里兰州:所有县; 西弗吉尼亚州:所有县
	亚拉巴马州红石兵工厂	训练与条令司令部/设施管理司令部	亚拉巴马州:钱伯斯县、奇尔顿县、库萨县、格林县、黑尔县、佩里·萨姆特县和塔拉波萨县以北的所有县; 密西西比州:肯珀县、利克县、麦迪逊县、尼肖巴县、沃伦县和亚祖县以北的所有县
	亚拉巴马州鲁克尔堡	训练与条令司令部/设施管理司令部	亚拉巴马州:比伯县、克莱县、皮肯斯县、伦道夫县、谢尔比县、塔拉迪加县和塔斯卡卢萨县以南的所有县; 佛罗里达州:加兹登县、莱昂县和瓦库拉县以西的所有县
	佐治亚州斯图尔特堡	部队司令部/设施管理司令部	佛罗里达州:除贝县、卡尔霍恩县、哥伦比亚县、迪克西县、埃斯坎比亚县、富兰克林县、加兹登县、吉尔克里斯特县、格尔夫县、汉密尔顿县、霍尔姆斯县、杰克逊县、杰斐逊县、拉斐特县、莱昂县、利柏提县、麦迪逊县、奥卡卢萨县、圣罗萨县、苏万尼县、泰勒县、沃尔顿县、瓦库拉县和华盛顿县以外的所有县; 佐治亚州:阿普林县、阿特金森县、培根县、布兰特利县、布莱恩县、布洛克县、卡姆登县、坎德勒县、查尔顿县、查塔姆县、科菲县、埃芬汉县、埃文斯县、格林县、杰夫·戴维斯县、利柏提县、朗县、麦金托什县、蒙哥马利县、皮尔斯县、塔特纳尔县、特尔费尔县、图姆斯县、特鲁特伦县、韦尔县、韦恩县和惠勒县

续表

区域性基地		陆军司令部/陆军军种司令部/直接报告单位	责任范围(仅限美国和领地设施)
西部地区	得克萨斯州布利斯堡	部队司令部/设施管理司令部	得克萨斯州:安德鲁斯县、克雷恩县、克罗基特县、厄克托县和巴尔韦德县以西的所有县; 新墨西哥州:所有县
	科罗拉多州卡森堡	部队司令部/设施管理司令部	科罗拉多州:所有县; 犹他州:所有县; 怀俄明州:所有县
	得克萨斯州胡德堡	部队司令部/设施管理司令部	得克萨斯州:得克萨斯州中部北靠贝利县、科特尔县、弗洛伊德县、福阿德县、黑尔县、兰姆县、莫特利县、威奇托县和威尔巴格县的地区,东接鲍伊县、卡斯县、哈丁县、哈里森县、贾斯珀县、拉马尔县、利柏提县、马里恩县、帕诺拉县、红河县、圣奥古斯丁县和谢尔比县的地区,南接奥斯丁县、巴斯特罗普县、布兰科县、爱德华兹县、费耶特县、基利斯比县、哈里斯县、克尔县、特拉维斯县、巴尔韦德县和华莱士县的地区,西接与佩科斯县、特雷尔县、沃德县和温克勒县的地区
	亚利桑那州瓦丘卡堡	陆军训练与条令司令部/设施管理司令部	亚利桑那州:所有县
	仅欧文堡	部队司令部/设施管理司令部	加利福尼亚州:仅欧文堡
	密苏里州伦纳德伍德堡	训练与条令司令部/设施管理司令部	伊利诺伊州:克拉克县、坎伯兰县、泽西县、马库平县、蒙哥马利县和谢尔比县以南的所有县; 密苏里州:所有县
	华盛顿州路易斯堡	部队司令部/设施管理司令部	爱达荷州:所有县; 蒙大拿州:所有县; 俄勒冈州:所有县; 华盛顿州:所有县
	加利福尼亚州洛斯阿拉米托斯	部队司令部/设施管理司令部	加利福尼亚州:因皮里尔县、洛杉矶县、奥治县、里弗赛德县、圣贝纳迪诺县、圣地亚哥县、圣芭芭拉县和文图拉县; 内华达州:丘吉尔县、埃尔科县、尤里卡县、兰德县和里昂县以南的所有县

区域性基地		陆军司令部/陆军军种司令部/直接报告单位	责任范围(仅限美国和领地设施)
西部地区	威斯康辛麦科伊堡	陆军预备役司令部/设施管理司令部	伊利诺伊州:邦德县、克劳福德县、埃芬汉县、费耶特县、贾斯珀县和麦迪逊县以北的所有县; 艾奥瓦州:所有县; 密歇根州:所有县; 明尼苏达州:所有县; 北达科他州:所有县; 威斯康星州:所有县
	加利福尼亚州坎普公园	部队司令部/设施管理司令部	加利福尼亚州:蒙特雷县以及因约县、马里波萨县、默塞德县、蒙特雷和圣贝尼托县以北的所有县; 内华达州:米纳勒尔县、奈县及怀特派恩斯以北的所有县
	路易斯安那州波克堡	部队司令部/设施管理司令部	路易斯安那州:所有教区; 密西西比州:阿塔拉县、伊萨奎纳县、汉弗莱斯县、福尔摩斯县、诺克苏比县、夏基县和温斯顿县以南的所有县; 得克萨斯州:鲍伊县、卡斯县、钱伯斯县、哈丁县、哈里森县、贾斯珀县、杰斐逊县、拉马尔县、利柏提县、马里恩县、牛顿县、奥兰治县、帕诺拉县、红河县、萨宾县、圣奥古斯丁县和谢尔比县
	堪萨斯州赖利堡	部队司令部/设施管理司令部	堪萨斯州:所有县; 内布拉斯加州:所有县; 南达科他州:所有县
	加利福尼亚州罗伯茨营	部队司令部/设施管理司令部	加利福尼亚州:洛杉矶县、圣贝纳迪诺县、圣巴巴拉县、文图拉县以北和莫诺县、圣克拉拉县、圣克鲁斯县、斯坦尼斯劳斯县和图奥勒米县以南的所有县
	得克萨斯州萨姆休斯敦堡	医疗司令部/设施管理司令部	得克萨斯州:得克萨斯州南部地区,西接特雷尔县,东接钱伯斯县和利柏提县,北靠布拉索斯县、伯利森县、伯内特县、克罗基特县、格莱姆斯县、金布尔县、拉诺县、梅森县、米拉姆县、蒙哥马利县、萨顿县、华盛顿县和威廉姆森县
	俄克拉何马州锡尔堡	训练与条令司令部/设施管理司令部	阿肯色州:所有县; 俄克拉何马州:所有县; 得克萨斯州:阿彻县、贝勒县、科克伦县、克罗斯比县、狄更斯县、霍克利县、金县、诺克斯县和拉伯克县以北的所有县

区域性基地		陆军司令部/陆军军种司令部/直接报告单位	责任范围(仅限美国和领地设施)
阿拉斯加州	阿肯色州理查森堡	美国太平洋陆军	阿拉斯加州:所有县
	阿肯色州温赖特堡	美国太平洋陆军	阿拉斯加州:所有县
夏威夷州	夏威夷州斯科菲尔德兵营	美国太平洋陆军	夏威夷州:所有县
日本	扎马营	美国太平洋陆军	日本冲绳

附录二 院校机动训练区需求

课程	训练活动	面积/平方千米	持续时间/天
杰克逊堡士兵保障研究所			
27D10 律师助理专业	野外训练演习	12	3.0
42A10 人员服务专业	野外训练演习	12	3.0
42F10 人员信息系统管理专业	野外训练演习	12	3.0
42L10 行政专业	野外训练演习	12	3.0
44C10 财务服务专业	野外训练演习	12	3.0
AGOBC 副官长军官基础课程	野外训练演习	12	8.0
AGCCC 副官长上尉职业课程	野外训练演习	12	10.0
财务军官基础课程	野外训练演习	12	10.0
财务上尉职业课程	野外训练演习	12	10.0
军牧军官高级课程	军官训练	3	4.0
军牧助理基础士官课程	士官训练	3	2.0
布利斯堡防空炮兵学校			
043 - 14D10X(T) "霍克"防空导弹系统班组人员	情景训练演习/ 野外训练演习	1	34.0
043 - 14D10XES "霍克"防空导弹系统班组人员(非美国)	情景训练演习/ 野外训练演习	1	39.0
043 - 14E10 "爱国者"导弹火控操作员	情景训练演习/ 野外训练演习	1	64.0
043 - 14J10 防空火炮 C4I 战术行动控制 增强型操作员/维修员	系统综合	1	8.0
043 - 14M10 便携式防空系统	操作"毒刺"防空导弹	1	2.5
043 - 14R10 "布拉德利后卫"战车班组人员	驾驶"布拉德利毒刺"战车(日间)	1	1.0
043 - 14R10 "布拉德利后卫"战车班组人员	驾驶"布拉德利毒刺"战车(夜间)	1	0.5

续表

课程	训练活动	面积/平方千米	持续时间/天
043 – 14R10 "布拉德利后卫"战车班组人员	实弹情景训练演习	192	5.0
043 – 14R10 "布拉德利后卫"战车班组人员	空中射击/跟踪	1	5.0
043 – 14S10 "复仇者"防空导弹班组人员	在防空火炮射击靶场 进行情景训练演习	3	5.0
043 – 14S10 "复仇者"防空导弹班组人员	野外训练演习	10	5.0
043 – 14T10 "爱国者"导弹发射站增强器	情景训练演习/ 野外训练演习	1	38.5
043 – 16S10 便携式防空系统班组人员	防空火炮实弹射击	3	5.0
104 – F21X "霍克"防空导弹火控机械师(PIP Ⅲ)	情景训练演习/ 野外训练演习	1	4.0
121 – 7212(操作系统) "毒刺"防空导弹射手/"复仇者"防空 导弹班组人员	防空火炮实弹射击	3	5.0
2 – 44 – C20 防空火炮军官基本级(职业课程)	地图阅读课程	10	1.0
2 – 44 – C20 防空火炮军官基础课程(职业课程)	野外训练演习 – (排巷道训练)	40	2.5
2 – 44 – C20 防空火炮军官基础课程(职业课程)	野外训练演习 – (巷道训练)	40	5.0
2 – 44 – 020(14B) 防空火炮军官基础课程(前沿区域防空 系统武器跟踪)	防空火炮实弹射击	1	5.0
2 – 44 – 020(14E) 防空火炮军官基础课程("爱国者"导 弹跟踪)	情景训练演习/ 野外训练演习	1	15.5
2 – 44 – C22 防空火炮军官高级课程	露营地	1	6.0
2 – 44 – C23 防空火炮军官高级课程 – 预备役部队	露营地	1	6.0

课程	训练活动	面积/平方千米	持续时间/天
2 – 44 – C32 防空火炮准尉高级课程	军事职业类别训练	3	3.0
2E – 7204(操作系统) 低空防空火炮军官	防空火炮实弹射击	3	3.0
2F – FOA – F15 防空火炮军官高级课程("爱国者"导弹后续)	情景训练演习/野外训练演习	1	11.0
2F – 14D(PIP Ⅲ)"霍克"防空导弹军官	情景训练演习/野外训练演习	1	25.0
2F – 14EX "爱国者"导弹防空军官	情景训练演习/野外训练演习	1	23.5
2F – 14EX(以色列)"爱国者"导弹操作员(国际职业课程)	情景训练演习/野外训练演习	1	2.5
2G – F38(操作系统) 战术系统/防空火炮培训	培训	1	2.0
2G – F85X 国际军官高级课程预备	预备	1	2.0
4F – 140DX(PIP Ⅲ)"霍克"防空导弹系统技术准尉基础课程	情景训练演习/野外训练演习	3	16.0
4F – 140E "爱国者"导弹系统技术准尉基础课程	情景训练演习/野外训练演习	3	575.0
632 – 23R10X "霍克"防空导弹系统机械师	情景训练演习/野外训练演习	3	23.0
632 – 23R10X 改进型"爱国者"导弹操作员及系统机械师	情景训练演习/野外训练演习	3	385.5
0 – 14 – C40 防空火炮基础士官课程	可编程模块化通信系统	16	0.5
0 – 14 – C40 防空火炮基础士官课程	野外训练演习	16	10.5
620 – 11 – PLDC 初级领导力开发	情景训练演习/野外训练演习	2	13.0
620 – 11 – PLDC 初级领导力开发	陆地导航	2	1.5
萨姆·休斯顿堡陆军医疗部中心和学校			
陆军医疗部军官基础课程 6 – 8 – C20(医疗服务队方向)	战斗卫生支援演习	20	5.0

续表

课程	训练活动	面积/平方千米	持续时间/天
陆军医疗部军官基础课程 6－8－C20（护士队方向）	野外训练演习	2	4.0
陆军医疗部军官基础课程 6－8－C20（卫生专业奖学金计划－预备役部队）	野外训练演习	14	5.0
陆军医疗部军官基础课程 6－8－C20（综合科学方向71E）	战斗卫生支援演习	1	2.0
陆军医疗部军官基础课程 6－8－C20（美国联合勤务保健科学大学）	野外训练演习	14	5.0
陆军医疗部军官基础课程 6－8－C20（预备役部队）	野外训练演习	14	4.0
陆军医疗部军官基础课程 6－8－C20（所有医务队）	野外训练演习准备模块	7	2.0
陆军医疗部军官基础课程 6－8－C20（所有医务队）	野外训练演习	14	5.0
陆军医疗部军官基础课程 6－8－C20（医疗服务队方向）	战斗卫生支援演习	20	5.0
陆军医疗部军官基础课程 6－8－C20（护士队方向）	野外训练演习	2	4.0
陆军医疗部军官基础课程 6－8－C20（卫生专业奖学金计划－预备役部队）	野外训练演习	14	5.0
陆军医疗部军官高级课程 6－8－C22（所有医务队）	野外训练演习	1	3.0
战斗伤员护理课程6A－C4	野外训练演习	5	9.0
"大毒蛇"武器公司	野外训练演习	21	12.0
陆军医疗部基础士官课程 6－8－C4（所有医务队）	野外训练演习	20	5.0
陆军医疗部基础士官课程91E30	野外训练演习	1	1.0
陆军医疗部基础士官课程91M30	野外训练演习	1	1.0
陆军医疗部基础士官课程91W30	野外训练演习	7	5.0
陆军医疗部高级士官课程 6－8－C42（所有医务队）	野外训练演习	3	5.0
陆军医疗部高级士官课程91M30	野外训练演习	1	1.0
职业疗法 303－N3 91W ASI	野外训练演习	1	2.5

续表

课程	训练活动	面积/平方千米	持续时间/天
联合战地营养行动 6H – A0619		1	10.0
联合士兵营养短期课程 6H – 300	野外训练演习	1	5.0
战斗应激减员管理 6H – 300/A0620	野外训练演习	1	9.5
预防牙科 330 – X2 91E ASI	实操演练	1	0.5
军事预防医学原理 6A – F5	野外训练演习	3	3.0
卫生物理专业课程 322 – N4 91S ASI	野外训练演习	1	2.0
医疗司令部 CSM/SGM/SR 士官短期课程 340 – A0715	野外训练演习	1	1.0
陆军医疗部中心和学校演习	野外训练演习	2	14.0
专家级战斗医疗技能章训练野外训练演习	训练	10	10.0
专家级战斗医疗技能章测试野外训练演习	测试	10	5.0
专家级战斗医疗技能章挑战野外训练演习	挑战	6	18.0
91A10 高级单兵训练	野外训练演习	1	5.0
操作室专业 301 – 91D10 高级单兵训练	野外训练演习	1	3.0
牙科专业 330 – 91E10 高级单兵训练	野外训练演习	1	3.0
病人管理专业 513 – 91G10 高级单兵训练	野外训练演习	1	3.0
病人管理专业 513 – 91G10 预备役部队高级单兵训练	野外训练演习	1	3.0
光学实验室专业 42E10/91H10 高级单兵训练	野外训练演习	1	3.0
医疗供给专业 551 – 91J10 高级单兵训练	野外训练演习	1	3.0
医疗供给专业 551 – 91J10 预备役部队高级单兵训练	野外训练演习	1	3.0
医学实验室专业 311 – 91K10 高级单兵训练	野外训练演习	1	3.0
医院食品服务专业 800 – 91M10 预备役部队高级单兵训练	野外训练演习	1	4.0
放射学专业 313 – 91P10 高级单兵训练	野外训练演习	1	3.0

续表

课程	训练活动	面积/平方千米	持续时间/天
药学专业 312 - 91Q10 高级单兵训练	野外训练演习	1	3.0
兽医食品检验专业 321 - 91R10 高级单兵训练	野外训练演习	3	4.0
兽医食品检验专业 321 - 91R10 预备役部队高级单兵训练	野外训练演习	3	4.0
预防医学专业 322 - 91S10 高级单兵训练	野外训练演习	3	5.0
预防医学专业 322 - 91S10 高级单兵训练	情景训练演习	3	3.0
预防医学专业 322 - 91S10 预备役部队高级单兵训练	野外训练演习	3	10.0
动物护理专业 321 - 91T10 高级单兵训练	野外训练演习	3	10.0
呼吸专业 300 - 91V10 高级单兵训练	野外训练演习	1	4.0
医疗卫生专业 300 - 91W10 高级单兵训练	野外训练演习	3	7.0
精神健康专业 302 - 91X10 高级单兵训练	野外训练演习	7	5.0
诺克斯堡装甲学校			
2 - 17 - C20 装甲军官基础课程	徒步陆地导航与复测	16	2.5
2 - 17 - C20 装甲军官基础课程	保护部队	1	0.5
2 - 17 - C20 装甲军官基础课程	城市地形条件下的军事行动	1	3.0
2 - 17 - C20 装甲军官基础课程	进攻/威胁情景训练演习	176	1.0
2 - 17 - C20 装甲军官基础课程	乘车式陆地导航与复测	110	1.5
2E - F137/521 - F2 侦察指挥员课程	评估路线与障碍物无兵战术演习	2	0.5
2E - F137/521 - F2 侦察指挥员课程	乘车式战术训练	50	7.0
2E - F137/521 - F2 侦察指挥员课程	乘车场地情景训练演习	25	1.0

续表

课程	训练活动	面积/平方千米	持续时间/天
19K10 一站式训练：M1A1"艾布拉姆斯"装甲班组人员	INYN 0208/0308,装甲班组人员测试一/二	1	1.0
19K10 一站式训练：M1A1"艾布拉姆斯"装甲班组人员	INHN 0306,核生化防御	1	1.0
19K10 一站式训练：M1A1"艾布拉姆斯"装甲班组人员	INFN 0716,用 M9 手枪射击靶标（同步及非射击训练）	1	2.0
19K10 一站式训练：M1A1"艾布拉姆斯"装甲班组人员	INXN 3404,M1A1 坦克枪膛归零	4	2.5
19K10 一站式训练：M1A1"艾布拉姆斯"装甲班组人员	INXN 3706,主炮与同轴机枪实弹射击靶场（同步训练）	1	4.0
19K10 一站式训练：M1A1"艾布拉姆斯"装甲班组人员	INCN 3004 主炮射击（同步训练）	1	0.5
19K10 一站式训练：M1A1"艾布拉姆斯"装甲班组人员	1NFN 1306/1406,步枪射击基础一（同步训练）	1	2.0
19K10 一站式训练：M1A1"艾布拉姆斯"装甲班组人员	INFN 1508,分组程序（同步训练）	1	1.0
19K10 一站式训练：M1A1"艾布拉姆斯"装甲班组人员	INFN 1608,M16A2 步枪归零（同步训练）	1	1.0
19K10 一站式训练：M1A1"艾布拉姆斯"装甲班组人员	INFN 1804/1904,野战射击一/二（同步训练）	1	0.5
19K10 一站式训练：M1A1"艾布拉姆斯"装甲班组人员	INFN 2208,记录射击（同步训练）	1	1.0
19K10 一站式训练：M1A1"艾布拉姆斯"装甲班组人员	INFN 0108,手榴弹	1	1.0
19K10 一站式训练：M1A1"艾布拉姆斯"装甲班组人员	INFN 2208,记录射击（同步训练）	1	1.0
19K10 一站式训练：M1A1"艾布拉姆斯"装甲班组人员	INFN 0108,手榴弹	1	1.0

续表

课程	训练活动	面积/平方千米	持续时间/天
19K10 一站式训练： M1A1"艾布拉姆斯"装甲班组人员	INFN 0306， 自信心障碍课程	1	4.0
19K10 一站式训练： M1A1"艾布拉姆斯"装甲班组人员	INLN 0505， 单兵战术训练 （渗透课程）（IT6）	1	3.5
19K10 一站式训练： M1A1"艾布拉姆斯"装甲班组人员	INLN 0202， 单兵战术训练 （伪装、遮蔽及隐蔽） （IT2）	1	2.0
19K10 一站式训练： M1A1"艾布拉姆斯"装甲班组人员	INLN 0306， 单兵战术移动 （IT3 和 IT5 MOD）	1	4.0
19K10 一站式训练： M1A1"艾布拉姆斯"装甲班组人员	INLN 0404， 单兵战术训练 （夜间进攻训练）（IT4）	1	2.5
19K10 一站式训练： M1A1"艾布拉姆斯"装甲班组人员	INXN 2208， M1A1 坦克驾驶	8	2.5
19K10 一站式训练： M1A1"艾布拉姆斯"装甲班组人员	INXN 1810， 牵引 M1A1 坦克	1	2.0
19K10 一站式训练： M1A1"艾布拉姆斯"装甲班组人员	INXN 2001，用类似 车辆修复 M1A1 坦克	1	1.0
19K10 一站式训练： M1A1"艾布拉姆斯"装甲班组人员	INSN 0178， 情景训练演习	10	15.0
19K10 一站式训练： M1A1"艾布拉姆斯"装甲班组人员	INCN 0602/0702/0802/0904， 步枪刺刀训练（RB1－4）	1	5.5
19K10 一站式训练： M1A1"艾布拉姆斯"装甲班组人员	INCN 6412， 战术徒步行军（FM1）	15	7.5
19K10 一站式训练： M1A1"艾布拉姆斯"装甲班组人员	INTN 0312，地形关联	10	2.5
19K10 一站式训练： M1A1"艾布拉姆斯"装甲班组人员	INTN 0312，陆地导航	50	7.5
19K10 一站式训练： M1A1"艾布拉姆斯"装甲班组人员	ININ 1404， 建立露营地（MB1）	1	2.5

续表

课程	训练活动	面积/平方千米	持续时间/天
19D10 一站式训练(M3): M3"布雷德利"战车/骑兵战车骑兵侦察	HNFA 0804/0904, 野战射击一/二 (同步训练)	1	1.0
19D10 一站式训练(M3): M3"布雷德利"战车/骑兵战车骑兵侦察	HNFA 1108/1403/1503, 记录射击/夜间射击 (BR11/14)(同步训练)	1	2.0
19D10 一站式训练(M3): M3"布雷德利"战车/骑兵战车骑兵侦察	HNXA 2007,高机动性 多用途轮式车辆驾驶	5	4.5
19D10 一站式训练(M3): M3"布雷德利"战车/骑兵战车骑兵侦察	HNXA 0808, "布雷德利"战车驾驶	5	3.0
19D10 一站式训练(M3): M3"布雷德利"战车/骑兵战车骑兵侦察	HNXA 0904,使用夜视设备驾驶"布雷德利"战车	0.5	1.0
19D10 一站式训练(M3): M3"布雷德利"战车/骑兵战车骑兵侦察	HNCA 7312, 战术徒步行军	15	6.0
19D10 一站式训练(M3): M3"布雷德利"战车/骑兵战车骑兵侦察	HNTA 0316,陆地导航	50	8.0
19D10 一站式训练(M3): M3"布雷德利"战车/骑兵战车骑兵侦察	HCTA 0704, 徒步 GPS 导航	10	21.0
19D10 一站式训练(M3): M3"布雷德利"战车/骑兵战车骑兵侦察	HNCA 2802,地图阅读	0.4	0.5
19D10 一站式训练(M3): M3"布雷德利"战车/骑兵战车骑兵侦察	HNZA 1504,建立宿营地	1	2.0
19D10 一站式训练(M3): M3"布雷德利"战车/骑兵战车骑兵侦察	DG08 乘车 GPS 导航	100	2.0

续表

课程	训练活动	面积/平方千米	持续时间/天
19D10 一站式训练(M3)： M3"布雷德利"战车/骑兵战车骑兵侦察	HNSA 0178， 情景训练演习	50	15.0
19D10 一站式训练(M3)： M3"布雷德利"战车/骑兵战车骑兵侦察	DN07， 进行装甲战术导航	100	0.5
611 – 63A30： M1A1"艾布拉姆斯"坦克系统维修员	63A30F01/2/3	1	1.5
020 – ASIK4： M1A2 坦克班组人员	AA09，M1A2 坦克驾驶 （设定一个路标点）	10	1.0
旅战斗队	行军路线（战术徒步）	15	3.5
旅战斗队	地图阅读基础	1	0.5
拉克尔堡航空学校			
首次服役旋翼飞机飞行员(共同核心课程)	飞行员训练	17700	课程长度可能会因天气、设备可用性和其他原因而发生变化
首次服役旋翼飞机飞行员(UH – 1)	飞行员训练	17700	
首次服役旋翼飞机飞行员(OH – 58)	飞行员训练	17700	
旋翼教员飞行教官教学方法(TH – 67)	飞行员训练	17700	
旋翼飞行员进修训练	飞行员训练	17700	
旋翼飞行员资格鉴定	飞行员训练	17700	
主飞行教官/教学方法(地方承包商)	飞行员训练	17700	
AH – 64 飞行员资格鉴定	飞行员训练	2560	
AH – 64 飞行教官	飞行员训练	2560	
AH – 64 飞行教官教学方法	飞行员训练	2560	
AH – 47D 飞行员资格鉴定	飞行员训练	3844	
AH – 47D 飞行教官	飞行员训练	3844	
AH – 47D 飞行教官教学方法	飞行员训练	3844	
OH – 58 A/C 飞行教官	飞行员训练	17700	
OH – 58 空中侦察 夜视装置 飞行教官教学方法(首次服役旋翼飞机)	飞行员训练	17700	
OH – 58 空中侦察 飞行教官教学方法（首次服役旋转翼）	飞行员训练	17700	

续表

课程	训练活动	面积/平方千米	持续时间/天
OH－58D"勇士"直升机飞行员资格鉴定	飞行员训练	6147	
OH－58D"勇士"直升机飞行教官	飞行员训练	6147	
OH－58D"勇士"直升机飞行教官教学方法	飞行员训练	6147	
UH－1教学方法课程	飞行员训练	17700	
UH－1夜视镜飞行教官教学方法	飞行员训练	17700	
UH－1飞行教官	飞行员训练	17700	
UH－1夜视镜飞行教官	飞行员训练	17700	
UH－1飞行资格鉴定(野战手册训练)	飞行员训练	17700	
UH－1超低空飞行资格鉴定(野战手册训练)	飞行员训练	17700	
UH－1夜视镜飞行资格鉴定(野战手册训练)	飞行员训练	17700	
UH－60飞行员资格鉴定	飞行员训练	17700	课程长度可能会因天气、设备可用性和其他原因而发生变化
UH－60飞行教官	飞行员训练	17700	
UH－60飞行教官教学方法(Grad)	飞行员训练	17700	
AH－64维修试飞员	飞行员训练	3844	
UH－1维修试飞员	飞行员训练	3844	
UH－60维修试飞员	飞行员训练	3844	
CH－47D维修试飞员	飞行员训练	3844	
OH－58 A/C维修试飞员	飞行员训练	3844	
OH－58D"勇士"直升机维修试飞员	飞行员训练	3844	
固定翼多引擎飞机飞行资格鉴定	飞行员训练	76800	
固定翼多引擎飞机飞行教官	飞行员训练	76800	
固定翼多引擎飞机教学方法	飞行员训练	76800	
C－12飞行员资格鉴定	飞行员训练	76800	
西班牙:首次服役旋转翼	飞行员训练	17700	
西班牙:旋翼飞机飞行资格鉴定(UH－1)	飞行员训练	17700	
西班牙:飞行员(UH－1)(过渡)	飞行员训练	17700	
西班牙:夜视镜飞行资格鉴定(UH－1)	飞行员训练	17700	
西班牙:飞行教官(UH－1)	飞行员训练	17700	
西班牙:飞行员(UH－60)(过渡)	飞行员训练	17700	

续表

课程	训练活动	面积/平方千米	持续时间/天
西班牙:夜视镜飞行教官(UH-1)	飞行员训练	17700	课程长度可能会因天气、设备可用性和其他原因而发生变化
西班牙:UH-60夜视镜飞行资格鉴定	飞行员训练	17700	
西班牙:UH-1维修主任	飞行员训练	无飞机飞行	
西班牙:UH-1试飞员	飞行员训练	17700	
欧洲:北约飞行员共同核心课程(首次服役旋转翼)	飞行员训练	17700	
欧洲:北约飞行员UH-1跟踪(首次服役旋转翼)	飞行员训练	17700	
欧洲:北约高级作战技能	飞行员训练	17700	
欧洲:北约高级仪表飞行规则(UH-1)	飞行员训练	76800	
欧洲:北约无辅助设备的夜间飞行	飞行员训练	17700	
旋翼仪表(非美国)仅在拉克尔堡进行训练	飞行员训练	76800	
旋翼仪表(德国)仅在拉克尔堡进行训练	飞行员训练	76800	
在杰克逊堡进行的基础训练(南卡罗来纳州)			
有关基础训练的需求,请参阅步兵学校的资料	美国陆军步兵学校是旅战斗队的归口管理方		
在伦纳德伍德堡进行的基础训练			
有关基础训练的需求,请参阅步兵学校的资料	美国陆军步兵学校是旅战斗队的归口管理方		
李堡军需学校与中心			
491-77L10 石油实验室专业高级单兵训练	石油、机油和润滑剂训练	1	3.0
491-77L10 石油实验室专业高级单兵训练	"后勤勇士"	1	3.0
491-77L30 石油实验室专业基础士官课程	石油、机油和润滑剂训练	1	1.5
491-77L30 石油实验室专业基础士官课程	"后勤勇士"	1	4.5

续表

课程	训练活动	面积/平方千米	持续时间/天
821 – 77F10 石油供给专业高级单兵训练	石油、机油和润滑剂训练	1	29.0
821 – 77F10 石油供给专业高级单兵训练	"后勤勇士"	1	3.0
821 – 77F30 石油供给专业基础士官课程	石油、机油和润滑剂训练	1	10.0
821 – 77F30 石油供给专业基础士官课程	"后勤勇士"	1	4.5
8 – 77 – C42 石油与水专业高级士官课程	供水训练	1	2.0
8 – 77 – C42 石油与水专业高级士官课程	石油、机油和润滑剂训练	1	4.0
8 – 77 – C42 石油与水专业高级士官课程	"后勤勇士"	1	7.0
720 – 77W10 水处理专业高级单兵训练	供水训练	1	40.0
720 – 77W10 水处理专业高级单兵训练	"后勤勇士"	1	3.0
720 – 77W30 水处理专业基础士官课程	供水训练	1	21.0
720 – 77W30 水处理专业基础士官课程	"后勤勇士"	1	4.5
8B – 92F 石油军官课程	供水训练	1	0.5
8B – 92F 石油军官课程	石油、机油和润滑剂训练	1	2.0
821 – 1391（操作系统） 大批量燃料专业（美国海军陆战队）	石油、机油和润滑剂训练	1	17.5
492 – 92M10 丧葬事务专业	陆地导航	1	1.5
492 – 92M10 丧葬事务专业	丧葬事务训练	1	2.0

续表

课程	训练活动	面积/平方千米	持续时间/天
492 – 92M10 丧葬事务专业	"后勤勇士"	1	3.0
492 – 92M30 丧葬事务专业基础士官课程	丧葬事务训练	1	1.5
492 – 92M30 丧葬事务专业基础士官课程	"后勤勇士"	1	4.5
492 – 92M40 丧葬事务专业高级士官课程	军需训练	1	3.0
492 – 92M40 丧葬事务专业高级士官课程	丧葬事务训练	1	1.5
492 – 92M40 丧葬事务专业高级士官课程	"后勤勇士"	1	4.5
8B – S14V 丧葬事务官课程	丧葬事务训练	1	0.5
492 – F1 联合丧葬事务高级士官课程	丧葬事务训练	1	1.0
551 – 92A10 自动化后勤专业高级单兵训练	"后勤勇士"	1	3.0
551 – 92A30 自动化后勤专业基础士官课程	"后勤勇士"	1	4.5
551 – 92A40 自动化后勤专业高级士官课程	"后勤勇士"	1	4.5
552 – 92Y10 部队供给专业高级单兵训练	"后勤勇士"	1	3.0
552 – 92Y30 部队供给专业基础士官课程	"后勤勇士"	1	4.5
552 – 92Y40 部队供给专业高级士官课程	"后勤勇士"	1	4.5
8 – 10 – C20 – 92A 军需官基础课程	野外训练演习	1	8.5
8 – 10 – C20 – 92A 军需官基础课程	石油、机油和润滑剂训练	1	4.5
8 – 10 – C20 – 92A 军需官基础课程	给水训练	1	2.0

课程	训练活动	面积/平方千米	持续时间/天
8B-920A 财产会计技术准尉基础课程	石油、机油和润滑剂训练	1	0.5
8B-920A 供给系统技术准尉基础课程	石油、机油和润滑剂训练	1	0.5
8B-92A/B 供给与服务	石油、机油和润滑剂训练	1	0.5
8B-920A/B 管理	给水训练	1	0.5
8-10-C22(后勤) 联勤官高级课程(后勤)	石油、机油和润滑剂训练	1	0.5
8-10-C22(后勤) 联勤官高级课程(后勤)	给水训练	1	0.5
840-92S30 洗衣/纺织专业基础士官课程	"后勤勇士"	1	4.5
840-92S40 洗衣/纺织专业高级士官课程	"后勤勇士"	1	4.0
860-92R1P 降落伞保伞员	学生跳伞	1	1.0
860-92R1P 降落伞保伞员	"后勤勇士"	1	3.0
860-92R3P 降落伞保伞员基础士官课程	可编程模块化通信系统 战地训练场地/B-演练	1	1.0
860-92R3P 降落伞保伞员基础士官课程	"后勤勇士"	1	3.0
860-92R4P 降落伞保伞员高级士官课程	单信道地面与 机载通信系统 全球定位系统 战术道路行军	1	4.0
860-92R4P 降落伞保伞员高级士官课程	"后勤勇士"	1	4.5
4N921A 空投系统技术准尉课程	学生跳伞空投演练	1	1.0
8B-92D 空运与物资作业	学生跳伞空投演练	1	1.0

续表

课程	训练活动	面积/平方千米	持续时间/天
860 - F4 吊索运输检验认证	空投区吊索运输 作业/检查	1	1.5
101 - Q - 0001 - TSP 吊索运输作业接 近目标时间	空投 TEAC 吊索 运输作业	1	1.0
8 - 10 - C32 - 921A 高级系统技术准尉 课程	学生跳伞	1	1.0
800 - 92G10 食品服务专业高级单兵训练	"后勤勇士"	1	0.5
800 - 92G30 食品服务专业基础士官课程	"后勤勇士"	1	4.5
800 - 92G40 食品服务专业高级士官课程	"后勤勇士"	1	4.0
800 - F18(操作系统) 高级士官食品服务(美国海军陆战队)	野外训练演习	1	4.0
800 - F19(操作系统) 高级士官食品服务	野外训练演习	1	9.0
800 - F20 - RC(操作系统) 战地食品服务——预备役部队(美国海 军陆战队)	野外训练演习	1	12.0
伦纳德伍德堡化学学校(机动支援中心)			
化学作业专业	核生化训练	6	8.0
军官指示	核生化训练	18	6.0
士官教育系统	核生化训练	18	12.0
核生化侦察专业	野外训练演习	18	3.0
生物综合检测专业	野外训练演习	18	3.0
大规模杀伤性武器基地紧急反应机制	野外训练演习	1	1.0
大规模杀伤性武器地方支援小组	野外训练演习	1	2.0
伦纳德伍德堡(机动支援中心)工程学校			
水下工程师[00B]	军事职业类别技能训练	10	48.0
战斗工程师[12B]	军事职业类别技能训练	18	30.0
桥梁班组人员[12C]	军事职业类别技能训练	8	30.0
木工/石工专业[51B]	军事职业类别技能训练	6	30.0
管道工[51K]	军事职业类别技能训练	6	30.0

续表

课程	训练活动	面积/平方千米	持续时间/天
消防员[51M]	军事职业类别技能训练	12	42.0
电工[51R]	军事职业类别技能训练	6	30.0
技术工程专业[51T]	军事职业类别技能训练	6	30.0
公用设施修理[52C]	军事职业类别技能训练	6	30.0
发电设备修理[52D]		6	30.0
建筑设备修理[62B]	军事职业类别技能训练	4	30.0
重型建筑设备操作员[62E]	军事职业类别技能训练	16	36.0
起重机操作员[62F]	军事职业类别技能训练	16	36.0
采石场专业[62G]	军事职业类别技能训练	12	36.0
混凝土沥青设备操作员[62H]	军事职业类别技能训练	10	30.0
通用建筑设备操作员[62J]	军事职业类别技能训练	16	30.0
基础地形分析员[81T]	军事职业类别技能训练	6	30.0
基础地形测量员[82D]	军事职业类别技能训练	16	36.0
士官教育系统	军事职业类别技能训练	18	10.0
希尔堡野战炮兵学校			
加农炮班组人员[13B10]	弹药测试	5	1.0
加农炮班组人员[13B10]	野外训练演习	5	4.0
加农炮分队分队长[13B30]（基础士官课程）	情景训练演习	25	3.0
野战炮兵排中士[13B40]	情景训练演习	25	3.0
自动火力支援系统[13C30]（基础士官课程）	情景训练演习	25	3.0
自动火力支援系统[13C40]（高级士官课程）	情景训练演习	25	3.0
加农炮射击指挥分队分队长[13E30]（基础士官课程）	情景训练演习	25	3.0
多管火箭发射系统班组人员[13P10]	野外训练演习	12	3.0
多管火箭发射系统射击指挥[13P30]（基础士官课程）	情景训练演习	25	3.0
多管火箭发射系统射击指挥高级中士[13P40]（基础士官课程）	情景训练演习	5	3.0
本宁堡步兵学校			
狙击手课程	逃脱与躲避	1	0.5

续表

课程	训练活动	面积/平方千米	持续时间/天
狙击手课程	野外训练演习	101	3.0
"布拉德利"战车主炮手课程	露营地	6	6.0
步兵军官基础课程	陆地导航情景训练演习	16	8.5
步兵军官基础课程	地形关联定向越野赛	8	0.5
步兵军官基础课程	地图阅读陆地导航考试	11	1.0
步兵军官基础课程	陆地航行再训练	8	1.0
步兵军官基础课程	地图阅读与陆地导航复测	12	1.5
步兵军官基础课程	班情景训练演习	25	15.0
步兵军官基础课程	排情景训练演习	50	13.5
步兵军官基础课程	高级陆地导航	43	2.5
步兵军官基础课程	高级陆地导航复测	43	2.5
步兵军官基础课程	防御性情景训练演习	46	9.5
步兵军官基础课程	进攻性无兵战术演习	37	1.0
步兵军官基础课程	高级陆地导航二考试	39	4.0
步兵军官基础课程	排进攻性情景训练演习	40	13.0
步兵军官基础课程	连野外训练演习	65	10.0
步兵上尉职业课程	定向越野赛考试	18	2.0
步兵上尉职业课程	轻型步兵连进攻性无兵战术演习	13	0.5
步兵上尉职业课程	轻型步兵营防御性无兵战术演习	13	0.5
步兵上尉职业课程	机械化连小队进攻性无兵战术演习	34	0.5
候补军官学校			
候补军官学校	陆地导航训练	1	6.0
候补军官学校	陆地导航地形关联	7	1.5
候补军官学校	战地领导力演习	11	13.5
候补军官学校	地形关联延伸距离（日间）	11	1.0
候补军官学校	陆地导航地形关联	7	1.0
候补军官学校	陆地导航野战演习	7	0.5
候补军官学校	地形关联延伸距离（夜间）	11	0.5
候补军官学校	高级陆地导航	7	0.5

续表

课程	训练活动	面积/平方千米	持续时间/天
候补军官学校	陆地导航强化	11	1.0
候补军官学校	地图阅读陆地导航考试	11	1.0
候补军官学校	地形关联强化	11	1.0
候补军官学校	地图阅读陆地导航复测	11	1.0
候补军官学校	班标桩	1	1.0
候补军官学校	班情景训练演习	40	4.0
候补军官学校	班战术反应评估	10	9.0
候补军官学校	战地领导力演习	26	18.5
远程监视指挥员	渗透/撤出	23	2.5
远程监视指挥员	生存	23	3.0
远程监视指挥员	地下隐蔽点	7	1.0
远程监视指挥员	战斗水中生存测试/陆军体能测试	17	0.5
远程监视指挥员	情景训练演习	35	12.0
远程监视指挥员	通信演练	7	1.5
远程监视指挥员	野外训练演习	35	22.5
远程监视指挥员	陆地导航复测	30	1.5
远程监视指挥员	陆地导航考试	30	1.5
远程监视指挥员	通信规程	30	1.0
远程监视指挥员	速降绳渗透/撤离系统/特种巡逻渗透/撤离系统	7	0.5
远程监视指挥员	战斗演习	7	0.5
伞兵指挥官	飞机行动考试	3	3.0
机械化车辆指挥员	防御性无兵战术演习	14	0.5
机械化车辆指挥员	进攻性无兵战术演习	14	0.5
机械化车辆指挥员	野外训练演习（轻型精确 GPS 接收器训练）	27	7.5
步兵迫击炮指挥员	野外训练演习	1	3.0
步兵迫击炮指挥员	机械训练考试	1	0.5
空降	跳伞	3	7.5
探路者	训练区	23	7.5
探路者	吊索运输作业	5	3.0
探路者	搭乘区/着陆区作业	23	4.5

续表

课程	训练活动	面积/平方千米	持续时间/天
探路者	空投区	23	7.5
游骑兵	爆破	4	0.5
游骑兵	游骑兵行动	1	0.5
游骑兵	战斗水中生存测试	1	0.5
游骑兵	干部指挥的伏击/突击行动	7	3.0
游骑兵	干部指挥的分级伏击行动	30	3.0
游骑兵	干部指挥的突击行动	30	6.0
游骑兵	学生指挥的分级伏击反装甲行动	待定	待定
游骑兵	伏击与侦察	55	9.0
游骑兵	学生指挥的分级突击行动	32	9.0
游骑兵	巡逻基础	4	7.0
游骑兵	空降进修课程	1	1.0
游骑兵	安齐奥行动	2	1.0
游骑兵	排技术训练	32	3.0
游骑兵	格斗术	3	1.5
游骑兵	游骑兵跑步训练	6	1.0
游骑兵	步枪刺刀训练	4	2.0
游骑兵	陆军体能测试	2	0.5
游骑兵	水下信心测试	1	0.5
游骑兵	Darby Queen 障碍训练	1	1.0
游骑兵	徒步行军	30	1.5
游骑兵	地形关联	18	1.0
游骑兵	地图阅读基础	18	0.5
游骑兵	陆地导航考试	29	1.0
游骑兵	陆地导航复试	29	1.0
旅战斗队	行军路线（战术徒步）	3	0.5
旅战斗队	行军路线（战术徒步）	5	0.5
旅战斗队	行军路线（战术徒步）	8	0.5
旅战斗队	行军路线（战术徒步）	10	0.5
旅战斗队	行军路线（战术徒步）	10	0.5

课程	训练活动	面积/平方千米	持续时间/天
旅战斗队	行军路线（战术徒步）	15	1.0
旅战斗队	地图阅读基础	1	0.5
旅战斗队	野外训练演习	20	14.0
旅战斗队	担任小组成员	10	1.0
步兵一站式训练	行军路线（战术徒步）	4	0.5
步兵一站式训练	行军路线（战术徒步）	8	0.5
步兵一站式训练	行军路线（战术徒步）	10	0.5
步兵一站式训练	行军路线（战术徒步）	12	0.5
步兵一站式训练	行军路线（战术徒步）	16	0.5
步兵一站式训练	行军路线（战术徒步）	20	1.0
步兵一站式训练	行军路线（战术徒步）	25	1.0
步兵一站式训练	行军路线（战术徒步）	30	1.0
步兵一站式训练	地图阅读基础	1	0.5
步兵高级士官课程	陆地导航	6	1.0
步兵高级士官课程	陆地导航考试复试	6	1.0
步兵高级士官课程	陆地导航考试	6	1.0
步兵高级士官课程	情景训练演习	5	9.5
步兵高级士官课程	无兵战术演习	5	2.0
步兵高级士官课程	巡逻	5	3.5
间接火力步兵高级士官课程	陆地导航	6	1.0
间接火力步兵高级士官课程	陆地导航复测	6	1.0
间接火力步兵高级士官课程	陆地导航考试	6	1.0
间接火力步兵高级士官课程	情景训练演习	5	9.5
间接火力步兵高级士官课程	无兵战术演习	2	1.0
步兵基础士官课程	轻型精确 GPS 接收器训练	6	0.5
步兵基础士官课程	陆地导航	6	1.0
步兵基础士官课程	陆地导航考试（日间）	6	0.5
步兵基础士官课程	陆地导航复测	6	0.5
步兵基础士官课程	战术	32	4.5
步兵基础士官课程	巡逻	32	1.5
步兵基础士官课程	情景训练演习	32	10.5
间接火力步兵基础士官课程	轻型精确 GPS 接收器训练	6	0.5
间接火力步兵基础士官课程	陆地导航	6	1.0

课程	训练活动	面积/平方千米	持续时间/天
间接火力步兵基础士官课程	陆地导航考试	6	0.5
间接火力步兵基础士官课程	陆地导航考试（夜间）	6	0.5
间接火力步兵基础士官课程	陆地导航复测	6	1.0
间接火力步兵基础士官课程	情景训练演习	32	8.5
中士训练	情景训练演习/野外训练演习	5	1.5
初级领导力开发课程	野外训练演习	24	11.5
初级领导力开发课程	陆地导航	6	1.5
初级领导力开发课程	多用途综合激光交战训练系统训练	14	0.5
华楚卡堡军事情报学校			
军事情报官基础课程	野战训练	111	1.0
军事情报官高级课程——军事情报上尉职业课程	野外训练演习	64	1.0
军事情报官高级课程——军事情报上尉职业课程	专业发展	4	1.0
33W 电子战/拦截系统维护（信息工程技术）	野外训练演习	200	3.0
96B 情报分析员（信息工程技术）	野外训练演习	1	4.0
96B 情报分析员（信息工程技术）	陆地导航	4	1.0
96D 图像分析员（信息工程技术）	野外训练演习	4	3.0
96H 图像地面站操作员（信息工程技术）	野外训练演习	4	3.0
96R 地面监视系统操作员（信息工程技术）	野外训练演习	9	2.0
96R 地面监视系统操作员（信息工程技术）	陆地导航	4	1.0
96R 地面监视系统操作员基础士官课程	情景训练演习	4	3.0
96U 无人机操作员（信息工程技术）	野外训练演习	25	3.0
96U 无人机操作员（信息工程技术）	发射/回收	10	270.0
96U 无人机操作员基础士官课程	实操演练/测试	4	7.0
特种电子任务飞行器（无人机相关）	操作	25	270.0
97B 反情报专员（信息工程技术）	野外训练演习	1	4.0
97B 反情报专员（信息工程技术）	陆地导航	4	1.0
97E 人工情报采集器	野外训练演习	1	4.0

续表

课程	训练活动	面积/平方千米	持续时间/天
97E 人工情报采集器	陆地导航	4	1.0
98G 电子战/信号语音拦截员基础士官课程	情景训练演习	4	1.0
98H 摩尔斯码拦截员基础士官课程	情景训练演习	4	1.0
98J 非通信拦截员/分析员(信息工程技术)	野外训练演习	4	3.0
96/98CMF 高级士官课程	陆地导航	4	1.0
伦纳德伍德堡宪兵学校(机动支援中心)			
宪兵[95B]	军事职业类别技能训练	25	40.0
纠察专业课程[95C]	军事职业类别技能训练	8	40.0
军官指示	军官训练	25	15.0
士官教育系统	士官训练	25	15.0
杰克逊堡士官学院(士兵保障学院)			
71L30 管理专业基础士官课程	野外训练演习	12	3.0
71L40 管理专业基础士官课程	野外训练演习	12	3.0
27D30 律师助理专业基础士官课程	野外训练演习	12	3.0
27D40 律师助理专业高级士官课程	野外训练演习	12	3.0
73C/D30 财务/会计基础士官课程	野外训练演习	12	3.0
士官学院(士兵保障学院)(续)			
73C/D40 财务/会计高级士官课程	野外训练演习	12	3.0
75H30 军士长基础士官课程	野外训练演习	12	3.0
75H40 高级军士长高级士官课程	野外训练演习	12	3.0
71M30 军牧助理基础士官课程	野外训练演习	12	3.0
71M40 军牧助理高级士官课程	野外训练演习	12	3.0
阿伯丁试验场军械学校			
63B30 轻型轮式车辆机械师	野外训练演习	1	3.0
45G10 火控系统	野外训练演习	1	3.0
63G10 燃油电子系统	野外训练演习	1	3.0
63W10 轮式车辆修理	野外训练演习	1	3.0
45B10 小型武器修理	野外训练演习	1	3.0
45D10 自行式野战火炮炮塔修理	野外训练演习	1	3.0
45G10 火控系统修理	野外训练演习	1	3.0
52D10 发电设备修理	野外训练演习	1	3.0

课程	训练活动	面积/平方千米	持续时间/天
63Y10 履带车辆机械师	野外训练演习	1	3.0
63H10 履带车辆修理	野外训练演习	1	3.0
63J10 军需/化学设备修理	野外训练演习	1	3.0
63W10 轮式车辆修理	野外训练演习	1	3.0
44B10 钣金工	野外训练演习	1	3.0
44E10 机械师	野外训练演习	1	3.0
44G10 火控系统	野外训练演习	1	3.0
44K10 武器修理	野外训练演习	1	3.0
45K30 武器修理主管	野外训练演习	1	3.0
52C30 公用设备修理主管	野外训练演习	1	3.0
52C30(63J) 公用设备修理主管	野外训练演习	1	3.0
52D30 发电设备修理主管	野外训练演习	1	3.0
44E30 钣金工基础士官课程	野外训练演习	1	3.0
63H30 履带式车辆基础士官课程	野外训练演习	1	3.0
C20 军械维修管理军官基础课程	野外训练演习	1	3.0
63D10 自行式野战火炮系统机械师	野外训练演习	1	3.0
63H30 履带式车辆基础士官课程	野外训练演习	1	3.0
63H30 履带式车辆基础士官课程	修复作业	1	5.0
63D30 自行式野战火炮系统机械师	修复作业	1	3.0
63D30 自行式野战火炮系统机械师	野外训练演习	1	3.0
4L-915A 单元维修技术员	修复作业	1	2.0
C32-914A 盟军协作	拖曳失能车辆	1	1.0
C32-915E 高级汽车机械师	拖曳失能车辆	1	1.0
63B30 履带式车辆基础士官课程	修复作业	1	5.0
63B30 履带式车辆基础士官课程	野外训练演习	1	3.0
ASIH8 履带式车辆修复专业	车辆修复	1	15.0
红石军械弹药与电子维修学校			
27E10 陆战导弹电子设备修理	野外训练演习	1	3.0
27M10 多管火箭发射系统修理	野外训练演习	1	3.0
27T10"复仇者"导弹系统修理	野外训练演习	1	3.0
27X10"爱国者"导弹系统修理(第2阶段)	野外训练演习	1	3.0
27X10"爱国者"导弹系统修理(第2阶段)	军事职业类别训练	1	80.0
35D10 ATC 子系统及设备修理	野外训练演习	1	3.0

续表

课程	训练活动	面积/平方千米	持续时间/天
35E10 无线电/通信安全系统修理	野外训练演习	1	3.0
35F10 专用电子设备修理	野外训练演习	1	3.0
35H10 测试、测量及诊断设备维护保障专业	野外训练演习	1	3.0
35J10 计算机/自动化系统修理	野外训练演习	1	3.0
35L10 航空电子通信设备修理	野外训练演习	1	3.0
35M10 雷达修理员(第2阶段)	野外训练演习	4	3.0
35N10 有线系统设备修理	野外训练演习	1	3.0
35R10 航空电子系统修理	野外训练演习	1	3.0
35Y10 集成系列试验设备操作	野外训练演习	1	3.0
39B10"阿帕奇"直升机系统修理	野外训练演习	1	3.0
55B10 弹药专业课程	弹药补给点操作	2	45.0
55B10 弹药专业课程	野外训练演习	2	3.0
55B10 弹药专业课程	弹药码垛	2	3.0
55B10 弹药专业课程	演示靶场	2	3.0
55D10/20 排爆专业课程(第1阶段)	演示靶场	3	13.0
55D10/20 排爆专业课程(第1阶段)	野外训练演习	3	3.0
645 – 2311 弹药技术(美国海军陆战队)	开列清单/下发	1	2.0
645 – 2311 弹药技术(美国海军陆战队)	轨头操作	2	3.0
910A 弹药准尉基础课程	高级军官课程训练	1	3.0
35C40 电子维修基础士官课程	野外训练演习	1	3.0
35C42 电子维修与校准高级士官课程	野外训练演习	1	3.0
35H30 测试、测量及诊断设备维修保障基础士官课程	野外训练演习	1	3.0
55B30 弹药专业基础士官课程	野外训练演习	2	3.0
55B30 弹药专业基础士官课程	弹药补给点操作	2	2.0
55B30 弹药专业基础士官课程	轨头操作	2	1.0
55B30 弹药专业基础士官课程	检查部队基本负荷	1	1.0
55B30 弹药专业高级士官课程	野外训练演习	2	3.0
55B30 弹药专业高级士官课程	弹药补给点操作	2	1.0
55D40 爆炸性弹药专业基础士官课程	情景训练演习	12	23.0
55D40 爆炸性弹药专业高级士官课程	情景训练演习	3	3.0
危险性装置	情景训练演习	9	9.0

续表

课程	训练活动	面积/平方千米	持续时间/天
危险性装置(进修课程)	情景训练演习	3	3.0
大规模杀伤性武器炸弹技术	情景训练演习	1	1.0
ASI－J5/SI－55 技术性护送	情景训练演习	1	8.0
门罗堡学员司令部预备役军官训练队			
基础营地		15	1.0
高级营地	单兵战术训练	15	1.0
高级营地	班战术训练	15	5.0
高级营地	排战术训练	15	5.0
戈登堡信号学校			
31P10 微波系统操作/维护	情景训练演习	1	5.0
31U10 信号保障系统专业	系统集成野外训练演习	1	8.5
31F10(CT)(F)整体陆军训练系统网络短波系统操作/维护	安全可靠移动抗干扰战术终端维护	1	10.0
31F10(CT)(F)整体陆军训练系统网络短波系统操作/维护	情景训练演习	1	8.0
31R10(CT)(F)整体陆军训练系统多通道系统操作/维护	天线训练	1	5.0
31R10(CT)(F)整体陆军训练系统多通道系统操作/维护	情景训练演习	1	5.0
31C10 无线电操作/维护	军事职业类别训练	1	3.0
31C10 无线电操作/维护	军事职业类别训练	1	5.0
31C10 无线电操作/维护	军事职业类别训练	1	1.0
31C10 无线电操作/维护	军事职业类别训练	1	6.0
31L10(F)电缆系统安装/维护	电话电缆构建与维护	1	4.5
31L10(F)电缆系统安装/维护	CX－11230/G 构建/维护	1	6.5
31L10(F)电缆系统安装/维护	CX－13295/G 构建/维护	1	3.5
31L10(F)电缆系统安装/维护	CX－4566/G 构建/维护	1	3.0
4－11－C20 信号官基础课程	野外训练演习	8	15.0
31S/31P40 卫星/微型系统主管高级士官课程	野外训练演习	1	5.0
5－74－C42 数据处理高级士官课程	野外训练演习	1	5.0
31W40 远程通信操作主管高级士官课程	野外训练演习	1	5.0

续表

课程	训练活动	面积/平方千米	持续时间/天
31C30 无线电操作/维护基础士官课程	士官训练	1	5.0
31F30 电开关系统操作基础士官课程	共同训练演练	1	5.0
31L30 电缆系统安装/维护基础士官课程	共同训练演练	1	5.0
31R30 综合运输系统操作/维护基础士官课程	共同训练演练	1	5.0
31S30 卫星通信系统操作/维护基础士官课程	野外训练演习	1	5.0
31U30 信号保障系统专业基础士官课程	共同训练演练	1	5.0
31U40 信号保障系统专业高级士官课程	野外训练演习	1	5.0
31P30 微波系统操作/维护	共同训练演练	1	5.0
74B30 信息系统操作分析员基础士官课程	共同训练演练	1	5.0
74C30 侦察远程通信控制操作基础士官课程	野外训练演习	1	5.0
74G30 远程通信计算机操作/维护基础士官课程	野外训练演习	1	5.0
25M30 多媒体基础士官课程	野外训练演习	1	5.0
25R30 可视化信息设备操作/维护基础士官课程	野外训练演习	1	5.0
25V30 作战文件/制定基础士官课程	野外训练演习	1	5.0
46Q/R40 公共事务监督基础士官课程	野外训练演习	1	7.0
46Q/R40 公共事务监督高级士官课程	野外训练演习	1	7.0
4 – 25 – C42 高级信息操作主管	野外训练演习	1	7.0
102 – 31 卫星通信系统操作/维护	OE – 371/G、OE – 222、3199 天线	1	12.5
102 – 31 卫星通信系统操作/维护	AN/TSC – 85B/93B	1	9.5
布拉格堡特战中心与学校（美国陆军约翰·F·肯尼迪特种作战中心和学校）			
3A – F38/012 – F27 Sere 高风险（C 级）	渗透课程	1	14.0
011 – 18B40 特种部队武器中士高级士官课程	野外训练演习	65	9.0

课程	训练活动	面积/平方千米	持续时间/天
011－18B40 特种部队武器中士高级士官课程	机动训练区野外训练演习	65	14.5
011－18C30 特种部队工程中士基础士官课程	空降训练	2	3.0
011－18C30 特种部队工程中士基础士官课程	机动训练区野外训练演习	65	28.5
011－18C40 特种部队工程中士高级士官课程	野外训练演习	65	9.0
011－18C40 特种部队工程中士高级士官课程	机动训练区野外训练演习	65	14.5
011－18D30 特种部队医疗中士基础士官课程(第2阶段)	机动训练区野外训练演习	110	37.0
011－18D30 特种部队医疗中士基础士官课程(第2阶段)	训练场地——本地	16	12.0
011－18D30(2)特种部队医疗中士基础士官课程(第1阶段)	机动训练区野外训练演习	110	37.0
11－18D30(2)特种部队医疗中士基础士官课程(第3阶段)	城市水域野外训练演习	237	39.0
011－18D40 特种部队医疗中士高级士官课程	野外训练演习	65	14.5
011－18D40 特种部队医疗中士高级士官课程	机动训练区野外训练演习	65	9.0
011－18E30 特种部队通信中士基础士官课程	通信演练/野战实践演练最大增益	11	63.5
011－18E30 特种部队通信中士基础士官课程	训练场地——本地	16	25.5
011－18E30 特种部队通信中士基础士官课程	机动训练区野外训练演习	110	37.0
011－18E40 特种部队通信中士高级士官课程	野外训练演习	65	14.5
011－18E40 特种部队通信中士高级士官课程	机动训练区野外训练演习	110	9.0

课程	训练活动	面积/平方千米	持续时间/天
2E－F128/001－F43（GM）特种作战部队基础军事训练	空投区	1	1.5
2E－F141/011－F27 高级特种作战技术	城市/农村实操演练	117	6.5
2E－F141/011－F27 高级特种作战技术	城市/农村实操演练	2876	3.5
2E－F141/011－F27 高级特种作战技术	城市/农村实操演练	52	1.5
2E－F141/011－F27 高级特种作战技术	城市/农村实操演练	2526	2.5
2E－F141/011－F27 高级特种作战技术	城市/农村实操演练	259	15.0
2E－F141/011－F27 高级特种作战技术	城市/农村实操演练	285	15.0
2E－F141/011－F27 高级特种作战技术	城市/农村实操演练	310	15.0
2E－F141/011－F27 高级特种作战技术	城市/农村实操演练	437	15.0
2E－F141/011－F27 高级特种作战技术	城市/农村实操演练	427	15.5
2E－F141/011－F27 高级特种作战技术	城市/农村实操演练	3886	42.5
2E－F67/011－ASIW3 特种作战目标整合	跟踪/概述/移动	2	待定
2E－F67/011－ASIW3 特种作战目标整合	判断距离/移动/观察	2	待定
2E－F67/011－ASIW3 特种作战目标整合	移动隐藏野外训练演习	2	待定
2E－18A 特种部队分遣队指挥官资格鉴定	城市水域野外训练演习	236	39.0
2E－18A 特种部队分遣队指挥官资格鉴定	野外训练演习	65	95.5

续表

课程	训练活动	面积/平方千米	持续时间/天
2E－180A 特种部队技术准尉基础课程	城市/农村野外训练演习	65	5.5
2E－180A 特种部队技术准尉基础课程	野外训练演习	65	16.0
243－37F10 心理战专业	机动训练区野外训练演习	65	11.0
243－37F10 心理战专业	野外训练演习	65	7.5
243－37F30 心理战专业基础士官课程	机动训练区野外训练演习	65	25.5
243－37F40 心理战专业高级士官课程	机动训练区野外训练演习	65	9.0
3A－F38/012－F－27 Sere 高风险（C 级）	生存训练	1	4.0
3A－F40/011－F－1 单兵恐怖主义警觉	轮式车辆驾驶	1	1.0
3A－F40/011－F－1（维和行动）国际活动理事会（联合国维和行动）	轮式车辆驾驶	1	1.0
011－F66 高级军用手开式降落伞	空投区	1	28.5
011－18B30 特种部队武器中士基础士官课程	空降训练	2	2.0
011－18B40 特种部队武器中士高级士官课程	空降训练	2	3.0
011－18C40 特种部队工程中士高级士官课程	空降训练	1	9.0
011－18D40 特种部队医疗中士高级士官课程	空降训练	1	3.0
011－18E30 特种部队通信中士基础士官课程	空降训练	1	6.0
011－18E40 特种部队通信中士高级士官课程	空降训练	1	3.0
101－F12 特种作战通信	空降训练	1	19.5
2E－F114/011－F29（CX）捷克语特种作战部队基础军事训练	空投区	1	1.5
2E－F115/011－F30（KP）韩语特种作战部队基础军事训练	空投区	1	1.5

续表

课程	训练活动	面积/平方千米	持续时间/天
2E - F116/011 - F31（TH）泰语特种作战部队基础军事训练	空投区	1	1.5
2E - F117/011 - F32（QB）西班牙语特种作战部队基础军事训练	空投区	1	1.5
2E - F118/011 - F33 俄语特种作战部队基础军事训练	空投区	1	1.5
2E - F119/011 - F34（PL）波兰语特种作战部队基础军事训练	空投区	1	1.5
2E - F120/011 - F35（FR）法语特种作战部队基础军事训练	空投区	1	1.5
2E - F121/011 - F36（AD）阿拉伯语特种作战部队基础军事训练	空投区	11	1.5
2E - F122/011 - F37（PF）波斯语特种作战部队基础军事训练	空投区	1	1.5
2E - F124/011 - F39（PT）葡萄牙语特种作战部队基础军事训练	空投区	1	1.5
2E - F125/011 - F40（TA）塔加洛语特种作战部队基础军事训练	空投区	1	1.5
2E - F126/011 - F40（VN）越南语特种作战部队基础军事训练	空投区	1	1.5
2E - F133/011 - F46 特种部队高级侦察、目标分析及探测	空降训练	1	1.5
2E - F141/011 - F27 高级特种作战技术	空投区	1	0.5
2E - F56/011 - F15 军用手开式降落伞伞兵指挥官	空降训练	2	11.0
2E - S14X/AS114X/011 - AS 军用手开式降落伞	空降训练	2	15.0
2E - 180A 特种部队技术准尉基础课程	空投区	1	1.5
243 - 37F10 心理战专业	空投区	1	2.5
243 - 37F30 心理战专业基础士官课程	空降训练	2	0.5
243 - 37F40 心理战专业高级士官课程	空降训练	2	0.5
3A - F38/012 - F27 Sere 高风险（C 级）	空降训练	2	0.5

续表

课程	训练活动	面积/平方千米	持续时间/天
2E－F129/011－F44 特种部队评估与选择	障碍场	1	2.0
3A－F38/012－F－27 Sere 高风险（C级）	障碍场	1	2.5
2E－F129/011－F44 特种部队评估与选择	陆地导航	129	10.0
2E－18A 特种部队分遣队指挥官资格鉴定	陆地导航	65	18.5
2E－180A 特种部队技术准尉基础课程	陆地导航训练	65	2.0
500－38A10－RC 民事专业——预备役部队	陆地导航训练	129	4.0
3A－F38/012－F－27 Sere 高风险（C级）	生存训练 野外训练演习	236	13.5
2E－180A 特种部队技术准尉基础课程	公共场地训练点	236	16.0
尤斯蒂斯堡运输学校			
88M10 汽车运输操作员	轮式车辆驾驶（在伦纳德伍德堡进行训练）	1	1.0
88M10 汽车运输操作员	轮式车辆驾驶（在伦纳德伍德堡进行训练）	1	1.0
ASIH7 石油车辆操作员	轮式车辆驾驶（在伦纳德伍德堡进行训练）	1	1.0
88P10－RC 机车修理——预备役部队	铁路作业	27.35 千米（铁路作业以千米为单位,而非平方千米）	0.5
8－55－C20－88A/C/D 运输官基础课程	战术演练	1	1.0
8－55－C20－88A/C/D 运输官基础课程	SEALINK 指挥所演习	1	0.5
8－55－C20－88A/C/D 运输官基础课程	SEALINK 指挥所演习	5.56 海里	1.0
8－55－C20－88A/C/D 运输官基础课程	陆地导航	1	0.5

续表

课程	训练活动	面积/平方千米	持续时间/天
8-55-C20-88A/C/D 运输官基础课程	运输基础野外训练演习	2	0.5
8-55-C20-88A/C/D 运输官基础课程	战术训练场地	1	0.5
8-55-C20-88A/C/D 运输官基础课程	A/DACG 作业	1	0.5
8-55-C20-88A/C/D 运输官基础课程	铁路作业	1	0.5
8-55-C20-88A/C/D(BQ)运输官基础课程(分支资格鉴定)	战术训练场地	1	0.5
8-55-C20-88A/C/D(BQ)运输官基础课程(分支资格鉴定)	铁路作业	5	0.5
8-55-C20-88A/C/D(BQ)运输官基础课程(分支资格鉴定)	两栖训练	1	0.5
8-55-C22(后勤)联勤上尉职业课程(CLC3)(P2)	战术训练场地	1	0.5
8-55-C22(后勤)联勤上尉职业课程(CLC3)(P2)	农村训练场地	1	0.5
8-55-C22(后勤)联勤上尉职业课程(CLC3)(P2)	两栖训练	5	0.5
8-55-C23C 高级运输官预备役部队——海运终点站	两栖训练	5	0.5
8-55-C23C 高级运输官预备役部队——公路/铁路	农村训练场地	1	0.5
88U10-RC 铁路作业班组人员(预备役部队)	机车作业	27.35 千米(铁路作业以千米为单位,而非平方千米)	1.0
88H10 货运专业	混杂	1	2.0
88T10 铁路区段修理(预备役部队)	轨道修理	27.35 千米(铁路作业以千米为单位,而非平方千米)	0.5
88M30 汽车运输操作员基础士官课程	野外场地	2	0.5

课程	训练活动	面积/平方千米	持续时间/天
88M30 汽车运输操作员基础士官课程	驾驶员训练区	1	0.5
88M40 汽车运输操作员高级士官课程	野外场地	1	0.5
88H20/30 货运专业基础士官课程	混杂	1	1.5
88H40 运货专业高级士官课程	混杂	1	0.5
88L10 船艇工程师	实地训练演练	26	9.0
4H – 881A 海洋工程军官 – 准尉基础课程	实地训练演练	26	15.0
88K10 船艇操作员（高级单兵训练）	航海技术	28 海里	5.0
88K10 船艇操作员（高级单兵训练）	实地训练演练	90 海里	9.0
062 – F5 船艇操作员认证	登陆艇训练	28 海里	7.5
8C – 880A 船用甲板军官准尉基础课程	领航巡航	600 海里	10.0
8C – 880A 船用甲板军官准尉基础课程	星际巡航	600 海里	10.0
8C – 880A 船用甲板军官准尉基础课程	通用登陆艇/拖轮作业	28 海里	36.0
8C – 880A 船用甲板军官准尉基础课程	VSDPT	28 海里	30.0
8C – SQ12 船用甲板军官 A2 认证课程	领航/星际巡航	600 海里	10.0
8C – SQ12 船用甲板军官 A2 认证课程	警戒指挥官履职测试	600 海里	30.0
88L30 船艇工程师基础士官课程	实地训练演练	26 海里	9.0
88L40 船艇工程师高级士官课程	实地训练演练	26 海里	9.0
88K30 船艇操作员基础士官课程	实地训练演练	300 海里	9.0
88K30 船艇操作员基础士官课程	拖船索具	28 海里	5.5
88K40 船艇操作员高级士官课程	实地训练演练	300 海里	9.0
88K40 船艇操作员高级士官课程	通用登陆艇训练	28 海里	5.0
8C – SI3S/553 – F4 空中部署规划课程	准备单元设备	1	0.5
8C – SI3S/553 – F4 空中部署规划课程	463 个货物排	1	0.5
8C – SI3S/553 – F4 空中部署规划课程	A/DACG	1	0.5
8C – E17/553 – F5 部队调动官部署规划	铁路运输实操演练	1	1.0
8C – E17/553 – F5 部队调动官部署规划	货物装载	1	0.5
8C – 882A 机动准尉基础课程	准备单元设备	1	0.5
8C – 882A 机动准尉基础课程	463 个货物排	1	0.5
8C – 882A 机动准尉基础课程	A/DACG	1	0.5

续表

课程	训练活动	面积/平方千米	持续时间/天
88N10 交通管理协调员	指挥所演习/ 野外训练演习	1	9.0
88N30 交通管理协调员	指挥所演习/ 野外训练演习	1	9.0
88N40 交通管理协调员	指挥所演习/ 野外训练演习	1	9.0